Erik Peters

COLOGNE-SHANGHAI

Originalausgabe – Erstdruck

Erik Peters

COLOGNE-SHANGHAI

Eine Abenteuerreise

Mit 30 Farbfotos

Schardt Verlag Oldenburg

Bibliographische Information der Deutschen Bibliothek:

Die Deutsche Bibliothek verzeichnet diese Publikation in *Der Deutschen Nationalbibliografie*; detaillierte bibliographische Daten sind im Internet über <u>*http://dnb.ddb.de*</u> abrufbar.

Das Umschlagfoto entstand in den Bergen des mongolischen Altai-Gebirges (48°24'43.71"N 90°39'33.18"E)

1. Auflage 2008

Schardt Verlag
Uhlhornsweg 99a
26129 Oldenburg
Tel.: 0441-21779287
Fax: 0441-21779286
Email: schardtverlag@t-online.de
www.schardtverlag.de
Herstellung: Fuldaer Verlagsanstalt

ISBN 978-3-89841-382-4

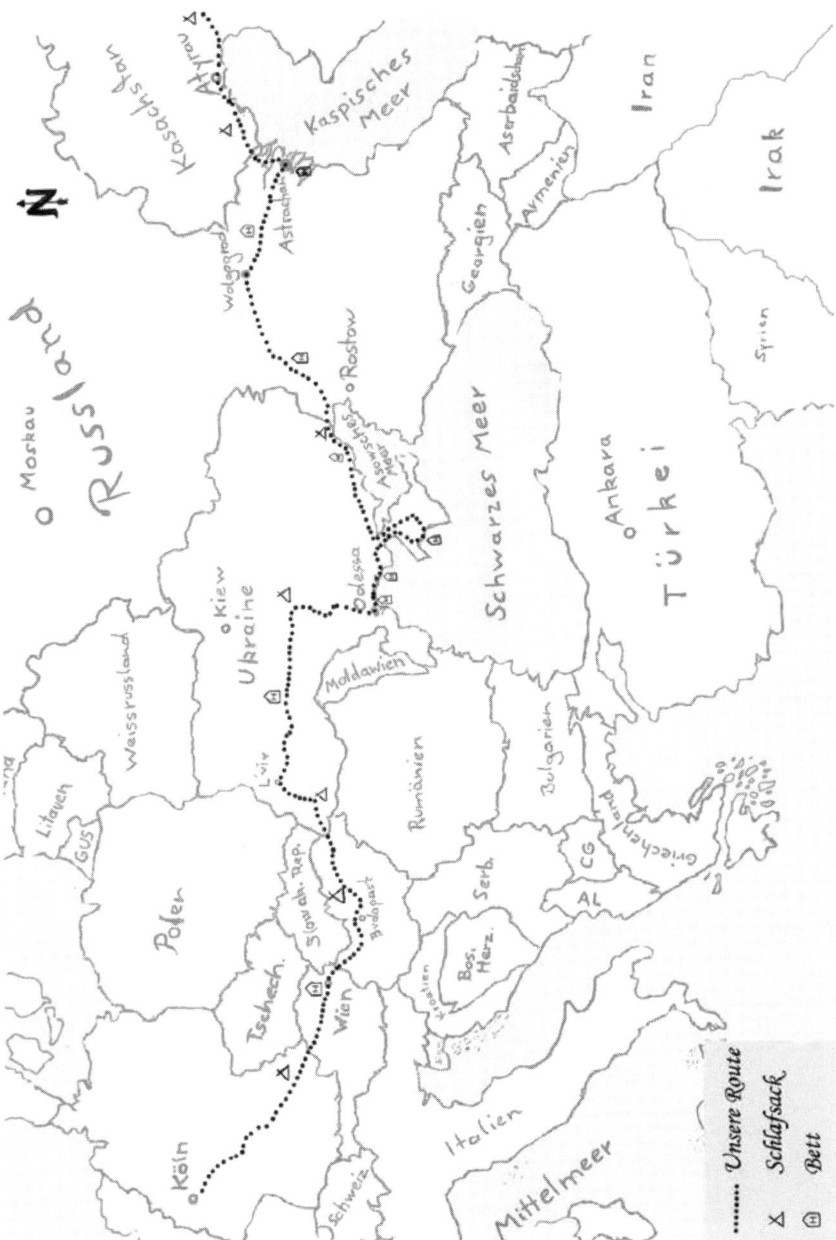
Moskau
Russland
Kasachstan
Atyrau
Kaspisches Meer
Aserbaidschan
Iran
Irak
Wolgograd
Astrachan
Georgien
Armenien
Rostow
Syrien
Asowsches Meer
Schwarzes Meer
Ankara
Türkei
Kiew
Ukraine
Odessa
Weissrussland
Litauen
GUS
Polen
Lviv
Moldawien
Rumänien
Bulgarien
Griechenland
Slowak. Rep.
Budapest
Serb.
CG
AL
Tschech.
Wien
Bos. Herz.
Kroatien
Köln
Italien
Schweiz
Mittelmeer
Unsere Route
Schlafsack
Bett

Man kann nicht immer tun,
was man will,
aber man muss immer wollen,
was man tut.
Nicolas Vanier

Wie alles begann

Schon seit Stunden sitze ich in diesem verdammten Bus. In der Abgas geschwängerten Luft, die mich umgibt, hängt zusätzlich ein penetranter Geruch von getrocknetem Schweiß. Die Klimaanlage ist so hoch gedreht, dass ich fröstelnd den Fleecepulli überziehen musste. Mein Nachbar, dem die Fahrt nichts auszumachen scheint, nickt alle paar Minuten ein, wobei sein Kopf in regelmäßigen Abständen auf meine Schulter sackt. So sitze ich nun auf diesem unbequemen, durchgesessenen Kunstledersitz und beobachte, wie draußen die Welt an mir vorbeirast. Die Landschaft hier im Süden Chiles ist atemberaubend. Rechts die mit Kakteen bewachsene rotbraune Halbwüste, und links schimmert silbern der Pazifik in der Morgensonne. Die ganze Nacht bin ich nun schon auf der Panamericana unterwegs. Dies ist nur eine von vielen nicht enden wollenden Busfahrten auf meiner Reise durch Südamerika. Es ist eine Qual, vorwärtszukommen, und ich fühle mich in dieser unerträglichen Enge um jede einzelne Stunde meiner Reise betrogen. Hin und wieder fährt der Bus durch ein Schlagloch, was mich für einen kurzen Moment von meinem aufdringlichen Sitznachbarn befreit. Wie in Trance habe ich den Blick stur auf die lang gezogene Gerade vor uns gerichtet, als plötzlich wie aus dem Nichts zwei schwer bepackte Motorräder den Bus überholen. Im Bruchteil einer Sekunde kann ich die vielen Länderkennzeichen erkennen, die auf den Seitenkoffern der Maschinen kleben. Ich bin nun hellwach. Mit einem Schlenker ziehen sie am Bus vorbei und scheren vor uns wieder ein. Leicht hintereinander versetzt, geht ihre Fahrt weiter, wobei das Röhren der Motoren immer leiser wird. Der Anblick ist für mich der Inbegriff von Freiheit und Abenteuer. Noch nie zuvor, so stelle ich fest, habe ich jemanden so sehr beneidet wie diese beiden Kradfahrer, in genau diesem Augenblick. Was den Neid noch verstärkt – sie kommen aus Deutschland. Aus Köln. Genau wie ich.

Der Moment ist wie eine Initialzündung. In Gedanken folge ich den beiden Abenteurern auf meinem eigenen Motorrad. Weiter, immer weiter, bis sie schließlich am Horizont hinter einer Kurve verschwinden. Ich stelle mir vor, wie es wohl sein würde, nicht in dieser alten Rostlaube gefangen zu sein, sondern überall an dieser traumhaften Küstenstraße anhalten zu können.

Noch an jenem Tag leiste ich mir selbst einen Schwur – die nächste große Reise wird mit dem Motorrad sein ...

Keine zwei Jahre später. Es ist Februar und arschkalt. Mit einer Pulle Sekt unterm Arm renne ich durch die Kölner Südstadt. So schnell es mein außer Form geratener Körper erlaubt, eile ich vom Prüfungsamt der Fachhochschule zur Baustelle von Alains neuer Wohnung. Es gibt wahrlich etwas zu feiern. Die letzten, ja wirklich allerletzten Prüfungen meines Studiums habe ich bestanden und somit den Weg zu der in Kürze geplanten Motorradtour geebnet. Nervös drücke ich auf sämtliche Klingeln des Hauses, um schnell Einlass zu finden. „Mach verdammt noch mal die Tür auf!" murmele ich ungeduldig. Dann öffnet sie sich. Völlig außer Atem haste ich die fünf Stockwerke hinauf und überschlage mich fast dabei, vier Stufen auf einmal zu nehmen. Als ich fix und fertig oben angekommen bin, öffnet mein sichtlich verwirrter Kumpel die Tür.

„Jaaaaa! Jaaaa!" schreie ich, wobei ich wie ein Rockstar auf die Knie sinke und die mitgebrachte Flasche laut knallend in die Höhe strecke. „Ich hab's verdammt noch mal gepackt!"

„Herzlichen Glückwunsch! Das heißt also, wir fahren?"

„Ja, wir fahren! Komme, was wolle", falle ich ihm ins Wort. „Definitiv!"

Die Flasche ist leer, noch bevor wir auf die Idee kommen, Gläser zu holen.

Alain kenne ich nun seit vier Jahren. Wie ich hat auch er sich bereits vor geraumer Zeit mit dem Reisevirus infiziert. Während mir das Studium in den vergangenen Jahren hin und wieder mal die Möglichkeit offen ließ, Deutschland für längere Zeit den Rücken kehren zu können, erlaubte ihm die Selbstständigkeit lediglich Urlaubsreisen, die sich auf ein paar wenige Tage beschränkten. Oft haben wir uns gegenseitig von unseren Reiseerlebnissen erzählt und davon, irgendwann einmal mit dem Motorrad für längere Zeit aufbrechen zu wollen. So wurde schnell die Idee geboren, gemeinsam eine größere Tour in Angriff zu nehmen. Aus einer Idee wurde ein Plan. Unsere Bedingungen waren einfach: Wir reisen mit dem Motorrad, und das länger als nur ein paar Tage. Doch wohin sollte die Tour eigentlich gehen? Südamerika? Afrika? Es fiel schwer, sich für ein Ziel zu entscheiden. Eines wurde schnell zum wichtigen Entscheidungskriterium – das Ziel sollte auf dem Landweg zu erreichen sein. Also standen Zentralasien, die Mongolei und China schnell fest. Zum einen, weil der Ferne Osten schon immer eine magische Anziehungskraft auf uns beide ausgeübt hat, und zum anderen, weil keine umständlichen und teuren Verschiffungs- oder Luftfrachtaktionen auf uns zukämen. Meter für Meter wollten wir uns hart erarbeiten. Jeder Euro wanderte stattdessen in die Reisekasse und in eine brauchbare Foto- und Videoausrüstung. Es wurde eisern gespart, und sämtliche Ersatzteile meiner alten Harley mussten versilbert werden, um das nötige Kleingeld zusammenzubekommen.

Wenn mein Kumpel Alain auch nicht der leidenschaftlichste Motorradfahrer ist und mich seine chronische Unpünktlichkeit bislang schon so manches Mal in den Wahnsinn getrieben hat, gehört er doch zu den wenigen Leuten, die definitiv den nötigen Mumm für ein solches Unterfangen in den Knochen haben. Dennoch gingen wir ein gewisses Risiko ein, da wir bislang noch nie zusammen Motorrad gefahren sind. Auch die Frage, ob wir beide über längere Zeit überhaupt miteinander klarkommen, konnten wir bislang nicht beantworten. Wir würden es unterwegs schon früh genug feststellen.

Die Vorbereitungen für die Tour fielen im Übrigen längst nicht so umfangreich aus, wie ich es erwartet hatte. Knapp fünf Monate vor der Abfahrt begannen wir damit, uns einmal pro Woche abends auf ein paar Bier zu treffen, um die jeweiligen Aufgaben zu verteilen. Dazu gehörte in erster Linie eine allgemeine Informationsbeschaffung über die zu bereisenden Länder. Sehenswürdigkeiten, Straßenverhältnisse, kulturelle Besonderheiten und auch die speziellen Gefahren vor Ort waren wichtige Punkte, die in der Summe dennoch eine wahre Informationsflut darstellten.

Länder wie Afghanistan und der Irak waren wegen der bedenklichen Sicherheitslage von Beginn an kein Thema für uns. Ein weiteres Problem war das so genannte Carnet de Passage, ein Grenzdokument, das in mehr als 60 Ländern der Welt vorgeschrieben ist und dort zur vorübergehenden Einfuhr eines Motorrades berechtigt. Um dieses erforderliche Dokument zu erhalten, muss man in seinem Heimatland eine Bürgschaft in 1,5facher Höhe des Fahrzeugwertes hinterlegen, die man bei Rückkehr mit dem Fahrzeug zurückerstattet bekommt. Da wir aber beabsichtigten, unsere Motorräder am Zielort zu verkaufen, war dies eine zu teure Option. Aus diesem Grund mussten leider auch der Iran und

Pakistan gestrichen und die ursprünglich geplante Reiseroute ein ums andere Mal abgeändert werden.

Für die letztlich von uns ausgewählte Route durch insgesamt zehn Länder galt es nun noch, fünf Visa zu besorgen. Für Russland, Kasachstan und Kirgistan nahmen wir die Hilfe eines Visa-Dienstes in Anspruch, der über die notwendigen Kontakte verfügte, um die ganze Prozedur zu beschleunigen. Die Visa für die Mongolei und China bezogen wir direkt über die jeweilige Botschaft – die wesentlich günstigere, wenn auch zeitintensivere Option. Das China-Visum, von dem ich dachte, es sei am schwierigsten zu bekommen, war völlig unproblematisch. Wir mussten lediglich zur Botschaft in Frankfurt fahren, die Anträge dort abgeben und konnten schon 15 Minuten später wieder die Heimreise antreten. Ein erstes Zeichen dafür, dass sich das einst so schwierig zu bereisende Land stetig weiter für den Tourismus öffnet.

Alles, was jetzt noch fehlte, war ein geeignetes Zweirad für die Reise. Viel Motorrad für wenig Geld sollte es sein. Die XTZ 660 Ténéré von Yamaha schien mir hier die beste Wahl zu sein. Zum einen, weil ich mit diesem Modell auf etwa 80.000 gefahrene Kilometer zurückblicke, und zum anderen, weil es frei von modernem Schnickschnack ist, der am anderen Ende der Welt nicht ohne weiteres zu reparieren wäre. Alain hatte sein Gefährt bereits ein Jahr zuvor im Internet ersteigert. Auch bei mir ging alles schneller als erwartet. An einem Sonntagabend, während ich mich beim Tatort von einem anstrengenden Wochenende erholte, empfing ich eine SMS: Schau mal bei eBay, da wird gerade dein zukünftiges Gefährt versteigert. Auktion endet in einer Stunde. Zwei Tage später stand sie vor der Tür. Eine Yamaha XTZ 660 Ténéré, Baujahr 1992 mit nur 9.800 gelaufenen Kilometern – Preis: 1432 Euro.

Kam es mir in den letzten Monaten vor der Abfahrt noch so vor, als stünde die Zeit still, da sich die ganze Vorbereitung und die Lernerei schier unerträglich in die Länge zogen, so vergingen die letzten Tage des Abschiedes von meiner Freundin und meinen Freunden wie im Flug. Je näher die Abfahrt rückte, desto chaotischer schien mir unser ganzes Vorhaben plötzlich zu sein. Dies fehlte noch, das fehlte noch, und auch das Visum für die Mongolei traf erst zehn Tage vor der Abfahrt ein. Auch im Hinblick auf den Stand der Vorbereitungen von Alain befürchtete ich schon seit geraumer Zeit das Schlimmste. Zu sehr hatte er sich unmittelbar vor der Abfahrt mit seinem Job und dem Ausbau seiner Wohnung übernommen. Zu meiner großen Sorge blieb ihm leider keine Zeit mehr, um die neu erworbene Ausrüstung zu testen, geschweige denn, sich mit seinem Motorrad vertraut zu machen. Und so hätten wir um ein Haar die Reise auf das nächste Jahr verschoben.

Abfahrt

Im Sommer desselben Jahres. Der Moment der Abreise ist gekommen. Als ich im Bett meiner Freundin, die ich tags zuvor schon tränenreich am Flughafen in ihren Urlaub verabschiedet habe, wach werde, kann ich es kaum erwarten, loszufahren. Obwohl der Kühlschrank mit meinen Lieblingsspeisen für ein ausgiebiges Frühstück gefüllt ist, bin ich plötzlich so aufgeregt, dass ich keinen Bissen hinunter bekomme. Ich will nur noch eins: endlich losfahren. Kurz darauf stehe ich auch schon vor der Garage, in der mein Motorrad seit Tagen auf den großen Einsatz wartet. Der Tank ist gefüllt, der Reifendruck und die Kettenspannung sind geprüft, und das gesamte Gepäck ist anhand der akribisch aufgestellten Packliste an den dafür vorgesehenen Stellen verstaut und festgezurrt.

Punkt neun Uhr. Eigentlich, so war vereinbart, wollte Alain mich anrufen, um mir mitzuteilen, dass er sich auf den Weg zum abgemachten Treffpunkt begibt. Die Zeit vergeht. Meine Vorahnung, dass ihm in letzter Sekunde etwas dazwischengekommen sein könnte, scheint sich zu bewahrheiten.

Halb zehn, zehn – der Anruf bleibt aus. Ich koche vor Wut und frage mich, wie man an solch einem Tag nur zu spät kommen kann. Stinksauer hole ich mein Handy aus der Brusttasche und wähle die Nummer von Alain. Da ich am anderen Ende nur seine Mailbox erreiche, bleibt mir nichts anderes übrig, als es bei seiner Freundin zu versuchen. Nach mehrmaligem Klingeln nimmt sie das Gespräch entgegen: „Ja?" antwortet mir eine Stimme, die ich gerade offensichtlich aus dem Tiefschlaf gerissen habe.

„Der Erik hier. Wo zum Teufel steckt dein Freund?" fahre ich sie aufgebracht an, was mir aber schon im gleichen Moment Leid tut.

„Liegt neben mir. Momentchen, ich reich dich rüber."

Ich bin so perplex, weil er noch im Bett liegt, dass mir die Worte fehlen. Während ich mir zurechtlege, wie ich jetzt am besten Dampf ablasse, höre ich sie noch sagen: „Hier, der Erik. Scheint echt mies drauf zu sein."

„Wo um alles in der Welt bleibst du? Ich dreh gleich durch!" schnauze ich ihn an, als auch er sich total verpeilt meldet.

„Oh, sorry! Hab's gestern echt nicht mehr geschafft, meine Sachen zu packen. Außerdem wollte ich noch mal ausschlafen und mich in Ruhe von Nicole verabschieden“, sagt er so emotionslos, als hätten wir eine Bustour in die Lüneburger Heide gebucht. „Ich wollte dir gestern Abend auch noch Bescheid geben, hab’s dann aber wohl irgendwie in dem ganzen Stress vergessen.“

Ich zwinge mich, Ruhe zu bewahren, was mir aber nur mäßig gelingt. Da es mir sinnlos erscheint, das Gespräch weiter fortzuführen, verabschiede ich mich und lege auf. Ich will gar nicht darüber nachdenken, dass wir beide ab jetzt als Team funktionieren müssen, in dem sich einer blind auf den anderen verlassen können muss.

Ungefähr zwanzig Minuten vergehen, ehe ich seinen Rückruf erhalte. Erst zögere ich, doch dann nehme ich den Anruf entgegen. Nach einer Litanei von Entschuldigungen legen wir den Abfahrtstermin letztmalig für den nächsten Tag fest.

„Wenn du morgen nicht um Punkt neun Uhr auf der Domplatte bist, kannst du mich mal. Dann werd ich vorfahren, und du kannst zusehen, wie du mich einholst. Noch einmal mache ich das Theater nicht mit.“

Knapp 24 Stunden später stehe ich mit meinem Motorrad vor dem Kölner Dom. Es ist einer dieser herrlich warmen Sommertage, die zum Grillen im Park einladen oder Lust darauf machen, mit ein paar Bier in der Kühlbox ans Rheinufer zu gehen. Schon jetzt zeigt das Thermometer, das ich in den Ärmel meiner Motorradjacke eingearbeitet habe, schweißtreibende 29 Grad im Schatten an. Wenn ich bedenke, wie warm es jetzt schon in meiner Endurokluft ist, schaue ich, als absoluter Autobahnhasser, den kommenden Kilometern auf der Bahn nicht unbedingt mit Freude entgegen.

Mein Motorrad habe ich auf dem Seitenständer abgestellt und sitze entspannt auf einer der vielen langen Treppenstufen vor dem imposanten Bauwerk. Unzählige Tauben flattern über die Domplatte, und noch immer stolpern die traurigen Überreste des gestrigen WM-Viertelfinalspiels England gegen Portugal durch die engen Gassen der Kölner Altstadt. Schnell werden die ersten Zecher auf mich aufmerksam und meinen, mir Gesellschaft leisten zu müssen. Gereizt schaue ich auf die Uhr. Halb neun. Ob es diesmal klappt? Wieder kommen große Zweifel auf, und ich sehe mich schon alleine aufbrechen. Als mich zu allem Übel auch noch eine chinesische Touristengruppe erspäht, frage ich mich, ob es nicht besser wäre, den Treffpunkt zu verlagern. Der Reiseleiter der noch müde wirkenden Gruppe scheint mit einem langweiligen Monolog über die gotische Kathedrale einzuschläfern. Doch das ändert sich, als der erste der Zuhörer den Schriftzug „Cologne – Shanghai.de“ erblickt, den ich auf die Seiten des Motorradtanks lackiert habe. Mit einem Mal ist es mit dem Vortrag vorbei. Die Tatsache, dass ich auf dem Landweg in ihre Heimat aufbrechen möchte, löst Verwunderung in der Gruppe aus und sorgt für angeregte Diskussionen. Nach und nach lässt sich jeder von ihnen mit mir ablichten, wobei ihr Fremdenführer im Hintergrund wild gestikulierend auf sein Handgelenk deutet.

Als immer mehr Leute hinzukommen und mir das Ganze doch zu turbulent wird, schreibe ich meinem Kumpel eine Kurzmitteilung: Hier wird's mir zu stressig. Neuer Treffpunkt Hohenzollern-Brücke – andere Rheinseite. Beeil Dich. Bis gleich!

An der vereinbarten Stelle angekommen, stelle ich den Abfahrtskilometerzähler erneut auf Null und steige von der Maschine ab. Erleichterung macht sich breit, als ich kurz darauf in der Ferne ein monströs bepacktes Zweirad erkennen kann, das über die Deutzer Brücke fährt. Endlich kann es losgehen. Nachdem wir eine Reihe von Abfahrt-Fotos geschossen haben, schwingen wir uns auf unsere Motorräder und fahren los.

Ein angenehmer Wind streicht mir durchs Gesicht, und die Sommersonne brennt erbarmungslos auf den Asphalt, als wir uns der Autobahn nähern. Schnell bringen wir die ersten 100 Kilometer hinter uns. Über die A 4 geht es vorbei an meiner Heimatstadt Siegen, dem Wetzlarer Kreuz und Frankfurt. Von meinem Empfinden her kommt mir alles noch recht unwirklich vor, so als wäre ich auf dem Weg zu einem Motorradtreffen übers Wochenende. Es will sich einfach nicht dieses ersehnte Gefühl einstellen, am Anfang einer großen Reise zu stehen. Irgendwie hatte ich erwartet, heftigen Gefühlsausbrüchen zu unterliegen, zu schreien, zu jubeln oder tränenfeuchte Augen zu bekommen – irgendetwas. Doch es passiert einfach nichts, und ich frage mich irritiert, warum.

So geht es eine ganze Weile, während wir stetig Richtung Süden rollen. Es will mir einfach nicht gelingen, den Hebel im Kopf umzulegen. Zu sehr hängen meine Gedanken noch im Alltagstrott fest. Anstatt mich auf die bevorstehenden Abenteuer zu freuen, gehen mir Dinge durch den Kopf, die von zunehmender Altersschwäche zeugen. Ist die Wohnungstür auch abgeschlossen? Habe ich den Herd ausgemacht?

Wird man meine Pflanzen regelmäßig gießen? Spießiger könnte es kaum sein.

Erst nach etwa 500 Kilometern, während ich mir Gedanken darüber mache, wo genau wir die erste Nacht verbringen sollen, schaltet mein Gehirn von einer Sekunde auf die andere um. Schlagartig überkommt mich dieses Gefühl, dem ich seit Monaten entgegenfiebere, und mir wird bewusst, worauf ich mich eingelassen habe. Vor uns liegen Tausende von Kilometern durch fremde Länder und Kulturen. Mit jedem Meter, den wir fahren, werden wir den Alltag weiter hinter uns lassen, in eine Welt voller Abenteuer eintauchen und uns ungeahnten Herausforderungen stellen. Zum ersten Mal strecke ich bei 110 Kilometern pro Stunde auf der rechten Spur den linken Arm mit geballter Faust in die Höhe und schreie ein lautes „Rock'n'roll" in den Fahrtwind. Das Blut pocht in meinen Adern, und ich spüre, wie das Adrenalin sich in mir ausbreitet. Die Reise hat begonnen.

Wenige Kilometer vor der österreichischen Grenze dann der erste Schock. Als ich bei einer Tankpause gedankenverloren mit einem Eisstiel in meinem Mund rumpule, macht es plötzlich Knack! und etwa die Hälfte eines Eckzahnes hat sich verabschiedet – Oh fuck! denke ich. Nicht der Zahn! Nicht jetzt. Da ich somit unbedingt einen Zahnarzt aufsuchen muss, entschließen wir uns aus krankenversicherungstechnischen Gründen dafür, den ersten Tag noch in Deutschland zu beenden.

Mithilfe meines GPS-Empfängers, den ich mir extra für die Reise zugelegt habe, mache ich schnell einen Campingplatz in Deggendorf ausfindig. Weil die Sonne erst in gut vier Stunden untergehen wird, bleibt uns sogar noch genug Zeit, um auf den ersten Abend mit einem eiskalten Weißbier anzustoßen.

Wir sind begeistert, als wir auf den Campingplatz „Donaustrandhaus" rollen. Direkt am Ufer der Donau gelegen, grenzt er unmittelbar an einen idyllisch gelegenen, bayerischen Biergarten. Die 87jährige Mutter des Platzbetreibers ist sichtlich erfreut, dass wir uns für ihren Platz entschieden haben. Sie schwelgt in Erinnerungen, als sie die schwer bepackten Motorräder sieht, und erzählt uns mit funkelnden Augen von den Reisen, die sie in ach so viele exotische Länder unternommen hat. Gespannt lausche ich beim Zeltaufbau den Schilderungen ihrer Abenteuer im Asien der 60er Jahre. Seidenstraße, Persien, China, Japan – all das habe sie gesehen. „Ja, das waren schöne Zeiten", seufzt sie wehmütig und schwört uns auf eine unvergessliche Zeit ein. Die

Worte, mit denen sie sich von uns verabschiedet, sollen mich die ganze Tour begleiten. „Wenn es rückblickend eine Sache gibt, die ich wirklich bereue“, so die bemerkenswerte alte Dame, „dann ist es jede einzelne Mark, die ich Zeit meines Lebens nicht fürs Reisen ausgegeben habe.“ Sie klopft mir auf die Schulter und lacht: „Ihr macht das genau richtig Jungs.“

Der Zeltaufbau gestaltet sich bei Alain schwieriger als erwartet. Schon als er sein Zelt auspackt und ich sehe, dass es noch original verschweißt ist, ja sogar noch der Kassenzettel daran baumelt, schlage ich die Hände über dem Kopf zusammen und fange an zu lachen. Seine ungeübten Handgriffe lassen erahnen, dass seine letzte Übernachtung in einem Zelt bereits Jahrzehnte zurückliegen muss. Die Entscheidung, zwei Zelte mitzunehmen, haben wir bewusst getroffen, da uns ein Mindestmaß an Privatsphäre sehr wichtig ist, besonders dann, wenn man über einen solch langen Zeitraum tagtäglich zusammen ist.

Als die beiden Zelte dann doch endlich stehen, begeben wir uns gemeinsam in den benachbarten Biergarten. Bei Leberkäs, Knödeln und Weizenbier sitzen wir lange zusammen, stoßen auf die erste Etappe an und versuchen, uns an die neu erlangte Freiheit zu gewöhnen.

Um sieben Uhr am nächsten Tag klingelt mein Wecker.

„Das geht ja gut los“, murmle ich, drehe mich noch einmal auf die andere Seite und drücke mir mein kleines Kissen ins Gesicht. Mit aller Macht versucht mich der erste Kater dieser Reise daran zu hindern, aufzustehen. Der Not gehorchend, quäle ich mich dann doch aus meinem Schlafsack, um mich auf die Suche nach einem Zahnarzt zu begeben. Es waren ohne Frage ein paar Weizen zuviel gestern Abend. Mein pochender Zahn und das Verlangen, Deutschland endlich hinter uns zu lassen, setzen sich jedoch durch, und so schlurfe ich kurz darauf durch die beschauliche Fußgängerzone Deggendorfs. Müde und mit dröhnendem Schädel beobachte ich, wie die bayerische Kleinstadtidylle zum Leben erwacht. Zum Glück muss ich nicht lange suchen. Gleich der erste Zahnarzt, dem ich meine missliche Lage schildere, ist bereit, mich vor den anderen Patienten dranzunehmen. Im Eiltempo schustert er mir meinen Eckzahn wieder zusammen und gibt mir sogar noch einen provisorischen Zahnkleber für Notfälle mit auf den Weg. Als er mir zum Abschied mit einem Augenzwinkern die Frage stellt, ob ich denn schon fahrtüchtig sei, kann ich mich wieder schwach daran erinnern, dass es gestern doch geselliger war als eigentlich geplant.

Kurze Zeit später bin ich wieder auf dem Campingplatz. Wie schon beim Aufbau versucht Alain fluchend, seines Zeltes Herr zu werden. Die andern Camper lassen sich die Darbietung nicht entgehen und sitzen zu dieser frühen Stunde bereits neugierig schauend in ihren Campingstühlen. Als mein Kumpel feststellt, dass sein Zelt nicht ohne Weiteres wieder in die dafür vorgesehene Hülle passt, macht er ein großes Knäuel daraus und stopft es in den ohnehin schon prall gefüllten Packsack.

Womit wir beim Thema Gepäck wären. Ein Blick auf unsere verzurrte Ausrüstung lässt selbst den Laien erkennen, dass wir definitiv zuviel davon dabeihaben. Auf die wasserdichten Packsäcke mit einem Volumen von stolzen 240 Litern, die auf die Sitzbänke geschnallt sind, türmen sich bei jedem von uns beiden noch zwei Ersatzreifen und ein paar Schläuche. Der ganze Kram ragt so weit in die Höhe, dass man von hinten lediglich unsere Helme erkennen kann. Unsere Packtechnik lässt noch sichtlich zu wünschen übrig. Wenn wir daran nicht noch gründlich feilen, sehe ich uns in den kommenden Wochen mehr Zeit mit Auf- und Abbau verbringen, als wir auf den Motorrädern sitzen.

Bei Passau, wenige Kilometer vor der Grenze zu Österreich, legen wir die erste Pause ein. Alain ist aufgefallen, dass er sein Handy, mit dem man heutzutage von fast allen Orten der Welt Kontakt in Notfällen herstellen kann, zu Hause hat liegen lassen. Zu dumm. Doch was macht man in einer solchen Situation? Richtig – man schließt einfach einen neuen Vertrag ab, womit sich deren Zahl auf fünf erhöht.

Die Autobahn haben wir endgültig hinter uns gelassen und setzen die Reise über Landstraßen entlang der wunderschönen Donau fort. Seit langem habe ich Motorradfahren nicht mehr so genießen können. Wir bringen die Staatsgrenze eilig hinter uns und rollen am frühen Abend nach einer Tagesetappe von 362 genüsslich gefahrenen Kilometern in Wien ein. Hier wollen wir zwei Tage Station machen, einen alten Freund von Alain besuchen und uns in Ruhe die Stadt anschauen. Noch ahnen wir nichts von den unglaublichen Strapazen, die in den kommenden Wochen auf uns zukommen sollen.

Sieht man einmal vom Prater ab, dem weitläufigen Vergnügungspark mit dem weltbekannten Riesenrad, so sind die vielen Kaffeehäuser als eines der bekanntesten Wahrzeichen Wiens zu nennen. Obwohl mich zu Hause keine zehn Pferde zum Chillen mit Latte Macchiato in eine der ach so hippen Café-Lounges bringen würden, folgen wir dem

Touristenstrom zu einem der renommiertesten Häuser in der Kärntnerstraße. Hier fällt die Bestellung noch viel komplizierter aus, als ich erwartet hätte. Als ich die Frechheit begehe, einen schnöden Kaffee zu ordern, werde ich eines verächtlichen Blickes gewürdigt. „Doa müssens schoar gnauer song, woss Se hoam wolln", antwortet mir ein einschläfernd behäbiger Ober in zugeknöpftem Frack und schwarzer Fliege. Am liebsten würde ich ihm für diese Perle der Weisheit einen Satz heiße Ohren verpassen, wende meinen Blick jedoch zurück auf die Karte. Man serviert Melange, Brauner, Verlängerter, Schwarzer, Einspänner, Fiaker, Kaffee verkehrt, Kaiser Melange, Nuss und Gold. Hinzu kommen weitere Kreationen Wiener Kaffeezubereitung mit den unterschiedlichsten Aromastoffen. Wer um alles in der Welt soll sich da auskennen, denke ich, klappe die Karte zu und gebe mit breitem Wiener Schmäh meine Bestellung auf: „Oarn Bier, bittschön. Oaber gschwind."

Mit all seinen Besucherattraktionen wie der Hofburg, der Staatsoper, dem Burgtheater und dem Stephansdom kann man Wien durchaus bescheinigen, eine wirklich schöne Stadt zu sein. Auf mich wirkt sie, bedingt durch die melancholische Langsamkeit der Bewohner, jedoch ein wenig zu gemächlich. Doch die meisten Sympathiepunkte büßen unsere Nachbarn ein, als Deutschland im Halbfinalspiel der Fußballweltmeisterschaft gegen Italien ausscheidet. Zusammen mit etwa 500 Fußballinteressierten schauen wir uns das entscheidende Spiel auf einer der vielen Großbildleinwände an. Der österreichische Jubel über die entscheidenden Tore zum Ende der Begegnung ist grenzenlos. Es werden Gesänge gegen die Klinsmann-Elf angestimmt und auf den Tischen getanzt, als Fabio Grosso kurz vorm Elfmeterschießen das Leder für Italien versenkt. Ich bin fassungslos und ergänze meine ganz persönliche Liste der Vorurteile um einen weiteren wichtigen Punkt.

Nach der gewonnenen Erkenntnis, dass, wenn es um Fußball geht, die Österreicher eine ähnlich innige Liebe mit uns verbindet, wie wir sie mit den Käsköppen teilen, gehen die zwei Tage rasch vorbei. Am frühen Donnerstagmorgen verabschieden wir uns gut erholt von unserem Gastgeber. Voller Tatendrang schwingen wir uns wieder auf unsere Ténérés und brechen zur österreichisch-ungarischen Grenze auf. An einem Grenzposten, der schon vor längerer Zeit den Kampf gegen das wuchernde Unkraut aufgegeben zu haben scheint, werden wir ohne Kontrolle mit einem freundlichen Gruß ins Land hineingewunken.

Um die Mittagszeit erreichen wir nördlich von Budapest das Donauknie. Hier macht der blaue Strom einen beinahe rechtwinkligen Bogen und verläuft weiter Richtung Süden durch das dicht bewaldete Visegráder Gebirge. Kurz vor der Hauptstadt nehmen wir Abschied von einem der schönsten Flüsse Europas und steuern das östlich gelegene Bükk Gebirge an – das höchste Gebirge Ungarns. Während wir tief in die immer dichteren Wälder vordringen, kann ich mir nur schwer vorstellen, dass Ungarn tatsächlich zu den waldärmsten Ländern Europas gehört.

Bei Gyöngyös biegen wir ab auf die L 24 in Richtung Eger, eine der ältesten Siedlungen des Landes. Eigentlich hätten wir es ja vorgezogen, unsere Zelte irgendwo im Wald aufzuschlagen. Da heute Abend jedoch das zweite Halbfinalspiel stattfindet, sind die Auswahlkriterien für die Suche nach einem Nachtlager um einen Fernseher ergänzt worden. Wir haben Glück, denn eigentlich ist Camping in den östlichen Teilen Europas nicht besonders weit verbreitet. Doch hier weisen Dutzende von Schildern am Straßenrand auf Campingplätze der unterschiedlichsten Kategorien hin. Wir entscheiden uns für die Anlage mit der vermeintlich besten Infrastruktur. Ein einladendes Restaurant, eine Bar und der versprochene Fernseher sprechen für den relativ kleinen Platz mitten im Wald. Zwischen Apfelbäumen und in unmittelbarer Nähe eines Angelteichs stellen wir unsere Motorräder ab und packen unsere Zelte aus.

Beim Aufbau schlage ich Alain erneut um Längen. Er soll ruhig mal lernen, wie sein Zuhause für die nächsten Wochen aufzubauen ist. Hingegen erkläre ich mich aber bereit, schon einmal auszukundschaften, wo später die vom Platzwart versprochene Spielübertragung stattfinden wird. Ich räume also mein Gepäck ins Zelt und schlendere los. Was mir auf dem Platz direkt ins Auge sticht, sind die vielen Lagerfeuer, die allenthalben brennen. Anders als auf deutschen Campingplätzen kann ich jedoch keinen einzigen Grill erkennen, auf dem Steaks oder Würstchen schmoren. In Ungarn sieht Freiluftgaren einfach anders aus. Über jedem noch so kleinen Feuer hängt ein gusseiserner Kessel, dessen Inhalt eine ganze Kompanie sättigen würde. Man könnte fast meinen, es würde ein Wettbewerb ausgetragen, bei dem derjenige gewinnt, der die meisten Mäuler stopft. Komisch nur, dass alle Camper die gleiche Speise zubereiten: Kesselgulasch, die Nationalspeise der Magyaren. Die Frauen schneiden Paprika, Tomaten und Rindfleisch in kleine Stücke und geben diese in das schwere Gefäß, während die Männer sich Bier trinkend ums Feuer kümmern. Die Verantwortung liegt, wie immer, wenn es ums Kochen außerhalb der Wohnung geht, ganz klar beim männlichen Geschlecht.

Ich frage einen älteren Ungarn, der ein wenig Deutsch spricht, warum denn wirklich alle das Gleiche kochen. Er gibt mir eine Antwort, die so einfach wie nahe liegend scheint. „Weil es schmeckt", lächelt er und setzt sein Bier zu einem kräftigen Schluck an seinen Mund. Seine Zeltnachbarn, die schon eine Stufe weiter sind, laden mich ein, doch einmal aus ihrem Topf zu kosten. Ich nehme das Angebot natürlich an und probiere den orangefarbenen Eintopf aus einer kleinen Plastikschüssel. „Hhmmm, Boahhh!" Mit einer Geste, mit der selbst Alfred Biolek den Gästen seiner Kochsendung nicht besser vorgaukeln könnte, dass es mundet, zaubere ich ein zufriedenes Grinsen auf das Gesicht des stolzen Kochs. In Wahrheit ist es aber alles andere als hitverdächtig, und ich würde es bestenfalls als genießbar bezeichnen. Von einem ungarischen Gericht hätte ich einfach erwartet, dass es irgendwie mehr nach, sagen wir, Ungarn schmeckt. Selbst der Schweiß, der sich den kürzesten Weg von der Stirn des eifrigen Kochs über die Nase direkt in den Topf sucht, vermag es nicht, dem Gericht die nötige Würze zu verleihen.

Mit vier Bier in der Hand, die ich am Eingang des Platzes für umgerechnet 60 Cent pro Flasche erworben habe, begebe ich mich zurück zu unseren Zelten. Unterwegs entdecke ich auch den Fernseher, auf dem wir mit den restlichen Campern das Spiel verfolgen wollen – ein uraltes Schwarz-Weiß-Gerät von der Größe eines Schuhkartons und einer daran festgeklebten Kleiderbügel-Antenne. Wenn das mal kein Spaß wird. Als ich zurückkomme, wie sollte es anders sein, steht das zweite Zelt noch immer nicht. Resigniert hockt Alain, mit der Aufbauanleitung in der Hand, auf dem Boden und versucht, sich ein Bild von der richtigen Vorgehensweise zu machen. Ich mache es mir in seinem Campingstuhl bequem, gehe ihm mit sinnfreien Ratschlägen auf den Keks und erkläre schließlich, dass die englische Aufbaumethode mit Abstand am einfachsten ist.

„Was für eine scheiß englische Methode?" schnauzt er mich an, während er die vielen Abspannleinen entknotet.

„Na, learning by doing… Obwohl ich zugeben muss, dass du dich seit dem letzten Aufbau deutlich gesteigert hast", antworte ich, während ich mir ein Bier mit dem Feuerzeug öffne. Wenn Blicke töten könnten ...

Leider kommen wir zu spät zur Spielübertragung. Eine Schulklasse pubertierender Teenager hat bereits die wenigen Stühle in Beschlag genommen. Und das, obwohl sich keiner von ihnen auch nur ansatzweise für das Spiel zu interessieren scheint. Stattdessen kommt es zu ersten Annäherungsversuchen der Geschlechter, wie es auf Klassenfahrten so üblich ist. Da sich uns keine andere Möglichkeit bietet, setzen wir uns auf den Boden und schauen uns die langweilige Partie an.

Der nächste Tag bietet die bislang schönste Strecke seit Abfahrt. Der Abschnitt, auf dem wir unterwegs sind, ist auf meiner Straßenkarte völlig zu Recht als „landschaftlich reizvoll" mit grüner Schraffierung hervorgehoben. Von Beginn an wechseln sich schattige Buchen- und Tannenwälder sowie sonnendurchflutete Wiesen ab. Dazwischen Szenen, die aus einer lang vergessenen Zeit stammen könnten: verträumte Dörfer, in denen sich Störche auf Telefonmasten ihre Nester gebaut haben, und Kinder, die Gänse über die Fahrbahn in den Dorftümpel treiben. Immer wieder lädt die außerordentlich gut ausgebaute Straße zum ultimativen Cruisen ein. Es ist eine wahre Freude, die vielen Kurven zu nehmen und das Motorrad, soweit es das viele Gepäck erlaubt, in Schräglage zu bringen. Ich genieße jeden einzelnen Meter, mit dem wir uns der Ukraine nähern, und muss mir dabei immer wieder vergnügt vor Augen halten, dass die Reise gerade erst begonnen hat.

In keinem Land Europas gibt es vermutlich derart unaussprechliche Ortsnamen wie in Ungarn. Ständig sind wir gezwungen, anzuhalten, damit ich die komplizierten Namen auf den zumeist verwitterten Hinweisschildern mit denen vergleichen kann, die auf der Karte verzeichnet sind. Es ist schlichtweg unmöglich, die Zungenbrecher länger als nur ein paar Sekunden im Gedächtnis zu behalten. Rechts ab, nach Hajduszoszormony, oder fahren wir doch besser nach links über Hajduszoboszlo? Weiter in Richtung Tiszaújvároshanya oder zurück nach Tiszagyuláháza? Ich bin der Verzweiflung nahe. Oft unterscheiden sich die verdammten Ortsnamen lediglich in einer einzigen Silbe des Wortes, und so stellt sich beim Lesen der Karte ungewollt das Gefühl ein, eine Denksportaufgabe zu lösen.

Die erste Pause machen wir gegen Mittag in der mittelalterlichen Stadt Eger. Bei Palatschinken, wie die mit Süßem oder Herzhaftem belegten Eierpfannkuchen genannt werden, beraten wir darüber, ob wir schon heute in die Ukraine einreisen oder lieber noch eine Nacht in Ungarn verbringen sollen. Wir entscheiden uns schließlich dafür, eine Weile weiterzufahren und, wenn es das Tageslicht zu späterer Stunde noch erlaubt, bei Vasarosnameny die Grenze zu passieren. So schön Ungarn auch ist, wir sind beide heiß darauf, in die uns völlig fremde Ukraine einzureisen. Ein Land, das, abgesehen von den politischen Machtkämpfen und einem schlagkräftigen Brüderpaar, nur selten in den deutschen Medien wahrgenommen wird.

Durch die Karpaten bis zum Schwarzen Meer

Als wir uns etwa drei Stunden später, mit hinreichend Geduld gewappnet, der Grenze nähern, steht die Sonne schon tief über dem Horizont. Obwohl uns seit geraumer Zeit niemand mehr begegnet ist und wir die Straße in diesem abgelegenen Teil Ungarns mit niemandem teilen müssen, warten bereits zahlreiche Fahrzeuge dicht an dicht gedrängt auf ihre Abfertigung. Auch wir reihen uns geduldig in die Schlange ein. Knapp eine Stunde später bin ich als Erster von uns beiden an der Reihe. Ich bin negativ überrascht, wie streng die Kontrolle auf ungarischer Seite ausfällt. Immerhin reisen wir hier aus einem EU-Staat aus. Die grimmigen Grenzer lassen dabei nichts aus. Führerschein, Fahrzeugschein, Reisepass und die grüne Versicherungskarte werden aufs Eingehendste unter die Lupe genommen. Es werden Kopien angefertigt, sinnlose Fragen gestellt und jeder einzelne Stempel früherer Reisen begutachtet. Mein Versuch, die Situation mit ein paar dummen Späßen zu lockern, scheitert. Im Gegenteil: Sie verschärft sich noch. Ein weiterer schlecht gelaunter Beamter fordert mich auf, rechts ranzufahren und verlässt zwecks genauerer Inaugenscheinnahme sein kleines Dienstzimmer. Sowohl Kennzeichen als auch die Motornummer werden in aller Seelenruhe mit den Daten im Fahrzeugschein abgeglichen und selbst die Blinker auf ihre Funktion hin untersucht. Gerne würde ich ihn fragen, ob er Stress mit seiner Alten hat, doch der Gedanke daran, im Dunkeln einen Pennplatz zu suchen, bringt mich davon ab. Stattdessen setze ich mein debilstes Lächeln auf und übe mich in Beharrlichkeit. Innerlich tue ich dem miesen Typen jedoch Gewalt an und mache ein großes Lagerfeuer in den miefigen Amtsstuben. Als sich jetzt noch einer der Grenzer über meinen Tankrucksack hermacht und mit seiner Taschenlampe in meinen Auspuff kriecht, bin ich kurz davor, rot zu sehen.

Alain hat mehr Glück. Nur ein flüchtiger Blick in seinen Pass genügt, und er wird, ohne die Fahrzeugpapiere vorzeigen zu müssen, durchgewunken. Ich attestiere mir schließlich ein Höchstmaß an nervlicher Belastbarkeit, als ich eine knappe Dreiviertelstunde später passieren darf. Weiter zur ukrainischen Seite, wo vermutlich die nächste Demütigung auf uns wartet.

Zugegebenermaßen hat man automatisch Respekt, wenn man sich einer ehemaligen Sowjetgrenze nähert. Hinzu kommt, dass die Visa-

Pflicht für EU-Bürger erst vor wenigen Monaten abgeschafft wurde. Mal schauen, wie sie mit dem neuen Umstand umzugehen wissen. Schon als wir von Weitem die überdimensionierten Dienstmützen der ukrainischen Grenzbeamten erkennen, die wie angewurzelt an ihren Wachposten stehen, beschleicht uns beide ungewollt ein bedrohliches Gefühl. Wieder in einer neuen Schlange wartend, nähert sich einer von ihnen und händigt uns die Einreiseformulare aus. Wir verstehen natürlich kein Wort, da die Migrationskarten ausschließlich in ukrainischer und ungarischer Sprache verfasst sind. Der junge Beamte ist jedoch so freundlich, uns geduldig beim Ausfüllen der Formulare zu helfen. Da nun auch die Einreise ohne Probleme vonstatten geht, fällt mein erster Eindruck vom Land durchaus positiv aus.

Die Sonne ist soeben hinter den dicht bewaldeten Bergen verschwunden. Wir sind nun zur Eile gezwungen. Noch schätzungsweise eine Stunde, und es wird stockdunkel sein. In Beregovo, einer trostlosen 80.000-Einwohner-Stadt, in der man sich wirklich nicht länger als nötig aufhalten möchte, wollen wir uns mit Bargeld versorgen. Wie in fast allen Grenzstädten der Welt deutet auch hier vieles darauf hin, dass die Kriminalitätsrate oberhalb des Durchschnitts liegt. Da die paar wenigen Wechselstuben bereits verriegelt und verrammelt sind, müssen wir uns wohl oder übel eines Geldautomaten bedienen. Finstere Gestalten, die unweit des Automaten herumlungern, lassen ein ungutes Gefühl aufkommen, als ich meinen Pin-Code über die Tastatur eingebe. Vom manipulierten Kartenlesegerät bis zum bewaffneten Überfall stelle ich mich auf jede mögliche Form von Eigentumsdelikten ein. Doch natürlich bleibt es ruhig, und ich ärgere mich über mein noch immer vorurteilsverseuchtes Hirn.

Unmittelbar hinter der Stadt verschlechtert sich die Straße zusehends, und wir kommen nur schwerlich voran. Die Asphaltdecke ist durch die kalten Winter arg gebeutelt worden, und scheinbar fehlt einfach das Geld dafür, sie auch nur notdürftig instand zu setzen. Aufgrund der mangelnden Sicht fahre ich bereits ohne meine getönte Motorradbrille. Da ich die Schlaglöcher durch meine zugekniffenen Augen kaum erkennen kann, wird es Zeit, einen Platz zu finden, wo wir unsere Zelte aufschlagen können. Doch es ist wie verhext, wir suchen und suchen, werden aber einfach nicht fündig.

In einem Waldstück biegen wir in einen kleinen unbefestigten Weg ab. Nach etwa 100 Metern über Wurzeln, Bodenwellen und durch tiefe Pfützen halte ich an, um das Gelände zu Fuß näher zu erkunden. Gibt es Trinkwasser? Sind Häuser in der Nähe? Könnten wir nachts ungebetenen Besuch bekommen? Alles Fragen, die geklärt sein wollen. Der Platz scheint ideal zu sein. Dichte Bäume schützen uns vor neugierigen Blicken, und ein kleiner Bach, aus dem wir mit unseren Wasserfiltern Trinkwasser gewinnen können, schlängelt sich durchs Unterholz. Einen entscheidenden Nachteil hat der Ort jedoch. Als ich den Helm abnehme, fällt ein Schwarm Stechfliegen über mich her und traktiert mich mit gigantischen Saugrüsseln. Ich rede hier nicht von ein paar Mücken. Nein, diese Blutsauger schaffen es innerhalb von nur wenigen Sekunden, mein Gesicht mit ihren Stacheln so zu malträtieren, dass ich froh bin, dass der Helm noch passt. Hals über Kopf treten wir den Rückzug an. Während ich wieder über die Landstraße rolle und nach anderen Alternativen Ausschau halte, fällt mir im Rückspiegel auf, dass Alain mir nicht mehr folgt. Ich halte an und warte ein paar Sekunden. Wahrscheinlich musste er mal wieder anhalten, um seine ständig verrutschende Ausrüstung neu zu verzurren. Nichts tut sich, also drehe ich um und fahre zurück. An der Stelle, wo der Waldweg auf die Straße mündet, sehe ich sein Motorrad liegen. Noch immer brennt der Frontscheinwerfer, und aus dem Tankdeckel entweicht langsam das Benzin. Ohne Erfolg versucht er, das Motorrad aufzurichten. Ich stelle meine Ténéré auf den Seitenständer und haste zu ihm. Mit geballten Kräften wuchten wir die Maschine wieder auf beide Räder. Als Alain den Helm abzieht, sieht er aus, als habe er ein Gespenst gesehen. Kreidebleich steht er vor mir und ist augenscheinlich damit beschäftigt, den ersten Sturz zu verdauen. Auch wenn es mehr ein Umfallen als ein richtiger Sturz war, scheint der Schock tief zu sitzen. Es bleibt einfach das lausige Gefühl, sich zum ersten Mal mit dem Motorrad hingelegt zu haben.

Im letzten Licht der Dämmerung finden wir endlich das, wonach wir die ganze Zeit schon so verzweifelt suchen. Auf einer leichten Anhöhe, direkt hinter einer kleinen Kapelle, knickt ein Feldweg von der Straße ab. Wir folgen ihm ein paar hundert Meter, bis wir die Scheinwerfer der vorbeifahrenden Autos nicht mehr sehen können und der Weg sich im Nichts verläuft. Nach etwa 200 Meter über lockeren, mit Gras bewachsenen Boden erspähe ich eine Stelle, die eben genug ist, um die Zelte aufzubauen.

Alain nähert sich sehr vorsichtig. Für ihn sind es aufgrund der unzureichenden Fahrpraxis die ersten Meter über unbefestigten Untergrund. Bei dem Versuch, aus einer Traktorspur hinauszufahren, passiert es erneut. Sein Vorderrad bricht aus, er verliert das Gleichgewicht und stürzt. Diesmal muss ich sein Motorrad alleine anheben, da der rechte Seitenkoffer seinen Fuß eingeklemmt hat. Hilflos liegt er im Gras und versucht verzweifelt, sich loszustrampeln. Mit aller Kraft zerre ich, eine Hand am Lenker und die andere am Tank, das überladene Gefährt hoch. „Gott, ist die schwer“, stöhne ich, bis ich das Ding schließlich weit genug anheben und er sich befreien kann. Das war knapp. Ich bin mir sicher, dass ohne die schweren Protektoren-Stiefel unsere Reise an diesem Punkt wegen einer Knöchelverletzung zu Ende gewesen wäre.

In Windeseile bauen wir die Zelte auf. Zur allgemeinen Freude zaubere ich eine Flasche Stierblut, einen hervorragenden Rotwein, aus meinem Gepäck, den ich seit Eger im Tankrucksack spazieren fahre. Im Schein der Petroleumlampe sitzen wir noch eine Weile vor unseren Zelten und ziehen Bilanz des sich neigenden Tages.

„Ich hab mich heute zweimal auf die Fresse gelegt. Dabei haben die schwierigen Passagen noch nicht einmal ansatzweise begonnen!“ gibt Alain zu bedenken, während er gedankenverloren mit einem Stock im Boden rumstochert. „Wie soll das erst werden, wenn wir in Kirgistan oder der Mongolei unterwegs sind?“

„Noch sind wir aber nicht in der Mongolei, und außerdem war uns klar, dass wir beide uns ein ums andere Mal hinlegen werden. Das packen wir! Mach dich jetzt nicht verrückt. Solange keinem von uns etwas passiert, ist das alles scheißegal“, versuche ich ihn zu trösten, weiß aber zugleich, dass er nicht ganz Unrecht hat.

Als der Wein geleert ist und wir keine zweite Flasche mehr finden, ziehen wir uns nachdenklich in unsere Zelte zurück.

Ein lautes, metallisches Läuten reißt mich am frühen Morgen aus meinen sinnlichen Träumen. Scheinbar bin ich der Erste von uns beiden, der meint, der Ursache des Lärms auf den Grund gehen zu müssen. Genervt öffne ich mein Zelt. Mitten um uns herum hat sich eine Herde Kühe sowie ein paar Ziegen versammelt. Genüsslich rupfen sie das saftige Gras vom Boden, wobei kleine Messingglocken an ihren Hälsen baumeln. „Irgendwas ist ja immer“, denke ich laut und steige kraftlos aus meinem molligen Schlafsack. Nur mit einer knapp sitzenden Unterhose bekleidet, mache ich mich daran, zwei Kühe zu verscheuchen, die sich für den Inhalt meiner Seitenkoffer zu interessieren scheinen. Da die beiden Ténérés generell sehr unsicher auf den Seitenständern stehen, würde es noch fehlen, wenn ausgerechnet eine Kuh dafür sorgt, dass sie umgeworfen werden. Gähnend stehe ich vorm Zelt und richte die noch mit spannenden Träumen beschäftigte Morgenlatte in die optimale Position. Mein Blick schweift durch die morgendliche Szenerie und bleibt direkt an den fassungslosen Augen einer alten Bauersfrau hängen. Keine zehn Meter entfernt hat sie sich auf einem Stein niedergelassen, um über ihr Vieh zu wachen. Schlagartig wird mir klar, in welch peinlicher Situation ich mich befinde. Ein, zwei Sekunden verharre ich wortlos, bis ich mich mit hochrotem Kopf zurück in mein Zelt verziehe. Als ich vollständig bekleidet wieder hinausschlüpfe, sehe ich, wie die alte Dame kopfschüttelnd von dannen zieht, die Tiere lautstark folgend.

Mit viel Kaffee und guter Laune im Bauch nehmen wir eine neue Etappe in Angriff. Schon jetzt freue ich mich auf die Karpaten, eines der größten Waldgebiete Europas, das wir heute durchqueren werden. Das zwischen 100 und 350 Kilometer breite Hochgebirge beginnt östlich von Wien als Fortsetzung der Alpen und erstreckt sich durch den ganzen südwestlichen Teil der Ukraine bis hinunter nach Rumänien. Mit einer Ausdehnung von etwa 1300 Kilometern erreicht es dabei Höhen von mehr als 2600 Metern. Dank erfolgreicher Naturschutzprogramme sind in dieser bevölkerungsarmen Gegend wieder Wölfe, Luchse und Braunbären zu Hause.

Die Straßen in dieser wie von einem Modelleisenbahn-Designer gestalteten Landschaft sind von allerbester Qualität. Motorradfahren pur ist angesagt. Schnell macht sich ein Hochgefühl breit, und ich kann mich voll und ganz auf die Natur konzentrieren. Viele bunte Schmetterlinge flattern aufgeregt umher, und ab und an verzieht sich verschrecktes Rotwild ins Unterholz. In unregelmäßigen Abständen laden aber auch kleine Holzhütten abseits der Straße zum Verweilen ein. Schon von Weitem lassen die kyrillischen Schriftzeichen auf den Klappaufstellern mit ein wenig Fantasie erahnen, dass man den Reisenden hier Schaschlik serviert. Wir entscheiden uns gegen ein selbstgekochtes Mittagessen auf unserem Benzinkocher und machen Rast. Zu verführerisch ist der Duft von gegrilltem Fleisch und Zwiebeln, der die Luft erfüllt. Wir parken unsere Motorräder unter einer großen Buche und nehmen auf einer von drei im Schatten aufgestellten Bänken Platz. In einem halbierten Ölfass, an dessen Unterseite vier Metallfüße geschweißt sind, glüht duftende Holzkohle. Darüber liegt ein schwerer Grillrost, auf dem ein halbes Dutzend Fleischspieße von der Größe eines Unterarmes brutzeln. Wir bestellen das einzige Gericht, das auf der Karte steht: Schaschlik – die im ehemaligen Ostblock am weitesten verbreitete Speise. Leider ist die Fleischqualität in Buden wie dieser nicht die beste und erinnert beim Verzehr eher an eine Schuhsohle. Serviert wird das Ganze mit drei Blättern Salat, einer Gewürzgurke und reichlich Weißbrot. Dazu Ketchup und Senf aus der Plastikflasche.

Nachdem wir einen Berg von Fleisch und Knorpel verspeist haben, machen wir uns wieder auf den Weg. Es macht solchen Spaß, auf diese Art zu reisen, und ich kann nicht genug davon bekommen. Erneut wird mir bewusst, dass noch viele solcher Tage auf mich warten, und ich verspüre ein Gefühl tiefer Dankbarkeit.

Wir überholen Pferdefuhrwerke und beobachten, wie Bauern in traditioneller Kluft ihre Getreidefelder bestellen. Kühe flüchten, wenn wir zu nahe an ihren Weiden vorbeifahren und ich mit dem Notausschalter eine Fehlzündung verursache. Es ist eine Szenerie, die im Zusammenspiel mit dem perfekten Sommerwetter schöner nicht sein könnte. Doch wie aus heiterem Himmel springt plötzlich ein Mann in Tarnuniform auf die Straße und blockiert den Weg. Wild fuchtelt er mit seinem Kalaschnikow-Sturmgewehr herum und gibt uns zu verstehen, sofort anzuhalten. Ich mache einen Schlenker nach rechts und gehe voll in die Eisen. Etwa 20 Meter hinter ihm komme ich zum Stehen. Als Erstes löse ich mit einem hektischen Handgriff den GPS-Empfänger aus der Lenkerhalterung, um das Gerät unauffällig in meiner Brusttasche verschwinden zu lassen. Schon bei der Reiseplanung bin ich auf das heikle Thema GPS-Empfänger in den ehemaligen Staaten des Warschauer Paktes gestoßen. Die einen sagen, es sei verboten, ein solches Gerät zu benutzen, die anderen sind der Meinung, es stelle kein Problem dar. Eine definitive Aussage erhält man jedoch nirgends. Noch nicht einmal das Auswärtige Amt oder der führende GPS Gerätehersteller sahen sich imstande, ein Statement dazu abzugeben. Da das Ding jedoch eine Stange Geld gekostet hat, gehe ich lieber auf Nummer sicher und stecke es ein.

Im Rückspiegel kann ich erkennen, dass nun etwa fünf Beamte, teils in Polizeiuniform, teils in den für den Ostblock so typischen blau-schwarz-weiß gefleckten Kampfanzügen sich um Alain versammeln. Er ist ebenfalls mit einem schwarzen Strich auf dem Asphalt, knappe drei Lada-Längen hinter mir, zum Stehen gekommen. Mit Schwung steige ich vom Motorrad ab und gehe zu ihnen. Schnell wird klar, worauf es die Typen abgesehen haben – unsere Kohle. Einer von ihnen behauptet, wir seien zu schnell gefahren, ein anderer wirft uns vor, wir seien ohne gültige Vignette unterwegs, und das, obwohl es in der ganzen Ukraine gar keine Vignetten gibt. Ein fettleibiger Kerl, allem Anschein nach der Vorgesetzte der Truppe, verlässt nun den kleinen, mit Tarnnetzen umhüllten Posten am Straßenrand und kommt auf uns zu. Ein nur kurzer Blick auf unsere deutschen Nummernschilder lässt ihn gierig lächeln und entblößt dabei seine Kollektion funkelnder Goldzähne. In einer Mischung aus Deutsch und Russisch gibt er uns zu verstehen, dass wir das Stoppschild missachtet hätten. Mit seinem Knüppel, den er die ganze Zeit in seine linke Handfläche schlägt, deutet er dabei in die Richtung, aus der wir gekommen sind. Seine Untergebenen nicken zustimmend. Nach einer kurzen Diskussion folgen wir der Meute in das kleine Dienstgebäude. Es ist vollgestellt mit allerlei Gerätschaften des Polizeibedarfs. Radarpistolen und Handschellen liegen wie Spielzeug auf einem kleinen Tisch, und an der schlecht verputzten Wand hängen ein paar Schlagschutzwesten, die den Eindruck vermitteln, als ob es hier ab und an ordentlich zur Sache geht. Er fordert uns nun auf, ihm unsere Papiere auszuhändigen – Führerschein, Fahrzeugschein und Reisepass. Eine unangenehme Situation, denn somit hat die Kontrollperson ein gutes Druckmittel in der Hand, um eine saftige Strafe einzufordern. Wir haben für solche Fälle perfekte, laminierte Farbkopien angefertigt. Doch wir wollen die Fälschungen erst dann vorzeigen, wenn wir absolut sicher sind, dass der Kontrollierende noch nie zuvor ein deutsches Dokument gesehen hat. Hier ist uns diese Aktion zu heikel.

Es ist der erste Versuch auf dieser Reise, uns unter einem fadenscheinigen Grund ein Bußgeld aufs Auge zu drücken. Uns war klar, dass wir mit einer solchen Situation sehr schnell konfrontiert werden würden, doch nun geht alles so fix, dass wir die zurechtgelegten Strategien einfach vergessen haben. Stattdessen hören wir uns an, was die

Beamten vorzutragen haben und vor allem, wie hoch das Bußgeld ausfallen soll.

„Mit oder ohne Protokoll?“ will der Boss mit einem erwartungsvollen Grinsen von uns wissen, nachdem er uns zum wiederholten Male vor Augen geführt hat, welch schwerwiegende Ordnungswidrigkeit wir begangen haben.

„Wie viel ohne Protokoll“, kontere ich vorschnell und signalisiere ihm damit unsere Zahlungsbereitschaft. Noch während ich die Worte ausspreche, könnte ich mir selbst dafür in den Arsch treten.

„100 Euro“, antwortet er unwirsch.

„Nix da!“ mischt sich Alain gelassen ein, nimmt ein Blatt Papier vom Schreibtisch des Beamten und schreibt eine zehn darauf. „Und zwar für uns beide.“

Ich bin gespannt, wie Alain eine seiner größten Stärken umsetzen wird – sein Verhandlungsgeschick. Er ist mit der seltenen Gabe gesegnet, seine Zuhörer derart schwindelig reden zu können, dass jeder binnen kürzester Zeit gefügig wird.

„Gib alles!“ feure ich ihn an.

Eigentlich wollten wir uns ja prinzipiell nicht auf derartige Zahlungen einlassen. Da ich aber den Fehler gemacht habe, auf die Feilscherei einzugehen und die Beamten ganz klar am längeren Hebel sitzen, müssen wir zusehen, dass der Betrag so gering wie möglich ausfällt. Papier und Stift wandern hin und her. Mal scherzen wir, mal wird wütend geflucht. Wir handeln wie auf einem Basar, und immer wieder werden neue Zahlen aufgeschrieben. Schließlich einigen wir uns irgendwo nahe der Mitte bei etwa 35 Euro – ohne Protokoll. Nachdem wir dem Fettsack den Betrag ausgehändigt haben, werden wir freundlich verabschiedet. Sie geben uns noch die Hand und wünschen uns mit einem Klopfen auf die Schulter alles Gute für die Weiterfahrt. Plötzlich sind es ganz nette und freundliche Menschen, die uns gegenüber stehen. Für sie war es bloß ein gewinnbringendes Spiel, und sie haben bekommen, was ihnen ihrer Meinung nach zusteht. Ab nun müssen wir allerdings hartnäckiger verhandeln oder uns noch dümmer stellen, da unsere Reisekasse ansonsten immer leerer wird.

Wer zum ersten Mal durch die Ukraine fährt, wird sehr schnell feststellen, wie präsent die Polizei doch überall ist. An allen wichtigen Verkehrsknotenpunkten und größeren Verbindungsstraßen sind stationäre Polizeiposten errichtet, die mit an Sicherheit grenzender Wahrscheinlichkeit jedes Fahrzeug stoppen, das mit westlichem Kennzeichen unterwegs ist. Zu groß ist die Verlockung, ein paar Griwna extra zu verdienen.

Auf den folgenden Kilometern haben wir zum ersten Mal kaum noch ein Auge für die wirklich eindrucksvolle Landschaft. Vielmehr richtet sich unser Blick auf die drohende Gefahr in Uniform, an die es sich erst zu gewöhnen gilt. Teils versteckt hinter dichtem Buschwerk oder schon von Weitem sichtbar, lauert sie am Straßenrand. Manchmal weist aber auch schon Kilometer zuvor ein Hinweisschild mit der Aufschrift „ДПС" auf einen Kontrollposten der Verkehrspolizei hin. Wir wenden eine List an, um uns ihnen zu entziehen. So hängen wir uns, wenn wir vom Gegenverkehr rechtzeitig per Lichthupe gewarnt werden, einige hundert Meter vor den Checkpoints dicht hinter einen Lkw und werden im Windschatten unerkannt durch die Gefahrenzone gezogen. Können wir im Rückspiegel erkennen, dass einer der verdutzten Beamten zum Funkgerät greift, um seine Kollegen zu unterrichten, verlassen wir die Hauptstraße wieder und fahren einige Kilometer über kleinere Straßen weiter. Wenn die Gefahr dann nach ein paar Kilometern gebannt zu sein scheint, setzen wir die Fahrt wieder auf der Hauptverbindungsstraße fort, bis das Katz-und-Maus-Spiel von Neuem beginnt. So geht es den ganzen Tag. Kontrolliert werden wir an diesem Tag jedoch ‚nur' dreimal. Ein Ehepaar aus Berlin, das wir an einer Tankstelle treffen, beklagt sich ebenfalls über diese Form der Abzocke. „Wenn man nicht absolut stur bleibt und weiß, wie man die Polizisten zu nehmen hat, ist das Urlaubsgeld weg, bevor man die Krim überhaupt erreicht!" schimpft die ältere Frau und gibt an, schon so oft angehalten worden zu sein, dass sie das Zählen nach der siebten Kontrolle eingestellt habe.

Trotz der allgegenwärtigen Polizeipräsenz bin ich entsetzt, wie rücksichtslos es auf ukrainischen Straßen zugeht. Die allgemeinen Höchstgeschwindigkeiten werden von allen Verkehrsteilnehmern schlichtweg ignoriert. Man fährt einfach so schnell, wie es die PS-Zahl des Wagens zulässt. Dutzende Male stockt uns der Atem, wenn wir Zeugen von spektakulären Beinahezusammenstößen werden. Die vielen Autowracks am Straßenrand, an denen teilweise noch Blutspuren zu sehen sind, sprechen eine eindeutige Sprache, scheinen ihre abschreckende Wirkung jedoch zu verfehlen. Auch Alain und ich werden des Öfteren in arge Bedrängnis gebracht. Motorradfahrer sind schließlich kein Grund, um auf die Bremse zu latschen. Letztendlich haben wir es immer unserem großen Glück zu verdanken, dass es nicht zum Unfall kommt. Die tollkühnen Autofahrer und tiefe Schlaglöcher sind jedoch nicht die einzigen Gefahren, die auf ukrainischen Straßen lauern. Nicht selten lauern speziell innerorts tückische Fallen, da aufgrund der hohen Schrottpreise die Kanaldeckel gestohlen wurden.

Mit Verlassen der Karpaten lässt der Fahrspaß leider etwas nach. Die kurvenreichen Strecken werden von Kilometer langen Geraden abgelöst, die, wie mit einem gigantischen Lineal gezogen, die größten Städte des Landes miteinander verbinden. Sie sind so eintönig zu fahren, dass sie selbst die lang gezogenen Nationalstraßen Frankreichs in den Schatten stellen.

Auf Höhe der alten Handelsmetropole L'viv verlassen wir die M 17 wieder und fahren weiter über kleinere Landstraßen in Richtung Osten. Meter um Meter geht es den ganzen Vormittag entlang riesiger Sonnenblumenfelder. Sie sind zu unserem stetigen Begleiter geworden. Seit Ungarn erstrecken sie sich leuchtend gelb bis zum Horizont, wo sie mit dem tiefblauen Himmel verschmelzen. Mitunter hat es den Anschein, als seien die Sonnenblumen die einzige Pflanze, die angebaut wird.

Dass die Ukraine nach Russland das größte Land Europas ist, wird einem spätestens dann bewusst, wenn man es der Länge nach durchquert. Stundenlang sitzen wir im Sattel, um dann auf der riesigen Karte festzustellen, lediglich wieder einen schlappen Zentimeter hinter uns gebracht zu haben. Unser Sitzfleisch gewöhnt sich nur schwer daran, für solch lange Zeit zum Stilldasitzen verdonnert zu sein. Im Rückspiegel kann ich erkennen, dass Alain ähnliche Probleme wie ich zu haben scheint. Unruhig rutscht auf der Sitzbank hin- und her und stellt sich immer wieder auf seine Fußrasten, um so den Anpressdruck zu verringern. Die heutige Etappe hat uns echt geschafft, und so entschließen wir uns schon früh dazu, Ausschau nach einem Pennplatz zu halten. Leider wieder ohne Erfolg. Es ist höchst eigenartig – immer kurz nachdem wir morgens aufbrechen, kommen wir an dem scheinbar ultimativen Zeltplatz vorbei, den wir am Abend zuvor um nur ein paar hundert Meter verpasst haben. Später dann, wenn uns die Müdigkeit fast von der Karre fallen lässt, finden wir einfach nichts mehr – egal, wie angestrengt wir suchen. Dieses Phänomen hat mich schon auf vielen Motorradtouren um ein Haar in den Wahnsinn getrieben. So auch diesmal. Wir quälen uns nun schon seit einer geraumen Weile kreuz und quer durch diese Region und suchen konzentriert nach einem Platz für unser Zelt. Doch das Einzige, was wir finden, sind Brennnesselfelder, mückenverseuchtes Unterholz oder zugebaute Wohngebiete. Mein Rücken schmerzt, und der Arsch ist verkrampft. Längst schon ist der Zeitpunkt erreicht, wo es beginnt, echt unangenehm zu werden.

Als wir in der Ortschaft Volochisk nach genau 440 Tageskilometern einen Tankstopp einlegen, fällt mir eine auf den Hund gekommene Gaststätte auf, die direkt an die Tankstelle angrenzt. Vielleicht können wir ja hier ein Bett bekommen. Über der Eingangstür lassen verblichene Buchstaben das Wort „Hotel" erahnen. Obwohl der Laden die besten Tage bereits hinter sich zu haben scheint, strahlt er das gewisse Etwas aus, das die Neugier in mir weckt, zumal ich mich an einem Tag wie diesem sogar mit einem Feldbett in der Abstellkammer anfreunden könnte. Während ich unsere Tanks mit Benzin befülle, betritt Alain den Laden. Nach etwa zehn Minuten kommt er freudestrahlend wieder hinausgestiefelt. Bingo! In seinen Augen kann ich erkennen, dass unsere Suche endlich ein Ende hat.

„Und?" frage ich knapp.

„Wir können für nur 100 Griwna ein Zimmer bekommen. Die Sache hat nur einen Haken", erwidert er.

Umgerechnet 15 Euro sind natürlich ein schlagendes Argument. „Wo liegt der Haken?" will ich also wissen.

„Das ist eigentlich gar kein Hotel, sondern eine Disco. Die Zimmer befinden sich dummerweise genau darüber. Hinzu kommt, dass heute Wochenende ist und mich die Leute davor gewarnt haben, dass wahrscheinlich die Post abgehen wird."

„Saugeil! Nix da Haken! Lass es uns als eine Chance betrachten, Land und Leute besser kennen zu lernen." Meine Laune steigt schlagartig.

Während ich schon dabei bin, die Zurrriemen unserer Gepäckrollen zu lösen, schlurft Alain zurück zur Rezeption. „Was ist mit den Mopeds?" rufe ich ihm hinterher. Er deutet nur auf das große Tor einer Waschanlage im Nebengebäude und betritt erneut die Spelunke. Als er wieder hinauskommt, hat er einen jungen Ukrainer im

Schlepptau, der einen riesigen Schlüsselbund in seiner Hand trägt. „Wir können unsere Karren dort unterstellen, müssen morgen früh aber um spätestens zehn Uhr abrücken", klärt Alain mich auf. Kein Problem denke ich. Wie naiv ich doch manchmal bin ...

Keine Stunde später sitze ich frisch rasiert im Freiluftbereich des Restaurants und studiere die übersichtliche Speisekarte. Mir ist zwar klar, dass der Laden nicht gerade zu den Fixsternen am ukrainischen Gastronomiehimmel zählt, dennoch will ich eine solide Grundlage schaffen. Wer weiß, was uns der Abend noch so bringen wird. Daher bestelle ich das Gericht, von dem ich den höchsten Fettgehalt erwarte. Borschtsch und Speck – und zwar eine doppelte Portion.

An den Nachbartischen haben sich unterdessen die ersten Discogänger eingefunden. Schnell wird deutlich, dass es sich um einen Laden der übelsten Sorte handelt. Das Strandgut der gesamten Stadt scheint hier eine Art Anlaufstelle gefunden zu haben. Die ersten leeren Wodkaflaschen stehen auf den Tischen, und ich beobachte mit Interesse, wie sich die Leute aufs Wochenende einstimmen. Es wird gezecht und gelacht. Nur vereinzelt werden Biergläser geleert. Der klare Getreideschnaps scheint in der Gunst der Trinkerschaft eindeutig vorne zu liegen. Kein Wunder, kostet eine Flasche Wodka doch nur etwa doppelt soviel wie eine Flasche Bier. Großzügig wird der Schnaps in Saftgläser verteilt, auf Ex weggekippt und mit Wasser nachgespült. Nie wird der Wodka, wie es in Deutschland üblich ist, mit einem anderen Getränk gemischt. Wodka-Lemon? Ein Fremdwort.

Als ich mein drittes Glas Bier leere, kommt endlich mein Essen auf den Tisch. Alain, den ich nach der Rasur kaum wieder erkenne, hat inzwischen auch am Tisch Platz genommen und gibt der Bedienung per Handzeichen zu verstehen, ihm doch bitte das Gleiche zu servieren.

Wenig später werden wir von der illustren Runde am Nachbartisch mit winkenden Handbewegungen dazu aufgefordert, ihnen Gesellschaft zu leisten. Längst hat es sich herumgesprochen, dass wir zwei aus Deutschland kommen und mit dem Motorrad ihr Land bereisen. Rasch werden zwei neue Gläser besorgt. Anfangs schaffe ich es noch, mich vor dem Wodka zu drücken. Nach der dritten halbherzigen Verzichtserklärung gebe ich jedoch nach und bekomme ein randvolles Glas vor die Nase gestellt.

So kommen wir ins Gespräch. Wir berichten von unserem Vorhaben und den bisherigen Erfahrungen mit der Polizei. Ukrainer sind sehr stolz auf ihr Land, und so erfreut es sie besonders, das uns, mal abgesehen von den nervigen Kontrollen, ihr Land so gut gefällt. Und immer wieder wird eifrig nachgeschenkt. Die Zeit verstreicht, und nach und nach verabschieden sich alle Sprachbarrieren. Als ich mit einem gewissen Vitali Arm in Arm dasitze und wir gemeinsam ukrainische Volkslieder anstimmen, wird mir plötzlich bewusst, wie dicht ich doch schon bin. Es ist nun bereits einige Gläser Wodka her, als ich noch versucht habe auszurechnen, wie viel ich noch trinken kann, um am Morgen nicht völlig in den Seilen zu hängen. Doch irgendwann kommt der gute alte Punkt, an dem mir alles scheißegal ist. Warum an morgen denken, wenn es heute doch so schön ist. Gegen Mitternacht wird plötzlich die Beleuchtung im Biergarten ausgeschaltet. Eine Aufforderung, das Geschehen nach drinnen in die Disco zu verlagern. Lautes Partygeschrei und dumpfe Bässe russischer Technomusik, die aus dem Gebäude wummern, lassen erahnen, dass die Bude richtig rockt. Im Inneren des kneipenähnlichen Etablissements sind an die 100 Leute versammelt, die hingebungsvoll für Stimmung sorgen. Auch hier liegt die Quote der äußerst attraktiven Frauen, wie überall in der Ukraine, deutlich über dem europäischen Durchschnitt. Viele von ihnen sind gekleidet wie bei einem Modellcasting bei Beate Uhse und bewegen sich mit pornografischer Lust im Takt der Musik. Ein Anblick, der mir in diesem Zustand Schweißperlen auf die Stirn treibt.

Gott sei Dank kann ich mich nur bruchstückhaft an den Moment erinnern, als ich unter allgemeinem Gejohle die schummrige Tanzfläche erobere. Denn irgendwann reißt mein Film, und ein barmherziger Schleier des Vergessens legt sich über mich.

Als ich am nächsten Tag wach werde, trommeln Fäuste gegen die Tür. Hölle, ich habe das Gefühl, als sei mein Gehirn über Nacht um das Dreifache angeschwollen. Jede Faser meines Körpers ist von starkem Schmerz durchdrungen, und ich fühle mich wie ausgespuckt. Hätte ich bloß nicht die Warnungen in den Wind geschlagen, Bier und Wodka zusammen zu konsumieren. Die Nachwirkungen dieser brisanten Mischung zeigen nun mit aller Härte ihr Gesicht.

Stöhnend drehe ich den Kopf zur Seite und sehe Alain splitternackt und mit weit aufgerissenem Mund auf dem Überwurf seines

Bettes liegen. Kein schöner Anblick, denke ich und schaue auf die Uhr. Halb elf. Da war doch was. Oh nein! Verdammt! Mir fällt plötzlich wieder die Waschstraße ein, in der noch immer, oder vielmehr hoffentlich noch immer, unsere Motorräder stehen. Es poltert weiter gegen unsere Zimmertür, und eine tiefe Männerstimme flucht lauthals vor sich hin. Als ich mich aufraffe und die Tür einen Spalt weit öffne, blicke ich direkt in das hochrote Gesicht des Waschanlagenbesitzers. Er rümpft die Nase, als ihm die Wolke aus unserem Kabuff entgegenschlägt, und schreit danach noch lauter als zuvor. Wie in Trance ziehe ich meine Jeans an und folge ihm demütig. Vor dem Tor des Schuppens drängeln bereits die ersten ungeduldigen Pkw-Fahrer und warten darauf, dass der Laden endlich seine Pforten öffnet. Alain kommt nun auch um die Ecke geschlichen, und gemeinsam schieben wir die Motorräder auf den Vorplatz.

Was nun? Eine weitere Nacht hier verbringen? Wir beide haben definitiv noch genug Promille im Blut, um Gefahr zu laufen, die Fahrerlaubnis für Jahrzehnte zu verlieren. Aus gegebenem Anlass beschließen wir, noch bis zum späten Nachmittag abzuwarten, um dann zu schauen, ob wir halbwegs fahrtüchtig sind.

Als wir wenige Stunden später wieder auf unseren Motorrädern sitzen, spüre ich, wie mein Kreislauf gegen mich arbeitet. Aus Respekt vor der Autorität in Uniform wählen wir ausschließlich kleinste Dorf- und Nebenstraßen. Zwar kommen wir so nur schleppend voran, doch dafür minimieren wir das Risiko, kontrolliert zu werden. Denn bei allen Kontrollen wurden wir bislang gefragt, ob wir Alkohol getrunken hätten. Diese Frage wird stets mit einer Geste untermauert, mit der wir auch am gestrigen Abend ständig konfrontiert wurden. Dabei liegt der Daumen der linken Hand auf dem Zeigefinger, und dieser schnippt wiederholt gegen die Halsschlagader. Schenkt man der Legende Glauben, so ist diese universell einsetzbare Geste auf einen jungen Offizier zurückzuführen, der Zar Peter I. im 17. Jahrhundert das Leben rettete. Als Zeichen seiner Dankbarkeit gewährte der Zar dem Offizier nun einen Wunsch. Der trinkfreudige Soldat musste nicht lange überlegen, wünschte er sich doch nichts sehnlicher, als im ganzen Reich frei trinken zu können. Der Zar willigte ein und gab ihm eine Goldmünze, die ihn überall im Land zu freiem Alkoholkonsum berechtigte. Als der Trunkenbold die Münze nach einiger Zeit jedoch zum wiederholten Mal verloren hatte, platzte dem Zaren der

Kragen. Er ließ nun eine neue Münze erhitzen und seinem Lebensretter den Abdruck des glühenden Metalls auf den Hals einbrennen. Besagter Offizier musste fortan nur noch mit dem Finger auf sein Brandmal deuten, um nach Herzenslust bechern zu können.

Wir haben Glück und werden nicht kontrolliert. Dafür gibt mir Alain nach einer Weile per Lichthupe zu verstehen, anzuhalten.

„Irgendwie eiert mein Motorrad", sagt er besorgt. „Bitte fahr du mal eine Runde." Ein wenig skeptisch nehme ich mir seine Kiste vor. Und tatsächlich, irgendwie fährt sie nicht so, wie ich es von meiner Ténéré gewohnt bin. Gemeinsam begeben wir uns am Straßenrand auf Fehlersuche. Leider ohne Erfolg. Wir kontrollieren die Speichen des Vorderrades und die Gabel, prüfen das Lenkkopflager und schauen nach, ob die Kette über die optimale Spannung verfügt. Doch wir können keinen Fehler finden. Zu dumm, dass es uns nicht in den Sinn kommt, auch die Speichen des Hinterrades zu überprüfen, wo der Defekt verborgen liegt. Also packen wir alles wieder zusammen und fahren mit herabgesetztem Tempo weiter. Die verbleibenden 360 Kilometer nach Odessa wollen wir morgen in Angriff nehmen. Dort, so denken wir, bieten sich bessere Möglichkeiten, das Motorrad gründlich durchzuchecken.

Der nächste Tag. Nur wenige Meter vor der Stadtgrenze Odessas dann das Desaster. Mitten im chaotischen Stadtverkehr der Millionenstadt blockiert plötzlich das Hinterrad von Alains Ténéré, und er kommt mit einer Vollbremsung zum Stehen. Im Rückspiegel kann ich erkennen, dass sich seine Karre keinen Millimeter mehr bewegen lässt und die komplette rechte Spur der Schnellstraße blockiert. Der Verkehr staut sich im Nu, und die aufgebrachten Autofahrer machen hupend einen Bogen um das neue Hindernis. Ich wende an der nächstbesten Gelegenheit und fahre zurück. Mit Hilfe eines Taxifahrers schaffen wir es, die Spur zu räumen und das Bike trotz des blockierten Rades von der Straße zu ziehen. Was nun? Bei genauerem Hinsehen ist schnell klar, wo der Hase im Pfeffer liegt. Sage und schreibe neun der insgesamt 36 Speichen sind direkt an der Kröpfung gebrochen und hängen nun in einem wilden Durcheinander von der Felge herab. Wie immer treten solche Katastrophen zum denkbar ungünstigsten Zeitpunkt auf. Wir haben beide kein Bargeld mehr in der Tasche, und unsere Kreditkarten werden nirgends akzeptiert. Unsere letzten Kröten reichen so gerade noch für eine einzige Flasche Wasser, die wir uns gierig teilen. Mir kommt die Idee, über den ADAC einen Abschleppwagen zu ordern. Obwohl wir wenig Hoffnung in diese Option setzen, wähle ich die Notrufnummer. Umso überraschter sind wir, als uns die Gelben Engel tatsächlich ihre Hilfe zusichern. Nach drei Stunden Warten am Straßenrand fährt der versprochene Abschleppwagen vor. Über eine dicke Holzbohle schieben wir das Zweirad auf die Ladefläche und verzurren es mit mehreren dünnen Seilen. Der Fahrer gibt uns mit Handzeichen die Order, ihm in die Werkstatt zu folgen. Nach kurzer Absprache nimmt Alain neben ihm Platz. Ich habe das Vergnügen, mich ihnen an die Fersen zu heften.

Angesichts des dichten Verkehrs und des rücksichtslosen Verhaltens der anderen Verkehrsteilnehmer ist es nahezu unmöglich, an dem Wagen dranzubleiben. Damit mir dies trotzdem gelingt, bin ich gezwungen, eine Vielzahl von Verkehrsregeln zu brechen. Links überholen, rechts überholen und mit Vollgas über rote Ampeln und Bürgersteige. Das Motorrad auf der Ladefläche vor mir neigt sich bei all den Manövern so bedrohlich zur Seite, dass ich befürchte, die alten Stricke würden reißen. Immer weiter Richtung Innenstadt, bis wir schließlich ein heruntergekommenes Stadtviertel erreichen. Auf einem Schrottplatz, auf dem sich mehrere Kfz-Werkstätten angesiedelt haben, halte ich schweißgebadet an. Das soll also die versprochene Werkstatt sein. Über einem der etwa zehn Garagentore hängt eine blaue Leuchtreklame, auf die mit viel Geschick der Schriftzug „Yamaha-Service“ gesprayt wurde. Doch wir sehen keine Motorräder. Lediglich vier uralte Motorroller stehen abgedeckt mit Planen vor der Tür der angepriesenen Fachwerkstatt. Skepsis macht sich breit. Ob man uns hier weiterhelfen kann? Ein weiteres Problem besteht darin, dass die Arbeiter scheinbar schon Feierabend gemacht haben. Außer uns und dem Abschleppwagenfahrer ist niemand auf dem Gelände zu sehen. Als wir das Motorrad von der Ladefläche schieben, öffnet sich eines der Tore, und es taucht doch noch doch jemand auf. Ein ölverschmierter Mechaniker erklärt uns, dass der Betreiber der Werkstatt einen Motorradunfall gehabt habe und nun mit gebrochenem Bein im Krankenhaus läge. Morgen sollen wir wiederkommen. Angeblich sei dann die Vertretung des Besitzers vor Ort. Auch das noch. Uns bleibt nichts anderes übrig, als abzuwarten. Man versichert uns, dass das Motorrad auf dem Platz in Sicherheit ist und hier nur selten etwas gestohlen würde. Was für eine beruhigende Aussage. Wir lassen das defekte Krad also zurück und begeben uns, leicht in Sorge, auf Hotelsuche. Alain übernimmt im Taxi die Führung, ich folge.

Odessa, auf das ich mich echt gefreut habe, ist eine schöne, wenn nicht sogar die schönste Stadt des Landes. Leider steht uns momentan jedoch nicht der Sinn danach, sie genauer zu entdecken. Wir checken in dem erstbesten Hotel ein, da wir nicht die Nerven haben, weiter zu suchen. Bedauerlicherweise hat der Laden neben den extrem überteuerten Preisen einen weiteren entscheidenden Nachteil. Es gibt keine Möglichkeit, mein Motorrad unterzustellen. Und das ausgerechnet mitten im Zentrum der Stadt. Mir bleibt also nichts anderes übrig, als die Maschine über Nacht vor dem Hotel stehen zu lassen. Ein Umstand, der mir große Bauchschmerzen bereitet.

Den Rest des Abends verbringen wir in einer kleinen Pizzeria in Sichtweite zu meinem Motorrad. Bei Pasta und Rotwein auf harten Stühlen lamentieren wir darüber, wie wir weiter vorgehen wollen. Es fällt mir schwer, richtig zu entspannen, da meine Blicke die ganze Zeit auf mein Motorrad fixiert sind und Alain in Gedanken auf dem Werkstattgelände Wache schiebt. Immer wenn ein Passant meiner Kiste verdächtig nahe kommt, mache ich mich sprungbereit. Frustriert ziehen wir uns schon früh aufs Hotelzimmer zurück.

Der Werkstattbesitzer kann uns am folgenden Tag wie erwartet nicht weiterhelfen. Zum einen erlaube es sein schmerzendes Bein noch nicht, das Haus zu verlassen, und außerdem habe er keine Speichen mehr auf Lager, so sein Kumpel, der die Vertretung übernommen hat. Er bietet jedoch an, morgen mit uns in die Harley-Werkstatt eines befreundeten Rocker-Clubs zu fahren. Dort, so verspricht er uns, wäre es ein Kinderspiel, das Rad wieder flottzumachen.

Alain und ich einigen uns darauf, dass ich schon mal ein paar Kilometer vorfahren und irgendwo auf ihn warten werde. Eine weitere Nacht wach im Bett zu liegen und alle paar Minuten aus dem Fenster zu schauen, um zu kontrollieren, ob mein Motorrad noch da ist, machen meine Nerven ohnehin nicht mit. Außerdem tut es uns beiden sicherlich ganz gut, mal für ein paar Stunden alleine zu sein. Wenn es irgendwo Probleme geben sollte, wollen wir telefonieren, und ich komme zurück in die Stadt.

Es dauert fast zwei Stunden, ehe ich dem dichten Verkehr entkommen kann. Gemütlich fahre ich an der Küste entlang, genieße den Blick aufs Schwarze Meer und fülle meine Lungen mit der salzigen

Seeluft. Südlich der Stadt Sycavka macht die Straße einen Knick, und ein ungeteerter Weg führt zu einer in Ufernähe gelegenen Feriensiedlung. Im Schlepptau zweier bis unters Dach mit Urlaubsutensilien und Familienmitgliedern voll gestopften Kleinwagen folge ich dem Weg, bis ich vor einer Schranke aufgefordert werde, anzuhalten. Die beiden Wagen werden einfach durchgewunken, während man mit mir offensichtlich nicht so recht umzugehen weiß. Allem Anschein nach kann die für die Sicherheit der Urlauber zuständige Wachmannschaft nicht verstehen, dass ich als ‚reicher' Deutscher dort unterkommen möchte, wo die Arbeiterschicht des Landes die wertvollsten Stunden des Jahres verbringt. Aber ich lasse nicht locker und beharre darauf, zu bleiben. Ich überlege schon, ob ein wenig Kohle das Problem lösen würde, doch ich bekomme unverhoffte Hilfe. Ein junger Kerl wird auf mich aufmerksam und redet auf die Wachmannschaft ein. Keine Ahnung, was er zu ihnen sagt, auf jeden Fall öffnet sich schon wenig später der Schlagbaum.

„Follow me!" fordert mich der etwa 13jährige auf. In Schrittgeschwindigkeit fahre ich über das riesige Areal, bis wir vor einem fürchterlich hässlichen sechsstöckigen Betonklotz ankommen. Hervorragend, denke ich – genau dort unterzukommen, wo man unter Garantie auf keine ausländischen Touristen trifft. Ist doch genau das, was ich mir vorgestellt habe. Wenn die Einheimischen sich hier wohlfühlen, dann werde ich das ebenfalls tun. Große Ansprüche an eine Unterkunft habe ich noch nie gestellt. Schnell ist der Übernachtungspreis ausgehandelt und das Motorrad im Schuppen des Hausmeisters, dem Vater des Jungen, untergestellt. Die größte Sorge wäre ich somit los und kann mich nun auf den Rest des Tages freuen. Das schlichte Zimmer, das ich beziehe, riecht ungelüftet und ist beengend klein. Neben dem durchgelegenen Bett und einer fleckigen Matratze wäre noch ein einsturzgefährdeter Balkon und eine Zimmertür aus dünnen Brettern an Ausstattung zu erwähnen, die mir für umgerechnet vier Euro angeboten werden. Das Bad, oder, besser gesagt, das Gemeinschaftsklo befindet sich am Ende des langen Flures eine Etage tiefer. Um Krankheiten vorzubeugen, halte ich es jedoch für die beste Lösung, den Raum zu meiden und die Körperhygiene auf ein Bad im Meer zu beschränken. Alles in allem finde ich es aber völlig passabel, zumal die Defizite des Hotels durch das wettgemacht werden, was dem Gast außerhalb der Unterkunft geboten wird: ukrainische Volksfeststimmung für die Massen.

Hunderte von Händlern, die sich dicht aneinander reihen, haben ihre Stände in Strandnähe aufgebaut. Zwischen alten Staubsaugern, gebrauchten Sofakissen, gelbblauen Nationalflaggen und Ikonenbildern drängeln sich etliche Imbissstände. Schnell finde ich heraus, was die schmackhaftesten Dinge sind. Verfressen, wie ich bin, probiere ich so lange, bis ich nicht mehr kann und fast zu platzen drohe. Frische Muscheln mit Knoblauchsoße, geräucherter Fisch, gebratene Pfifferlinge mit Zwiebeln, Teigtaschen mit Gehacktem und Dill und natürlich der nicht wegzudenkende Speck in allen Variationen. Ich muss dazu kurz erklären, dass die Liebe der Ukrainer zum Schweinespeck in Osteuropa fast schon legendär ist. Fragt man beispielsweise einen Russen, was er mit der Ukraine verbindet, so bekommt man stets die Antwort: Speck. Die Liebe zum fetten Speck entstammt einer Tradition, mit der sich die Kosaken im 16. Jahrhundert von den muslimischen Eroberern abgrenzen wollten. Was für die meisten wellnessverwöhnten Westeuropäer ein rotes Tuch darstellt, ist in der Ukraine mehr als nur eine cholesterinhaltige Kalorienbombe. Speck oder Salo, wie er liebevoll genannt wird, ist eine echte Philosophie und neben dem Wodka die nationale Droge der Ukrainer. So können die verschiedenen Würzvarianten, die optimale Krustenbeschaffenheit, der Räuchergrad und feinste Farbnuancen für abendfüllenden Gesprächsstoff sorgen. Auf der Fleischwarenmesse in Minsk, so las ich unlängst in der Zeitung, sorgte ein neuer ukrainischer Snack namens „Speck in der Schokolade“ für wahre Besucheranstürme. Seitdem findet man den Riegel vielerorts neben Mars und Snickers in den Supermarktregalen. Ich habe den Riegel probiert. Er schmeckt grauenvoll.

Ein paar Meter weiter unten am Strand herrscht Ausnahmestimmung. Tausende von Urlaubern liegen wie die Ölsardinen dicht gedrängt am weißen Sandstrand. Bleiche Männerbäuche, die sich durch die starke Sonneneinstrahlung in ein helles Rot verfärbt haben, und bildschöne Frauenkörper in Badeanzügen, wie sie meine Mutter damals in den 70ern an der Ostsee trug.

Die Reparatur in Odessa verzögert sich um einen Tag, und ich kann nicht behaupten, unglücklich darüber zu sein. Ich genieße die Zeit allein am Meer, liege am Strand, studiere die Eigenarten ukrainischer Lebensweise und fülle mein Reisetagebuch mit Impressionen. Als ich nach zwei Tagen aufbreche, fühle ich mich erholt wie lange nicht mehr. Hätte ich gewusst, wie sehr mir die osteuropäische Lebensart behagt und wie schön es am Schwarzen Meer doch ist, hätte es mich wohl schon viel früher in diese Region verschlagen.

Alain wartet bereits an der Hauptstraße auf mich, als ich die Ferienanlage nach knapp vier Tagen wieder verlasse. Gemeinsam setzen wir die Fahrt weiter fort. Dabei fahre ich wie gehabt voraus und übernehme die Führung. Eine Aufgabe, bei der ich unglaublich gut abschalten kann.

Gegen Abend wollen wir auf der Halbinsel Krim ankommen, der Topadresse am Schwarzen Meer. Vor etwa 100 Jahren, als sich die Zarenfamilie und der russische Hochadel hier ihre Sommerresidenzen errichten ließen, begann der Aufstieg dieser Region. Die Halbinsel, auf der auch der berühmte Sekt beheimatet ist, ist eine teilautonome Republik innerhalb der Ukraine. Eine positive Begleiterscheinung dieser Unabhängigkeit spiegelt sich im Straßenverkehr wieder. Keine Raser, kaum Schlaglöcher, und die Polizei hält sich dezent im Hintergrund. Sobald wir den Schlagbaum passiert haben und auf dem Gebiet der Krim unterwegs sind, wartet einfach nur gemütliches Motorradfahren auf uns.

Eine Schlechtwetterfront macht unseren Plänen jedoch leider einen Strich durch die Rechnung. Herbstliche Temperaturen, anhaltender Regen und keine Aussicht auf Besserung sind der Grund dafür, dass wir lediglich eine Nacht in der Krim-Stadt Nikolajevka verbringen und am folgenden Tag weiter nach Mariupol nahe der russischen Grenze fahren.

Rückschlag in Mariupol

Die Industriestadt Mariupol mit ihren 490.000 Einwohnern begrüßt uns als eine jener Städte, die aus einer Vielzahl trostloser Vororte zusammengewürfelt ist, und einer Innenstadt, durch die man durchfährt, ohne es wirklich mitzubekommen. Man muss sich die internationale Hafenstadt am Asowschen Meer wie eine Stadt im Ruhrpott der 60er Jahre vorstellen. Trotz der Nähe zum Meer hängt ständig eine dichte Smog- und Abgasglocke über der Stadt, die bei tiefem Einatmen in der Lunge sticht und im gesamten Stadtgebiet eine Sicht von maximal 500 Metern zulässt. Hier werden die Folgen der Metallurgiekombinate mit ihren insgesamt über 100.000 Beschäftigten deutlich sichtbar. Wir rollen auf einen der riesigen Industriekomplexe zu, der sich dampfend und stinkend über den kompletten Horizont ausbreitet. Als wir einen kleinen Nahverkehrsbus überholen, der die Arbeiter zur Schicht befördert, kann ich einen Moment in die Gesichter der Insassen schauen, die hypnotisch aus dem Fenster blicken. Wie sehr ich doch mit ihnen mitfühle. Neben dem Werkstor des riesigen Betriebes prangt noch immer ein gewaltiges, mit Hammer und Sichel verziertes Emblem aus alter Sowjetzeit. Darüber steht in wirklich riesigen Lettern ein Spruch, der vermutlich nichts weiter als eine Durchhalteparole ist und den Angestellten suggerieren soll, dass Schuften das höchste Glück auf Erden sei. Alles wirkt so beklemmend und trostlos, dass wir die Hotelsuche abbrechen und stattdessen übereinstimmen, eine weitere Nacht im Zelt zu verbringen.

Es bedarf etlicher Kilometer, ehe wir der deprimierenden Kulisse entkommen. Kilometerlang zieht sich die vom Winterfrost geschundene Straße durch nicht enden wollende Industriegebiete. Erst nach etwa 20 Kilometern werden die grauen Plattenbauten wieder von gelben Sonnenblumenfeldern abgelöst. Erleichterung macht sich breit, als ich auf dem Display meines GPS-Empfängers sehe, dass wir uns in unmittelbarer Nähe zur Küste bewegen. Durch die Bäume am rechten Straßenrand kann ich die silbergrauen Wellen des Asowschen Meeres erkennen – ein Nebenmeer des Schwarzen Meeres. Uns fällt ein kleiner Pfad auf, der allem Anschein nach direkt bis hinunter ans Ufer führt. Wir halten an. Nach einem kurzen Für und Wider rollen wir schließlich den lehmigen Weg hinunter, bis wir ein mit Gras bewachsenes Plateau erreichen. Umgeben von Sonnenblumen, fällt vor uns eine etwa 40 Meter steile Klippe hinunter ins Meer. Der Himmel hat sich mittlerweile wieder zugezogen, und das trübe Licht, die Regenwolken und die starke Brandung lassen Erinnerungen an nördlichere Teile Europas aufkommen. Ein paar hundert Meter entfernt liegt ein altes Fischerboot, das bei einem Unwetter vergangener Tage an den Strand gespült worden zu sein scheint. Stark geneigt ruht es auf Backbord, so als habe es den Kampf gegen die Gezeiten schon vor langer Zeit aufgegeben. Ab und an wird der Kahn jedoch von einer Welle erfasst und scheint sich für einen kurzen Atemzug aufbäumen zu wollen. Wie ein König hocke ich am Rand der Klippe und lasse meinen Gedanken freien Lauf. Stundenlang könnte ich nur so dasitzen, meinen Blick über das offene Meer schweifen lassen und dem Geschrei der Möwen lauschen.

Während ich mich weiterhin dem Nichtstun ergebe, hat Alain bereits damit begonnen, sein Zelt aufzubauen. Lustlos raffe ich mich auf und widme mich ebenfalls dieser ungeliebten Tätigkeit. Nach einer Weile, während ich den Benzinkocher für die Zubereitung unseres Abendessens auspacke, fällt mir ein hellblauer Lada auf, der den Feldweg hinunter auf uns zugefahren kommt. Auch das noch, denke ich, muss das jetzt sein? Als das auffällige Fahrzeug näher kommt, kann ich darin drei Männer erkennen. Ich bin zugegebenermaßen besorgt, als sie keine fünf Meter neben uns anhalten und den Motor abstellen. Zeitgleich steigen sie aus und knallen die Autotüren ins Schloß. Zwei der Typen tragen blau-weiß gestreifte Armeeunterhemden, die an Sträflingsklamotten erinnern, und ihre Unterarme sind mit verblichenen Knasttätowierungen zugepflastert. Der Dritte im Bunde, ein dürrer Mittdreißiger mit pockennarbigem Gesicht, hat eine alte schwarze Lederjacke an und wirkt eindeutig am bedrohlichsten. Er scheint der Kopf der Bande zu sein. So stehen sie da und starren uns an. Typen, bei denen man instinktiv zur Waffe greifen möchte, wenn man denn eine hätte. Ich schaue mich unauffällig um, erblicke jedoch nur einen Zelthering – lächerlich. Schnell versuche ich mir auszurechnen, wie unserer Chancen im Falle eines Falles wohl im Faustkampf stünden. Wir würden den Kürzeren ziehen, soviel steht fest. Also versuche ich, die prekäre Lage verbal zu entschärfen. „Dobre Dien!“ Was anderes, als ihnen am späten Abend einen guten Tag zu wünschen, fällt mir spontan nicht ein – was für eine dämliche Idee. Drei vom Wodka getrübte Augenpaare blicken uns nach wie vor emotionslos an. Plötzlich gibt der Typ mit der Lederjacke ein mir unverständliches Kommando. Mir gefriert das Blut in den Adern, als sie ihre Hosen aufknöpfen und beginnen, sich bis auf die Socken auszuziehen. Ich bin fassungslos. Mitten in der Walachei drei, sagen wir, robust gebauten nackten Männern gegenüberzustehen gehört, und das muss hier mal betont werden, nicht zu den Situationen, die Wohlbehagen bei mir auslösen. Die Sekunden kommen mir wie eine Ewigkeit vor, und ich spüre förmlich, wie sich ganz spezielle Muskelgruppen verkrampfen. Um Gottes Willen, flehe ich schweigend. Dazu bin ich nicht bereit.

Als einer unserer potenziellen Peiniger den Kofferraum öffnet und die Angelausrüstung herausholt, fällt mir hörbar ein Stein vom Herzen. Laut lachend schlüpfen die drei in ihre olivgrünen Gummihosen und trotten einen schmalen Pfad hinunter zum Meer. Das Geräusch klimpernder Flaschen verrät uns, dass die Jungs sich wohl auf einen längeren Abend eingestellt haben und nicht nur angeln wollen.

Für mich wird es nun Zeit, auch das Zelt aufzubauen. Zwar hätte ich mich gerne auf der Isomatte unter freiem Himmel ausgebreitet, doch in der Ferne deutet ein dumpfes Gewittergrollen darauf hin, dass uns eine regenreiche Nacht bevorsteht. Nach zwei großen Schüsseln Linsensuppe aus der Tüte treiben uns die ersten dicken Regentropfen in die Zelte. Ich freue mich auf morgen – den Tag, an dem wir endlich Russland erreichen werden. Schlappe 40 Kilometer trennen uns nur noch von der Grenze.

Mitten in der Nacht werde ich von einem Donner geweckt, der die Stille meiner Träume zerreißt. Draußen tobt ein orkanartiger Sturm, und der Himmel hat seine Schleusen weit geöffnet. Ununterbrochenes Trommeln schweren Regens peitscht laut an meine Zeltwand. Alle paar Sekunden zuckt ein Blitz vom Himmel, der das Innere des Zeltes in ein gleißendes Licht taucht. Ich zähle: eins, zwei, drei, vier ... sieben, acht – RUUMMMS. Der folgende Donner zeigt an, dass das Zentrum des Unwetters noch etwa drei Kilometer entfernt ist. Mit zunehmendem Sturm steigt auch meine Besorgnis. Der Wind zerrt bereits mit solcher Kraft an meinem Zelt, dass ich fürchte, die Klippe hinuntergeweht zu werden. In Windeseile begebe ich mich nach draußen und verknote die Abspannleinen fest mit den Vorderrädern unserer Maschinen. Ich halte kurz inne und kann in der Ferne erkennen, dass es ungewöhnlich viele Blitze sind, die ihren Entladungspunkt am Boden suchen. Auch die Angler haben mittlerweile das Weite gesucht. In der Fahrspur ihres Wagens hat sich zentimeterhoch das Regenwasser gesammelt. Als ich Sekunden später zurück ins Zelt flüchte, klebt das T-Shirt nass auf meiner Haut. Ein weiterer Blitz zuckt vom Himmel. Eins, zwei, drei – WUMMMMM. Scheiße, das Unwetter kommt genau auf uns zu. Ich kann mich nicht daran erinnern, mich jemals bei einem Gewitter gefürchtet zu haben. Doch nun, genau am Rand einer Klippe und als höchster Punkt mitten auf einer freien Fläche, sieht es anders aus. Mir ist klar, dass dies wirklich der beschissenste Ort ist, um ein solches Unwetter auszusitzen, und um genau zu sein, rechne ich sogar fest damit, dass etwas passiert. Was ist, wenn der Sturm noch zunimmt? Heidewitzka, wie mir der Stift geht. Wie es wohl sein mag, von einem Blitz mit bis zu 100 Millionen Volt getroffen zu werden? Immerhin kommen jährlich etwa 1000 Menschen durch einen Blitzschlag ums Leben. Ich versuche, mich in meinem Zelt so flach wie möglich auf den Boden zu kauern. Genau die falsche Reaktion, wie ich im Nachhinein weiß. Der beste Schutz ist dann gegeben, wenn man sich so klein wie möglich auf den Boden hockt, den Kopf einzieht und die Arme dicht an den Körper anlegt. Hat man tatsächlich das außergewöhnliche Pech und wird von einem der 100.000 pro Stunde auf der Erde registrierten Blitze getroffen, heißt das aber noch nicht, dass es das gewesen ist. Die Folgen eines Blitzschlags verlaufen lediglich bei einem Drittel der Fälle tödlich. Obduktionsberichte von Opfern eines solchen Treffers lesen sich mit Schrecken. Von schweren Verbrennungen, zerfetzter Kleidung, Trommelfellrissen und Knochenbrüchen in Folge der Sprengwirkung sowie tiefen Austrittswunden an den Füßen ist dort die Rede.

Blitz und Donner kommen nun zeitgleich aus den Wolken gekracht. Am Bersten von Holz registriere ich, dass einer der Lichtbögen am unweit gelegenen Straßenrand einschlagen ist. Oh Gott, ich denke ernsthaft darüber nach, ob es was bringen würde, die Hände zum Gebet zu falten. In Zeiten großer Not ist noch so mancher Sünder zum gläubigen Christen geworden. Auch aus dem Zelt neben mir höre ich jetzt eine Stimme. „Gottogottogott!“ wimmert Alain und will hören, ob ich mir ebenfalls in die Hosen mache. Jetzt das Zelt zu verlassen scheint uns nach kurzer Rücksprache das Dümmste zu sein, was wir tun können, also werden wir abwarten und bangen. Wohin sollten wir auch?

Die Nacht ist die absolute Hölle. Genau so müssen sich Seeleute fühlen, die in einem Unwetter in Seenot geraten, und deren Schiff dem Untergang geweiht ist. Irgendwann bin ich so müde und verkrampft vor lauter Angst, dass ich erschöpft einschlafe.

Die Brandung, die laut an der schroffen Küste bricht, weckt mich in den frühen Morgenstunden aus meinem tiefen Schlaf. Als ich die Augen öffne, kann ich durch die Lüftungsschlitze meines Zeltes erkennen, dass der Himmel wieder von vereinzelten blauen Stellen durchzogen ist. Durch sie leckt alle paar Minuten ein Sonnenstrahl an unseren Zelten und trocknet dabei langsam die durchnässte Außenhaut. Stumme Überbleibsel zeugen von dem schrecklichen Unwetter der vergangenen Nacht, als ich nach draußen trete. Die meisten der Heringe sind durch die Kraft des Sturms aus dem Boden gerissen worden und liegen weit verstreut ums Zelt herum. Große Teile des Sonnenblumenfeldes sind umgeknickt, und unzählige Pflanzenteile und Dreck kleben an den Zelten und Motorrädern. Der Boden ist komplett aufgeweicht und hat sich seinen Weg in flüssiger Form bis in mein Vorzelt gebahnt. Die durchweichten Klamotten, die das Regenwasser und den Schlamm aufgesaugt haben, lege ich über das Zeltgestänge, um auch diese ein wenig zu trocknen. Es dauert länger als drei Stunden, bis wir alles grob gereinigt und wieder verstaut haben. Gegen Mittag sehen unsere Fahrzeuge wieder aus wie zwei bepackte Esel, und wir können losfahren. Denkste! Bei dem Versuch anzufahren, dreht mein Hinterrad durch. Zu dumm, dass wir noch auf Straßenreifen unterwegs sind und die groben Stollenreifen gut verzurrt auf unseren Gepäckrollen liegen. Besorgt blicke ich den steilen Weg zur Straße hinauf. Der Untergrund ist auf der kompletten Länge durchweicht und hat die Konsistenz von Schmierseife angenommen. Nur mit beiden Füßen am Boden und sehr wenig Gas gelingt es mir, zu verhindern, dass mich der glitschige Untergrund zu Boden wirft. Die ersten 100 Meter schaffe ich mit Mühe und Not. Dann ist Feierabend. Mit gezogener Kupplung und heulendem Motor versuche ich mich, Zentimeter für Zentimeter vorwärts zu kämpfen, doch ich rutsche dabei mehr, als dass ich fahre. Es hat keinen Sinn. Ich steige ab und kratze mit den Fingern den Dreck vom Reifen, damit sich das Rad unter dem Schutzblech nicht festfrisst. Wir fahren nun abwechselnd 20 Meter vorwärts. Einer fährt, wobei der andere am Heck anschiebt. Nach ein paar Metern stellen wir das Motorrad dann ab und schliddern zurück zu der anderen Karre. Binnen kürzester Zeit sind wir von dem aufspritzenden Dreck so eingesaut, als hätten wir hinter einer Güllepumpe gestanden. Immer wieder wiederholen wir die extrem anstrengende Prozedur, bis irgendwann gar nichts mehr geht. Stinkender Qualm steigt aus dem Motor empor. Ausgerechnet weniger als 50 Meter vor der rettenden Straße hat sich meine Kupplung bei dem Kampf gegen den Berg verabschiedet. Ich reiße die Hände flehend zum Himmel und schreie: „Bitte nicht! Verdammte Kacke! Hab ich nicht genug gebetet? Hilf mir noch dieses eine Mal, und ich schwöre, ich werde ein besserer Mensch!“

Um die letzten Meter bewältigen zu können, müssen wir wieder das ganze Gepäck abrödeln und Teil für Teil zur Straße tragen. Schweißgebadet schaffen wir es letztlich, meine defekte Ténéré die letzten Meter hinaufzuschieben. Dort angekommen, pfeffere ich die Handschuhe laut fluchend auf den Boden und krame das Werkzeug hervor. Passend zu meiner Stimmung fängt es auch noch an zu schiffen. Oh Mann, die letzten zwölf Stunden hatten es echt in sich. Mir bleibt keine andere Wahl, als mir noch an Ort und Stelle einen Überblick über das Ausmaß des Schadens zu verschaffen. Also sitze ich im Straßengraben und lege mit öl- und schlammverschmierten Händen meine Kupplung frei. Dabei steigt mir der Geruch von verbranntem Öl und Metall in die Nase, den ich direkt als schlechtes Zeichen einzuschätzen weiß. Mir ist zum Heulen zumute. Den Beginn der Tour hatte ich mir weiß Gott anders vorgestellt. Haben wir doch die falschen Motorräder gewählt? Wie kann es sein, dass ich mit meiner anderen Ténéré fast 80.000 Kilometer gefahren bin, ohne dass mir auch nur eine einzige Blinkerbirne durchgebrannt ist und wir jetzt, binnen weniger Tage, solche Rückschläge einstecken müssen? Mir kommt es fast schon so vor, als seien die Pannen eine Art Warnschuss gewesen, so als ob uns jemand sagen wollte: „Na, Jungs, habt ihr euch auch wirklich gut überlegt, worauf ihr euch da eingelassen habt? Noch habt ihr die Chance, aufzugeben.“

Während ich im Regen am Straßenrand hocke und mir das Wasser bereits in den Kragen der Jacke läuft, gehen mir tausend Dinge durch den Kopf. Ich fühle mich hilflos, fertig und müde. In diesem Moment will ich einfach nur die Stimme meiner Freundin hören, die ich schmerzlich vermisse.

Abfahrt in Köln (50°56'28.26"N 6°58'7.13"E)

Vorbei an endlosen Sonnenblumenfeldern in der Ukraine

Urlaubsstimmung am Schwarzen Meer (44°57'45.93"N 33°36'11.70"E)

Wodka-Regal in einem ukrainischen Supermarkt

Wenn Orientieren schwer fällt (Ukraine)

Standbild der „Mutter Heimat“ in Wolgograd (48°44'32.42"N 44°32'12.97"E)

Eine von unzähligen Polizeikontrollen

Manövervorbereitungen vor unserem Hotel an der Wolga (N46 20.947 E48 01.175)

Kasachstan – die erste Begegnung mit einem Kamel, dem Symbol der legendären Seidenstraße

Die katastrophalen Pisten in der kasachischen Hungersteppe

Junger Reiter

Motivationsschub für den französischen Radler

Typische „Tankstelle" in Kirgistan

Traumhaftes Motorradfahren in Kirgistan (N41 54.789 E74 15.461)

Selbst die Kleinsten kommen auf stattlichen Pferden daher

Die Pferde der Nomadenfamilie am Song-Köl See (41°45'30.81"N 75°5'38.96"E)

Wenige Kilometer weiter am Ysyk-Köl See (N42 10.434 E77 27.896)

Lagerfeuer am Ufer des Katun im sibirischen Teil des Altai (52°25'30.08"N 85°38'25.19"E)

Traumhafte Straßen in Sibirien (N50 21.169 E87 22.228)

… und wenig später in der Mongolei (N49 13.734 E89 51.223)

Zu Gast bei einer mongolischen Familie

Kamelskelette pflastern unseren Weg (N48 21.403 E90 46.434)

Goldsucher auf dem Weg ins Glück

Eine von vielen Flussdurchquerungen (45°51'1.45"N 99°20'7.25"E)

Ankunft in Ulan Bator (N47 53.937 E106 39.981)

Transsibirische Eisenbahn von innen und außen

Unser letzter Morgen mit den Motorrädern 300 Kilometer südwestlich von Ulan-Bator

(46°38'51.19"N 103°11'23.00"E)

Peking – Ein kulinarisches Paradies

Skyline von Shanghai – Am Ziel unserer Reise angekommen (N31 14.468 E121 29.171)

Nach etwa 20 Minuten halte ich die Kupplungsscheiben in der Hand. Sie sind komplett verbrannt. Nicht eine einzige der insgesamt sieben Scheiben hat auch nur noch einen Hauch von Belag. Eine Fahrt zurück in die Stadt ist somit unmöglich. Ich brauche definitiv Ersatz. Bei dem Gedanken daran, wo wir im äußersten Osten der Ukraine die passenden Scheiben organisieren sollen, sehe ich schwarz. Ich versuche dieses Problem so gut es geht zu verdrängen und konzentriere mich stattdessen voll und ganz darauf, wie wir die defekte Karre zurück in die Stadt bringen können. Alains Motorrad hat ähnliche Probleme. Seine Kupplung ist jedoch noch nicht ganz so fertig wie meine, weshalb es uns gelingt, sie so einzustellen, dass er wieder anfahren kann. Er wagt also einen Versuch und fährt ohne Gepäck zurück. In Mariupol angekommen, gilt es, eine Werkstatt und einen Abschleppwagen ausfindig zu machen. Vielleicht, aber wirklich nur vielleicht können wir dort sogar die passenden Teile bekommen. Wenn die Menschen hier eines können, dann ist es improvisieren.

Zwei Stunden später kehrt Alain zurück. Allein.

„Es gibt keinen Abschleppdienst", teilt er mir mit und bestätigt damit, was mich auch der ADAC bereits hat wissen lassen. „Dafür hab ich eine Werkstatt gefunden. Ich hab gesagt, dass wir gleich zurückkommen werden. Angeblich wird dann jemand auf uns warten. Das hat zumindest der Security-Fuzzi behauptet."

„Super! Aber wie sollen wir da hinkommen?" hake ich nach.

„Tja, gute Frage. Irgendwie abschleppen, halt."

Da seine Kupplung ebenfalls hinüber ist, fällt er als Zugfahrzeug eigentlich aus. Doch wir wollen es zumindest versuchen. Eine andere Idee haben wir nicht. Für Notfälle haben wir ein etwa 20 Meter langes dünnes Kletterseil mitgenommen, das nun früher als erwartet zum Einsatz kommt.

„Ach du Schande! Das wird doch der totale Eiertanz", gebe ich zu bedenken. Wir nehmen das Seil doppelt und verknoten das eine Ende am Heck seiner Maschine. Das andere befestige ich mit einem Doppelknoten am Lenkkopf meines Rahmens.

„Das sollte halten. Fahr aber um Himmels willen vorsichtig, und vor allem – fahr langsam. Eine einzige blöde Lenkbewegung, und wir legen uns beide tierisch auf die Fresse."

Im Schneckentempo fahren wir los. Die ganze Aktion erfordert höchste Konzentration, zumal Schlaglöcher und die rücksichtslosen

Autofahrer das Ganze zusätzlich erschweren. Doch es klappt, wenn auch schlecht, aber immerhin gelingt es uns, vorwärtszukommen. Nach etwa einer Stunde erreichen wir die ersten Häuser am Stadtrand. Besonders heikel wird es, als wir uns dem Zentrum nähern. Sowohl beim Anfahren als auch beim Bremsen an Ampeln oder Kreuzungen ruckt es jedes Mal so heftig, dass ich denke, das Seil reißt oder der Lenkkopf bricht. Wir sind beide völlig mit den Nerven am Ende, als wir in ein Industriegebiet am Stadtrand abbiegen.

„Junge, Junge. Respekt. Wie zum Teufel hast du das hier gefunden?“ frage ich, als wir vor dem verschlossenen Tor einer versteckt gelegenen Werkstatt anhalten.

„Ganz einfach. Ich hab einen Taxifahrer gefragt, wo eine Yamaha-Werkstatt ist. Der war dann nach langem Hickhack so nett, mich, ohne Geld zu verlangen, hierher zu führen.“

„Ist denn überhaupt jemand da?“

Alain geht ans Tor und tritt mit seinen schweren Stiefeln mehrmals so heftig dagegen, als wollten wir die Bude stürmen. Ein paar Sekunden verstreichen, ehe wir hören, dass sich auf der anderen Seite etwas tut. Knarrend öffnet sich der Zugang zu einem Innenhof mit drei weiteren Werkstatttoren. Enttäuscht nehmen wir zur Kenntnis, was dahinter verborgen liegt. Ein gutes Dutzend Jetskis aus den Pionierzeiten dieser Sportart, jedoch kein einziges Motorrad. Jetzt dämmert es mir. Alain hatte nach einer Yamaha-Werkstatt gefragt. Dies ist auch eine, dummerweise aber nicht für Motorräder, sondern für Wasserfahrzeuge. Egal, vielleicht können sie uns ja trotzdem helfen. Warum sollte ein Jetski-Mechaniker nicht auch ein Motorrad zusammenfrickeln können?

Die ganze Werkstattmannschaft ist herbeigeeilt und kümmert sich sofort um uns. Sie schieben meine Maschine in den Innenhof und schauen sich den Motor an. Nach einer kurzen Schilderung meiner Probleme mit Händen, Füßen und allerlei lustigen Geräuschen machen sich direkt zwei Mann daran, den Motor zu öffnen. Einen solchen Einsatz hätte ich an einem Sonntagnachmittag echt nicht erwartet. Obwohl sie nur altes minderwertiges Werkzeug haben, zeugen ihre Handgriffe von viel Erfahrung und Geschick. Auch ihre Diagnose steht schnell fest: Neue Kupplungsscheiben müssen her. Doch wo zum Teufel sollen wir die auftreiben? Wir werden wohl wieder Kontakt mit Deutschland aufnehmen müssen, um uns die benötigten Teile schicken zu lassen. Die Aussicht auf eine längere Zwangspause in der Stadt löst bei mir alles andere als Begeisterungsstürme aus. Zumindest tut sich jedoch etwas, und es keimt wieder Hoffnung in mir auf.

Nach und nach tauchen immer mehr Leute auf. Alle möchten sich in irgendeiner Form nützlich machen und packen an, wo es eben geht. Als sie sogar anfangen, die Reifen zu putzen, ist mir ihr gut gemeinter Einsatz fast schon peinlich, und ich bitte sie, dies doch zu lassen.

Wir einigen uns darauf, unsere Motorräder fürs Erste in ihre kleine Halle zu stellen. Heute ist eh nichts mehr zu reißen, und wir wollen ihnen auch nicht zumuten, am vermutlich einzigen arbeitsfreien Tag der Woche in der Werkstatt abzuhängen. Morgen ist schließlich auch noch ein Tag. Man bietet uns an, uns zum nahe gelegenen Hotel zu fahren, das in den nächsten sieben Tagen unser Zuhause werden soll. Wie Staatsgäste werden wir in einem alten schwarzen Wolga zu dem heruntergekommenen Hotel „Asow-Stahl" chauffiert. Nicht grundlos übernehmen die neu gewonnenen Freunde das Einchecken für uns. Sie erklären, dass der Laden angeblich berüchtigt dafür sei, seine Gäste nach Strich und Faden abzuzocken. Die Prozedur ist derart langwierig und geht so umständlich vonstatten, dass man meinen könnte, wir seien die ersten Gäste seit dem Zusammenfall der Sowjetunion. 100 Griwna drücken wir letztlich pro Übernachtung an die blonde Furie der Rezeption ab – umgerechnet etwa 15 Euro.

Wir müssen beide lachen, als wir unser Zimmer im achten Stock betreten und aus dem Fenster blicken. Zu Gast in einem Hotel am Schwarzen Meer, mit bester Aussicht auf eine der größten Stahlfabriken des Landes. Sage und schreibe 53 Schornsteine, durch die verschieden farbiger Dreck in die Atmosphäre geblasen wird, können wir zählen. Der definitiv skurrilste Anblick, der sich mir aus einem Hotelfenster je geboten hat.

In den nächsten Tagen halten wir uns überwiegend in der Werkstatt auf. Obwohl uns die Hände gebunden sind, da wir auf die Ersatzteile warten, die uns in die Hauptstadt Kiew geliefert werden, nutzen wir die Zeit, so gut es geht. Der ADAC in München hat mit Hilfe der Yamaha-Vertretung die erforderlichen Teile organisiert und per Expresskurier in die Hauptstadt geschickt, wo sie in etwa fünf Tagen eintreffen sollen. Mein aufrichtiger Dank geht an dieser Stelle noch mal an die immer freundlichen und kompetenten Mitarbeiter des ADAC.

Um unsere Motorräder auf Herz und Nieren zu prüfen, haben wir uns einen achtstündigen Schraubertag auferlegt. Fahrerisches Unvermögen muss einfach bestraft werden. Morgens um halb acht stehen wir auf, begeben uns daraufhin zu Fuß zur Werkstatt, doktern an den Kisten rum und legen erst am späten Nachmittag das Werkzeug aus der Hand. Danach fahren wir mit dem Bus ins Stadtzentrum, kaufen ein und nutzen die Dienste eines High Speed Internetcafés, um meine Reiseberichte online zu stellen und um E-Mails zu schreiben. Während dieser Zeit entdecke ich meine Vorliebe für ein sehr leckeres, kohlensäuriges Erfrischungsgetränk, das aus Wasser, Zucker und Schwarzbrot hergestellt wird – Kwas. Eine leckere Malzbierart, die aus kleinen gelben Kübelwagen mit der Aufschrift „KBAC“ gezapft wird, die überall in der Stadt am Straßenrand zu finden sind. Wann immer ich einen solchen Wagen sehe, gönne ich mir für ein paar Cent die köstliche Erfrischung. Was mir an ukrainischen Städten besonders gut gefällt, ist die Tatsache, dass vor vielen der Supermärkte Tische und Bänke stehen, wo man seine gerade gekauften Getränke und Speisen in aller Ruhe verzehren kann. Vor einigen der Läden haben die Leute sogar einen Kassettenrekorder dabei, und auf dem Bürgersteig entsteht oftmals eine nette Runde, wo Alt und Jung zusammensitzen und schwatzen.

Ein ums andere Mal verbringen wir auch den ganzen Abend in der Werkstatt, da uns die Jungs immer wieder gerne mit einer deftigen Brotzeit überraschen. Bei ukrainischen Wurstspezialitäten, Stockfisch, Speck, eingelegtem Gemüse und dem nicht wegzudenkenden Wodka sitzen wir lange zusammen, tauschen Geschichten aus und feiern. Und das mit nur minimalen sprachlichen Gemeinsamkeiten. Manchmal funktioniert es eben auch ohne große Worte.

Bei viel Wodka wird die Idee geboren, uns beizubringen, wie man Jetski fährt. Wer weiß, wie es um meine Schwimmkünste bestellt ist, kann sich vorstellen, wie begeistert ich von diesem Vorschlag bin. Da ich, um die Worte meines Kumpels aufzugreifen, jedoch als Botschafter unterwegs bin, will ich selbstverständlich nicht den Eindruck erwecken, die Deutschen seien ein Haufen erbärmlicher Feiglinge.

„Jetski? Cool! Very cool!“ freue ich mich über ihr Angebot.

Am folgenden Morgen laden wir ein so genanntes Aqua-Bike, ein Jetski, der im Stehen gefahren wird, auf einen Anhänger und fahren zum nahe gelegenen Strand. Nach einer kurzen Einweisung habe ich dann das zweifelhafte Vergnügen und drehe meine Runden. Anfangs nur am Lenker hängend, zieht mich das Teufelsding über das bretthartes Wasser. Doch nach mehreren Probeläufen im seichten Gewässer schaffe ich es, mich aufrecht hinzustellen. Dass ich, wie eine Presswurst in Neoprenhöschen und Schwimmweste gequetscht, bei meinen Fahrversuchen aber von ständiger Todesangst gequält werde, scheint der lachenden Meute am Ufer nicht klar zu sein.

Doch ich habe überlebt, und das, obwohl ich nach einem Sturz immense Kraft dabei lassen musste, den etwa zehn Meter entfernten Jetski mit schwimmähnlichen Bewegungen zu erreichen, da der Wind das verdammte Ding schneller abtrieb, als ich schwimmen konnte. Nur gut, dass mein Kumpel Alain, der einmal im Nationalkader der Schweiz geschwommen ist, mit einem Bier in der Hand am Ufer sitzt und mir hinterher sagt, er habe den Eindruck gehabt, dass ich es auch alleine schaffe.

Der Tag der ersehnten Weiterfahrt rückt näher. Alain ist heute Morgen, dem bereits sechsten Tag, den wir in Mariupol festhängen, nach Kiew geflogen, um dort am Zoll die Kupplungsscheiben für beide Motorräder in Empfang zu nehmen. Nach einem irrwitzigen Behördenchaos am Flughafen, bei dem Alain von Pontius zu Pilatus rennen muss, kommt er am frühen Abend völlig aufgelöst zurück. Sofort mache ich mich daran, die neuen Teile einzubauen.

Auch wenn mir unsere neuen Freunde richtig ans Herz gewachsen sind, drängt mich eine innere Unruhe dazu, die Reise endlich fortzusetzen. Als Zeichen unserer Dankbarkeit laden wir das komplette Werkstatt-Team in ein Top-Restaurant zum Essen und Trinken ein. Es wird ein rauschendes Fest.

Um die Wahrheit zu sagen, mein Herz blutet, als wir Abschied von unseren neuen Freunden nehmen. Ziemlich genau eine Woche ist es nun her, als wir Hilfe suchend und völlig verzweifelt hier aufschlugen. Die Hände ölverschmiert, die Klamotten durchnässt und mit nur sieben Worten Russisch im Gepäck hatten wir es geschafft, innerhalb kürzester Zeit ihr Vertrauen und ihre Hilfsbereitschaft zu gewinnen. Trotz der Sprachschwierigkeiten entwickelte sich schnell eine Freundschaft, wie ich es in solch kurzer Zeit nie zuvor erlebt habe. Zugegeben, Mariupol ist eine echte Scheißstadt, doch die Zeit, die wir hier bei den gastfreundlichen Menschen verbracht haben, werden wir ewig in guter Erinnerung behalten.

Mit einem Kloß im Hals schwingen wir uns wieder auf die Motorräder. Alle Mechaniker, deren Familienangehörige und Freunde sind gekommen, um uns alles Gute zu wünschen. Ich schäme mich nicht, zuzugeben, dass ich feuchte Augen habe, als wir lautstark jubelnd vom Hof der Werkstatt rollen. Wir winken überschwänglich, und nach einem langen Hupkonzert verschwinden wir im dichten Straßenverkehr. Danke an dieser Stelle noch einmal an Roman und Andreij, und Dank an all euch anderen Helfer. Ihr ward großartig.

Drei Wochen sind wir nun schon unterwegs. Endlich nehmen wir Kurs auf Russland. Vorbei an der Stelle, an der sich unsere Kupplungen verabschiedet hatten. Mit ausgestrecktem Mittelfinger signalisiere ich dem Schicksal, dass wir uns so schnell nicht kleinkriegen lassen. Dann schalte ich einen Gang rauf und gebe Gas. Die verbleibenden Kilometer bis zu Grenze folgen wir wieder endlosen Sonnenblumenfeldern. Wie schön anzuschauen sie doch sind. Wie satt ich sie doch habe. Zu viele von ihnen haben unseren Weg begleitet. Jede der Pannen trat bisher immer neben einem dieser Felder auf. Der Duft der Blumen, vermischt mit verbranntem Öl, hat sich mir dauerhaft ins Gedächtnis gebrannt.

Durch den wilden Osten

Russland. Ein Name der Kraft versprüht. Den Blick nach vorne gerichtet, kommen wir an der Grenze an. Ich muss tief durchatmen, als ich die weiß-blau-rote Nationalflagge des Landes am Mast der Grenzstation wehen sehe. Die ganzen Probleme, die wir bislang hatten, wollen wir in der Ukraine zurücklassen und nur noch die positiven Erfahrungen mit auf unsere weitere Reise nehmen. Augen geradeaus. Hier beginnt ein neuer Abschnitt. Das erste visumpflichtige Land.

Nach einem Stempelmarathon, der alles Vorangegangene in den Schatten stellt und uns geschlagene neun Stunden kostet, dürfen wir einreisen. Selbst wenn wir die Absicht geäußert hätten, im Land eine politische Partei oder einen regierungskritischen Fernsehsender gründen zu wollen, hätte es nicht länger dauern können. An sage und schreibe acht verschiedene Stationen müssen wir uns dem bürokratischen Prozedere ergeben, eine Kfz-Versicherung abschließen, da die grüne Versicherungskarte in Russland nicht gültig ist, Passkontrolle am ersten Kontrollposten, Kopien aller Dokumente beim Vertreter des Innenministeriums anfertigen, zurück zur Passkontrolle, dort die Kopien abgeben und die Pässe stempeln lassen. Danach die Fahrzeugdaten bei der Zollbehörde mittels Einfingersuchsystem in den vorsintflutlichen Computer eingeben lassen. Mit der dort erstellten Diskette wieder zurück ins stickige Büro des Zollbeamten, um diese dort abzugeben und auswerten zu lassen. Weiter zur zweiten Passkontrolle, wo der ganze Irrsinn von vorne beginnt. Wir sind nervlich fix und fertig, als wir den abgestempelten Pass endlich in unseren Händen halten und auf den Motorrädern der vorgeschriebene Aufkleber der staatlichen Versicherung klebt. Auf die abschließende Frage der Zöllner: „Do you have any drugs or weapons?“ antwortet Alain nur lässig: „Sex, drugs and Rock’n’roll.“ Sie lachen sich fast zu Tode. Eine solche Reaktion steht nicht in ihrem Schulungsbuch und erspart uns eine weitere Kontrolle.

Die Straßen werden besser, die Polizeikontrollen berechenbarer und die Menschen zu meinem Erstaunen noch freundlicher, als sie es in der Ukraine ohnehin schon waren. Überall, wo man erkennt, dass wir aus Deutschland kommen, werden wir überschwänglich begrüßt. Etliche Autofahrer steigen, wenn es eine rote Ampel zulässt, aus ihrem Fahrzeug aus, nur um uns die Hand zu schütteln. Als wir an einem Bahnübergang anhalten müssen, klettern sogar einige Soldaten von der Ladefläche eines Militär-Lkw und lassen sich von ihren Kameraden Arm in Arm mit uns fotografieren. Die Fahrt geht erst weiter, als auch der Letzte von ihnen stolz sein Foto hat. Es ist ein herrliches Gefühl, in einem Land, dem die Deutschen einst Tod und Vernichtung gebracht haben, derart herzlich empfangen zu werden. Damit hätte ich niemals gerechnet.

Was einem schon bald auffällt, wenn man durch Russland fährt, sind die riesigen landwirtschaftlichen Anbauflächen. Felder, die sich bis weit hinter den Horizont ausdehnen. Über Dutzende von Kilometern oft der gleiche Anblick. Getreide, Getreide und nochmals Getreide. Ab und an eine Hecke oder ein kleines Wäldchen, das die Ernte vor Sturmschäden schützen soll. Dünne Staubsäulen und winzige bunte Punkte lassen in der Ferne Mähdrescher erahnen, die ihre Runden drehen. Mich fasziniert der Anblick, lässt er doch die sagenumwobene Weite des Landes erahnen.

Was uns weiterhin ins Auge fällt, sind die vielen monumentalen Gedenkstätten, die an den glorreichen Sieg über Hitlerdeutschland erinnern sollen. Mitunter erreichen diese Bauwerke gewaltige Ausmaße. Das erste dieser Art, das wir passieren, stellt eine Schlachtszene des Zweiten Weltkrieges dar. Insgesamt zwanzig in Stein gehauene Soldaten, die dem deutschen Feind mit Gewehren und Panzerabwehrgranaten zu Leibe rücken, ragen auf einer fußballfeldgroßen Betonfläche in den Himmel empor. Eine Hochzeitsgesellschaft hat vor dem rund 30 Meter hohen Denkmal Aufstellung genommen und wird von einem Fotografen in die optimale Pose hin- und hergescheucht. Es wirkt absonderlich, dass die frisch Vermählten ausgerechnet diesen Ort für ihr Hochzeitsfoto gewählt haben. Dass die blumengeschmückten Pkw der Feiernden mitten auf der Fahrbahn der Schnellstraße stehen und den kompletten Verkehr in beide Richtungen lahmlegen, scheint niemandem etwas auszumachen. Mit geradezu verwirrender Korrektheit halten sich die sonst so aggressiven Autofahrer nun an die Verkehrsvorschriften und warten artig darauf, dass es weitergeht. Es wird weder gehupt noch gedrängelt, und auch keiner versucht, sich in bekannter Manier eine alternative Route um das Hindernis zu bahnen.

Es ist spät geworden. Auf einem Rastplatz für Fernfahrer, kurz vor der Stadt Morozovsk, wollen wir die erste Nacht in Russland verbringen. Etliche Lkw, bei denen jeder TÜV-Prüfer die Hände über dem Kopf zusammenschlagen würde, stehen bereits dichtgedrängt auf dem großen Schotterparkplatz. Die Brummifahrer haben es sich mit Badelatschen und Shorts bekleidet vor ihren Zugmaschinen bequem gemacht. Sie bereiten Speisen auf Gaskochern zu, lassen Wodkaflaschen kreisen und beobachten neugierig die Neuankömmlinge. Für umgerechnet neun Euro können wir eines der etwa 30 Zimmer am Ende des Platzes beziehen. Unsere Motorräder parken wir auf Anraten des Betreibers unter einer Laterne, welche die Anlage schon wenig später in ein schwaches Licht taucht. Ein eigens abgestellter Mitarbeiter wird die ganze Nacht hindurch ein Auge auf die Karren werfen, um zu verhindern, dass sie auf irgendeiner Ladefläche verschwinden. Für uns heißt es jetzt Duschen, Umziehen und raus aus den Motorradklamotten. Endlich rein in T-Shirt, Jeans und Turnschuhe. Den ganzen Tag schon freue ich mich auf diesen Moment.

Nachdem wir uns die Wänste in einem ausgezeichneten Restaurant vollgeschlagen haben, werden wir eingeladen, einer Goldenen Hochzeit beizuwohnen. Zumindest glaube ich, dass dies der Anlass ist, zu dem sich die etwa 100 Leute aller Altersgruppen im Festsaal des Verwaltungsgebäudes versammelt haben. Da wir der Einladung nicht sofort nachkommen, werden wir von vier gut angeheiterten Russinnen genötigt, sofort nach drinnen zu kommen. Sie ziehen an unseren Ärmeln, nehmen uns das Bier vom Tisch und lallen gleichzeitig auf uns ein. Da ihnen offensichtlich wirklich etwas an unserer Anwesenheit gelegen ist, geben wir schließlich nach und folgen ihnen.

Drinnen im Saal geht derweilen die Post ab. Auf einer kleinen Bühne aus Holzpaletten bittet eine drittklassige Unterhaltungskombo zum Tanz. Das, was sie spielen, würde man in der Sprache meiner Eltern wohl als „fetzige Musik" bezeichnen. Die Gäste sehen es ähnlich. Alt und Jung fegen eng umschlungen zu Hits aus dem Akkordeon über die Tanzfläche. Kaum einen der Anwesenden hält es noch in den Stühlen, und die Tanzenden werden angefeuert, alles zu geben. Auch Alain hat Dank der enthemmenden Wirkung des Alkohols das Tanzfieber gepackt. Anfangs schwebt er noch solo über das Parkett, weil er dabei jedoch nicht die beste Figur abgibt, erbarmt man sich seiner. Wie die Dame heißt, weiß ich nicht. Ich nenne sie einfach mal Olga – die Kugelstoßerin. Sie sieht Alain, schnappt ihn sich und presst ihm ihre dicken Brüste an den Leib. Wer von den beiden dabei breiter grinst, ist schwer auszumachen, ich denke aber, es ist Alain, der sich nun mächtig ins Zeug legt. Im Dreivierteltakt schieben sich die zwei Täubchen durch den Saal, lautstark angetrieben von der alkoholisierten Meute. Zu dumm, dass ich nicht die Videokamera dabeihabe, denn diese Aufnahmen würden ihn später definitiv erpressbar machen.

Auch mich versucht man nun zu zwingen, mitzumachen. Nach einem kurzen Taxieren der potenziellen Tanzpartnerinnen entscheide ich mich allerdings dafür, an die Bar zu gehen, sehr zur Freude der männlichen Anwesenden, die ebenfalls schon gut einen im Tee haben und mir um den Hals fallen, als ich zu ihnen stoße. Wohl nur, um mir ihre Trinkfestigkeit unter Beweis zu stellen, erhöhen sie die Schlagzahl auf ein bemerkenswertes Tempo. Auch hier werden schnell die ersten Lieder angestimmt, und uns verbindet eine spontan geknüpfte Männerfreundschaft. So geht es die ganze Nacht. Alain tanzt, ich trinke und singe. Wie Musik doch die Völker verbindet.

Wer einmal nach Russland fahren sollte, wird schnell feststellen, dass man nicht umhinkommt, sich einem kollektiven Rausch zu ergeben, wenn man den großartigen Menschen näher kommen möchte. Ein geselliger Abend ohne Alkohol ist einfach undenkbar. Selbst Geschäfte auf höchster Ebene werden mit einem Gläschen in Ehren besiegelt. Ich habe diese feucht-fröhliche Art des Feierns lieben gelernt. Was mir dabei besonders gefällt, ist die zu später Stunde einsetzende tiefe Schwermut, begleitet von immer melancholischer werdendem russischem Liedgut. In Russland gibt es ein altes Sprichwort, das besagt: Wodka macht aus jedem Menschen einen Russen – jetzt erst weiß ich, was damit gemeint ist.

Die erste große Stadt, die uns im Land erwartet, heißt Wolgograd, vielen besser bekannt als Stalingrad. Im Zuge der Entstalinisierung von 1961 verlor die Stadt jedoch den alten für die Russen so brisanten Namen. Uns stellt sich die Frage, wie man uns wohl an jenem Ort empfangen wird, der sinnbildlich für Tod und Zerstörung des Krieges steht. Fast zwei Millionen Menschen verloren bei der Schlacht um Stalingrad ihr Leben, nachdem die 6. Armee unter Feldmarschall Paulus von russischen Truppen eingekesselt wurde. Bei den erbitterten Kämpfen von 1942/43 wurde die einst so schöne Stadt fast vollständig zerstört.

In dem Wissen um die Vergangenheit läuft es mir kalt den Rücken herunter, als wir uns Wolgograd nähern. Die Szenerie wirkt noch gespenstiger, weil links und rechts der Straße die Reste frisch gemähter Getreidefelder niedergebrannt werden. Dichter, beißender Rauch erschwert uns die Sicht. Mir flimmern Fetzen grausamer Schlachtszenen vor Augen, und es kommt mir fast schon so vor, als könne ich die Geschichte förmlich mit Händen greifen.

Noch vor Mittag erreichen wir die Stadtgrenze. In allen Städten Russlands, die wir bisher durchquert haben, wird einem die Ankunft nicht nur durch ein schnödes, viereckiges Verkehrsschild angezeigt, sondern es sind wahre Kunstwerke oder gigantomanische Denkmäler, die einen begrüßen. Oft nimmt entweder die Geschichte der jeweiligen Stadt oder ihre wirtschaftliche Bedeutung Bezug auf die Gestaltung. So können dies in Stein gehauene Kornähren und Bauersfrauen sein oder aber geschmiedete Ambosse mit muskelbepackten Stahlarbeitern, die auf die Bedeutung als Kornkammer oder Eisenhütte hinweisen. Im Falle von Wolgograd ist dies eine 25 Meter breite Edelstahlskulptur, auf der zum einen brennende Gebäude, Panzer und Soldaten aber ebenso moderne Industriegebäude zu sehen sind.

Wir parken unsere beiden Ténérés, um ein paar Erinnerungsfotos zu schießen. Mit geballten Fäusten jubeln wir fürs Foto, bis uns klar wird, dass die Vorbeifahrenden unsere Gesten auch schnell falsch verstehen könnten – peinlich. Gerade als ich mein Stativ wieder in den extra dafür reservierten Seitenkoffer packe, nähert sich ein Motorrad. Auf der nagelneuen Japan-Enduro sitzt ein russischer Offizier, der auf dem Weg in die Kaserne ist. Freundlich bittet er uns, ein Erinnerungsfoto mit uns beiden machen zu dürfen. Wir kommen der Bitte gerne nach und fragen ihn im Gegenzug, ob er uns anhand meiner Karte, den Weg zur „Mutter Heimat" erklären kann – dem berühmten Mahnmal der Stadt. „Natürlich", antwortet er und besteht darauf, uns persönlich dorthin zu begleiten. Sein Dienstherr, winkt er lässig ab, könne ruhig warten. Also schwingen wir uns wieder auf die Mopeds und folgen ihm über breite Ausfallstraßen in Richtung Stadtzentrum.

Wolgograd ist eine wirklich hässliche Stadt. Verglichen mit dem, was wir zu Gesicht bekommen, würde das ostdeutsche Bitterfeld unmittelbar nach der Wende als idyllischer Luftkurort durchgehen. Marode Bauwerke in sozialistischer Plattenbauweise, wie man sie überall zwischen Eisenhüttenstadt und Wladiwostok findet, die hier jedoch beklemmende Ausmaße erreichen, beherrschen das Bild in den grauen Außenbezirken. Einzig ein paar bunte Kleidungsstücke, die auf den Wäscheleinen vor den vielen Fenstern trocknen, beleben das Bild durch ein paar Farbtupfer. Auch wenn die Gegend von Industriebauten durchzogen ist und Werbeplakate italienischer Designerkleidung um Kundschaft buhlen, kann ich im Vergleich zu anderen Städten keinerlei Anzeichen von Wohlstand erkennen. Stattdessen verfolgen einen die Überbleibsel der Kämpfe auf Schritt und Tritt. Das Geschäft der Andenkenjäger blüht. Patronenhülsen, Granatsplitter und Uniformteile der dunklen Epoche stehen bei den zahlreichen russischen Touristen hoch im Kurs und werden vielerorts angeboten.

In der Ferne wird die Statue sichtbar. Was für ein schönes Monstrum. So riesenhaft hätte ich sie mir bei weitem nicht vorgestellt. Bei diesen Ausmaßen fragt man sich, warum die Allgemeinheit in Deutschland dieses beeindruckende Denkmal nicht kennt. Am Eingang der Anlage angekommen, gibt unser Offizier dem wachhabenden Soldaten die Order, auf unsere Motorräder aufzupassen. Und nachdem wir uns von ihm verabschieden, dürfen wir die Anlage betreten, ohne Eintritt zahlen zu müssen.

Auf dem mit Blut getränkten Mamajew Hügel, genau die Stelle, wo damals 140 Tage lang die heftigsten Kämpfe um das strategisch wichtige Wolga-Ufer stattgefunden haben, steht heute zum Gedenken das Standbild der „Mutter Heimat“. Eine riesige Frauengestalt in wehenden Gewändern und emporgerecktem Schwert. Verglichen mit der Freiheitsstatue in New York, die vom Sockel bis zu Spitze ‚nur‘ 46 Meter misst, ist dieses enorme Werk fast doppelt so hoch. Stolze 85 Meter beträgt die Höhe von den Füßen bis zur Schwertspitze. Somit handelt es sich um die höchste freistehende Statue der Welt. Weiter unterhalb des 102 Meter hohen Hügels, den die Militärs damals nur „Höhe 102“ nannten, erstreckt sich eine parkähnliche Anlage, in der riesige Mosaike und Skulpturen in pathetischer Anmutung stehen. Herzstück ist eine von Soldaten der Ehrengarde bewachte Ruhmeshalle, in deren Innerem eine ewige Flamme brennt, die von einer etwa fünf Meter hohen, aus Stein gemeißelten Faust gehalten wird. Die Wände sind mit roten Stoffbahnen behangen, in die stellvertretend für alle Opfer die Namen von 7000 gefallenen russischen Soldaten eingewebt sind. Untermalt wird die andächtige Atmosphäre durch Choralgesänge vom Band. Jahr für Jahr – tagein, tagaus.

Wir sind uns einig, dass es lohnenswert wäre, eine Nacht in der Stadt zu verbringen. Wir fahren hin und her und suchen angestrengt nach Hinweisschildern, die uns zu einer Unterkunft führen könnten. Durch Zufall stoßen wir am Ufer der Wolga auf ein ansehnliches Hotel. Als Alain den Gebäudekomplex bereits betreten hat, um den Übernachtungspreis auszuhandeln, wird mir klar, dass es sich um eine Art Rehabilitationszentrum für Kriegsversehrte handeln muss. Den Verletzungen der Patienten nach zu urteilen, sind die meisten der noch sehr jungen Burschen erst vor kurzem im Tschetschenien-Konflikt oder sonstwo verwundet worden. Fehlende Gliedmaßen, schwere Augenverletzungen und die vielen Rollstühle wirken extrem beklemmend auf mich. Der Anblick dieses Elends erwischt mich einfach auf dem falschen Fuß, da mich die Geschichte der Stadt noch immer voll und ganz eingenommen hat. Ich hatte gehofft, etwas Erfreuliches zu sehen, doch nun das. Auf irgendeine Art leide ich mit den jungen Soldaten und fühle mich in gewisser Weise sogar, völlig zu Unrecht, mitschuldig – und das nur, weil ich Deutscher bin.

Meine Empfindsamkeit gerät jedoch stark ins Wanken, als eine Gruppe stark alkoholisierter junger Männer auf mich bzw. die Motorräder aufmerksam wird. Das Problem dabei ist, dass ich beide Karren im Auge behalten muss, da jeder von ihnen meint, Probesitzen zu müssen. In diesem Fall bin ich trotz meines inneren Konfliktes dazu gezwungen, ein Auge zuzudrücken. Natürlich rede ich mir ein, das die Jungs erwachsen sind und nichts passieren wird, doch die Typen haben sich dermaßen mit Wodka betäubt, dass die Sache einfach nur schiefgehen kann. Als ich den Besoffensten von ihnen davon abhalten will, Alains Motorrad zu besteigen, schmeißt ein anderer mein Motorrad um. Es knallt so unglücklich auf den Asphalt, dass die Fußraste und der Lenker sich verbiegen. Eigentlich ist genau jetzt der Punkt erreicht, wo ich rot sehe, doch als ich registriere, dass dem Verursacher ein Arm fehlt, weiß ich einfach nicht, wie ich reagieren soll. Zum Glück sehen sie ihren Fehler ein, entschuldigen sich bei mir und suchen torkelnd das Weite.

Sekunden später kommt Alain zurück und berichtet, dass wir ein sehr günstiges Zimmer haben könnten. Allerdings müssten die Motorräder wieder die ganze Nacht vor dem Hotel stehen – unbeaufsichtigt.

Nicht nur dieser Grund bringt uns zu der Entscheidung weiterzufahren, um irgendwo außerhalb der Stadt eine Unterkunft zu suchen.

Entlang der Wolga geht es weiter Richtung Süden. Wenige Kilometer hinter der Stadt verändert sich nahezu alles. Wir haben das Gefühl, ganz plötzlich in einem ganz anderen Land zu sein. Die Gesichter der Menschen haben deutlich asiatische Züge angenommen, und der Straßenverkehr nimmt drastisch ab. Nur selten kommt uns noch ein Fahrzeug entgegen. Die Landschaft geht ab nun sparsam mit ihren Reizen um. Keine Kornfelder mehr und auch keine Sonnenblumen, sondern hier und da nur noch spärlichste Vegetation. Es dominiert das verbrannte Gelbbraun der Halbwüste und Trockensteppe, die hier allmählich beginnt und sich wie ein Gürtel durch ganz Zentralasien zieht. Zum ersten Mal spüren wir die Einsamkeit und Weite, die nun vor uns liegt. Westlich von hier, jenseits der Wolga, finden sich ab jetzt nur noch vereinzelte Außenposten der Zivilisation. Etwa 450 Kilometer sind es noch bis Astrachan, der Stadt am Kaspischen Meer.

Inmitten der Abgeschiedenheit stoßen wir am frühen Abend auf einen weiteren Trucker-Gasthof. Da die letzte Nacht in einem ähnlichen Laden einen so hohen Unterhaltungswert hatte, entscheiden wir uns spontan für eine weitere Nacht in einem richtigen Bett. Nach kurzer Rücksprache mit dem Hausherren können wir unsere Motorräder in einem verschließbaren Vorratsschuppen unterstellen. Das Zimmer, das wir beziehen, ist quadratisch, praktisch und gut. Im Stile einer kanadischen Blockhütte sind die etwa zehn Quadratmeter großen, hölzernen Übernachtungszellen konstruiert. Frisches Sägemehl auf dem Fußboden deutet darauf hin, dass der Raum erst kürzlich mit dem Schwingschleifer renoviert wurde. Das erste Zimmer, in dem es nicht nach Zigaretten und Schweiß mieft. Man könnte vom Geruch her glatt meinen, in einem Sägewerk zu sein. In einer Ecke des Raumes steht ein alter mit Bier und Cola gefüllter Kühlschrank, aus dem wir uns gegen verschwindend geringe Gebühren bedienen dürfen. An der Decke über der Tür hängt ein alter Fernseher, auf dessen Videokanal Schmuddelfilme aus den 70er Jahren laufen. Dieser Sender bleibt jedoch tabu, und wir schwören uns darauf ein, dass die Hände über der Bettdecke bleiben.

In der hauseigenen Bar im Erdgeschoss nehmen wir unser Abendessen ein. Obwohl wir die einzigen Gäste sind, die ganz offensichtlich des Essens wegen gekommen sind, wird die Musik bis zum Anschlag aufgedreht und das Licht gedimmt. Eigentlich würden wir gerne noch in aller Ruhe über die gefahrene Strecke reden, doch uns bleibt nichts anderes übrig als zu schweigen. Ein Umstand, der Alain sichtbar zu schaffen macht. Selbst brüllend ist es uns unmöglich, ein vernünftiges Gespräch zu führen. Unser Wunsch, die Musik doch leiser zu stellen, stößt auf Unverständnis, und so sitzen wir bei flackernder Lichtorgel unter einer sich drehenden Discokugel und verspeisen eine riesige Portion Borschtsch. Nachdem wir die Rechnung beglichen haben und den Raum wieder in Richtung unseres Zimmers verlassen, wird die Musikanlage wie auf Kommando abgestellt, die Beleuchtung wieder eingeschaltet und unsere Teller abgeräumt.

In aller Frühe machen wir uns wieder auf den Weg. Wir passieren mehrere gigantische Raffinerien, die der Landschaft etwas Gespenstisches verleihen. Alte, längst verfallene Gebäude und rostige Rohre, die wie riesige Fußballtore die Straße überspannen, prägen den morbiden Charme der Gegend. Fast den ganzen Tag fahren wir in Sichtweite parallel zur Wolga. Im direkten Vergleich zu diesem Fluss würde die Donau fast schon wie ein Rinnsal wirken. An vielen Stellen ist die Wolga so breit, dass man den Eindruck haben könnte, aufs Meer zu schauen. Nur mit Mühe und Not ist das andere Ufer zu erkennen.

Ein Blick auf den Kilometerzähler verrät mir, dass wir soeben die Kilometermarke 5000 seit Abfahrt überschritten haben. Anlass genug, um anzuhalten und ein Erinnerungsfoto zu schießen.

Jedes Mal, wenn wir etwa alle 50 Kilometer durch eine der verlassen wirkenden Siedlungen kommen, legen wir eine Pause ein. Wir kaufen uns etwas zu essen bei einem der Straßenhändler, die saftige Melonen, Pfirsiche und anderes Obst anbieten, und suchen an einer der schattigen Hauswände Schutz vor der sengenden Sonne.

Tags darauf kommen wir um die Mittagszeit in Astrachan an. Die 500.000-Einwohner-Stadt an der Grenze zwischen Europa und Asien wurde im 16. Jahrhundert gegründet und entwickelte sich im Laufe der Zeit zum bedeutenden Warenumschlagplatz zwischen Orient und Okzident. Heute verdankt sie ihre Bekanntheit in erster Linie dem Kaviar – neben dem Öl das andere schwarze Gold des Kaspischen Meeres. Die kostbaren Eier des Störs sind allgegenwärtig. In jedem noch so kleinen Supermarkt, ja selbst am Straßenrand werden die Dosen mit den bunten Deckeln, von dicken Eisblöcken gekühlt, zum

Verkauf angeboten. Mit etwa 200 Euro pro Kilo ein echtes Schnäppchen. Gibt es in Deutschland doch tatsächlich Leute, die für die gleiche Menge das 30fache zahlen.

Ihren Namen hat die begehrteste Delikatesse der Welt einem iranischen Volksstamm zu verdanken, der als Erstes seine Vorliebe für die kleinen schwarzen Perlen entdeckte. Sie nannten die Fischeier Cahv Jar – Kuchen der Freude. Bevor er seinen Siegeszug nach Europa und Amerika antrat, stand der Kaviar lediglich auf dem Speiseplan der armen Fischer. Dies hat sich geändert, und die Nachfrage nach den teuren Eiern ist heute kaum zu befriedigen. Das liegt vor allem daran, dass der Stör akut vom Aussterben bedroht ist und der Fang des bis zu 1500 Kilogramm schweren Fisches stark reglementiert wurde. Weltweit ging der Ertrag in weniger als zehn Jahren von 20.000 auf unter 500 Tonnen zurück. Der Preis des Kaviars erreicht mit sinkender Fangquote Schwindel erregende Höhen und hat schon früh die organisierte Kriminalität auf den Plan gerufen. Kein Wunder – verspricht der illegale Fang doch ähnliche Gewinnspannen wie der Drogenhandel. Einige Exemplare des Beluga-Störs tragen Eier im Wert von über 150.000 Euro im Bauch. Allabendlich legen die Wilderer ihre Netze aus, um die gefangenen Tiere dann mitten in der Nacht an Land zu ziehen. Dabei ist es wichtig, dass die Eier dem noch lebenden Fisch entnommen werden, andernfalls würden sie ungenießbar. Höchstens zehn Minuten dürfen nach der Entnahme bis zur Abfüllung vergehen. Generell gilt, je schneller die Arbeitsschritte ablaufen, desto höher ist die Qualität des Kaviars.

Unser Plan sieht vor, irgendwo im Zentrum ein günstiges Hotel zu suchen, um uns nach einer erfrischenden Dusche die Stadt anzuschauen. Doch daraus wird vorerst nichts. Ich bin entsetzt, wie sehr die Preise anziehen, sobald man in einer größeren Stadt ankommt. Teilweise verzehnfacht sich der Übernachtungspreis im Vergleich zu den außerstädtischen Unterkünften. Vier potenzielle Hotels der unteren Preiskategorie haben wir mittlerweile ergebnislos abgeklappert. Mit umgerechnet 90-135 Euro liegt der Preis für eine Übernachtung jedoch stets deutlich über der von uns festgelegten Obergrenze. Und wir reden hier nicht von Häusern der gehobenen Klasse, sondern von miesen Absteigen, die allesamt die Bezeichnung Hotel nicht verdient haben. Bei dem nächsten vergeblichen Versuch, eine Bleibe zu finden, ist einer der Hotelangestellten jedoch so freundlich, uns eine Adresse zu notieren, wo wir angeblich genau das finden, wonach wir so angestrengt suchen. Wir sind sehr gespannt, was uns im Hotel „Wolga“ erwarten wird. Mithilfe der Notiz halten wir Ausschau nach besagter Unterkunft. Doch keiner der von uns Befragten hat je von dem Laden gehört, geschweige denn, weiß irgendjemand, wo die Straße überhaupt sein soll. Als letzte Chance heuern wir einen Taxifahrer an, der mehrfach versichert, uns im Nu dorthin zu lotsen – gegen Bares versteht sich. Zähneknirschend willigen wir ein und folgen dem angeschlagenen Lada. Er fährt und fährt. Die Minuten vergehen und ich sehe das Taxameter praktisch vor mir. Klack – klack – klack. Ich könnte wetten, dass wir gerade tierisch verarscht werden, anders kann ich mir die völlig sinnwidrigen Richtungswechsel einfach nicht erklären. Mit jedem Meter, den wir zurücklegen, wächst mein Hass auf den Lump und proportional dazu vermutlich auch die Taxirechnung. Alle paar hundert Meter halten wir an, der Taxifahrer kurbelt das Beifahrerfenster herunter und wechselt ein paar Worte mit wahllos ausgesuchten Passanten, die daraufhin den Kopf schütteln oder mit den Achseln zucken. Hin und her, kreuz und quer, irren wir durch den chaotischen Verkehr der Stadt. „Na toll, genau das haben wir eben auch versucht. Wo will der Arsch denn noch hin?“ rege ich mich auf, als wir erneut einen Stopp einlegen. „Wenn der Penner keine Ahnung hat, dann soll er es sagen. Die ganze Aktion geht mir so langsam mächtig auf die Eier. Der soll mir mal mit der Rechnung kommen, die stopf ich ihm sonstwo hin.“ Wir sind mittlerweile beide auf 180.

Nach abermaligen Dreh- und Wendemanövern befinden wir uns plötzlich in der wahrscheinlich übelsten Gegend der Stadt. Überall türmt sich der Unrat zu meterhohen Bergen auf, in denen abgemagerte Köter nach etwas Fressbarem suchen und Alkoholleichen in den Eingängen der schäbigen Behausungen liegen. Doch die Droschke bahnt sich weiterhin munter ihren Weg durch diese erbärmliche Gegend. Meine Geduld ist restlos erschöpft.

„Jetzt reicht’s, du dummer Sack!“ brülle ich dem Taxifahrer hinterher und zeige ihm einen beidhändigen Stinkefinger.

„Bloß weg hier!“ unterstützt mich Alain. „Der hat ja wohl n Rad ab!“ Auch er ist völlig ungehalten. Nach einer wahren Tirade allerbösester Flüche drehen wir unsere Motorräder und verdrücken uns. Ein paar Blocks weiter halten wir an einer Bushaltebucht an. Auf dem Bordstein sitzend, beraten wir über unser weiteres Vorgehen.

„Lass uns jetzt entweder zurück zu dem ersten Hotel fahren, und wir zahlen den Betrag, oder aber wir verlassen die Stadt komplett und pennen im Zelt. Es ist echt in jeder Stadt das gleiche Theater. Was meinst du?"

„Das nenne ich eine gute Idee", pflichtet Alain mir bei, „Ich hab die Schnauze voll von diesem Stadtverkehr. Alles, was wir bislang gesehen haben, war dreckig und laut. Bloß raus aus der Stadt."

Wir breiten die Karte vor uns aus und studieren unsere Optionen. Bis zur kasachischen Grenze sind es noch etwa 60 Kilometer. Ich schaue auf die Uhr. Knapp zwei Uhr nachmittags. Könnten wir also ganz locker schaffen. Die Erinnerung an die bisherigen Grenzübergänge lässt mich diese Überlegung jedoch direkt wieder ad acta legen. Stattdessen konzentriert sich mein Blick auf das blaue Band der Wolga. Die geografische Grenze zwischen Europa und Asien. Die Aussicht darauf, noch heute einen anderen Kontinent zu erreichen, beflügelt meine Gedanken. Wir könnten gemütlich nach Asien rollen und uns irgendwo in dem riesigen Mündungsgebiet des Flusses ein schönes Fleckchen zum Pennen suchen, relaxen und alte Geschichten austauschen. Eine wunderbare Vorstellung. Gesagt, getan.

„Auf nach Asien", geben wir beinahe zeitgleich das Kommando und setzen unsere Helme auf.

Nördlich der Stadt Astrachan teilt sich die Wolga in zwei ungefähr 1000 Meter breite Mündungsarme, den Bachtemir und den Tabola. Etwa 80 Kilometer fließen beide Gewässer gemächlich dahin, bis sie südlich der Stadt in einem 150 Kilometer breiten Mündungsdelta in den größten See der Erde münden – das Kaspische Meer. Mit einer Ausdehnung von 371.000 Quadratkilometern ist es etwa 700mal so groß wie der Bodensee. Schon wenige Kilometer hinter der Stadt bekommen wir einen ersten Eindruck von dem sagenhaften Artenreichtum dieses Landstrichs. Das üppig grüne Flussdelta steht im krassen Kontrast zu den niederschlagsarmen Halbwüsten und Steppen rundherum. Die Natur ist voller Leben. Jahr für Jahr lockt der Fischreichtum dieser ursprünglichen Wasserwildnis Abermillionen von Zugvögeln auf ihrem Weg von Europa in den warmen Süden an. Singschwäne, Jungfernkraniche und Säbelschnäbler machen hier Station, um sich die nötigen Kraftreserven für die Weiterreise nach Nord- und Südafrika anzufuttern. Im Frühjahr, wenn die einsetzende Schneeschmelze den Wasserpegel steigen lässt, beginnt hier auch der lange Weg des Störs zu seinen Laichgebieten am Oberlauf.

Auf einer kleinen zweispurigen Straße fahren wir langsam in Richtung Kontinentalgrenze. Es ist der einzige Weg, der dieses riesige Gebiet im äußersten Süden Europas durchschneidet. Nur selten kommen uns Autos oder Pferdefuhrwerke entgegen. Einige Male halte ich an und krame meinen Fotoapparat aus dem rechten Seitenkoffer, um ein paar lohnenswerte Motive abzulichten. Ich kann es kaum erwarten, gleich, wenn sich eine geeignete Stelle findet, das Zelt aufzubauen.

Als wir um eine lang gezogene Kurve fahren, liegt plötzlich wieder einer der Hauptarme des Flusses vor uns und schneidet uns den Weg ab. Kaum zu glauben, dass am anderen Ufer des Flusses ein neuer Kontinent beginnt. Wir sind am Ende Europas angekommen.

Es besteht die Möglichkeit, den Fluss entweder auf einem Fährschiff zu überqueren, das im Halbstundentakt von Ufer zu Ufer pendelt, oder aber man wählt die von mir als baufällig eingestufte Pontonbrücke. Auf einer Länge von gut 500 Metern sind die etwa 60 Elemente der Schwimmbrücke miteinander verschraubt. Durch die ungeheure Kraft der darauf drückenden Wassermassen hat die Konstruktion bereits eine leichte Bogenform angenommen und wird daher zusätzlich mit Drahtseilen vom Ufer aus fixiert. Ich beobachte einen Pkw, der das Gewässer auf diesem Wege überquert. Dabei ist deutlich zu hören, wie die Metallteile sich gegen die Belastung wehren. Stahlbolzen und Drahtseile ächzen angestrengt unter dem Gewicht des Fahrzeugs.

„Lass uns auch die Brücke nehmen“, sagt Alain, als ich mich eigentlich schon für die Fähre entschieden habe.

„Klar, kein Problem! Ein echt cooles Teil.“

Sowohl Brücke als auch Fähre sind kostenpflichtig. Der Betrag ist jedoch mit weit unter einem Euro in beiden Fällen so verschwindend gering, dass es sich fast schon lohnen würde, beides auszutesten. Wann hat man schon einmal die Gelegenheit, von Kontinent zu Kontinent zu fahren. Als Erster fährt Alain über die stahlgraue Konstruktion. Ich stehe mit dem Fotoapparat im Anschlag an der Rampe der Brücke und schieße zahlreiche Bilder von diesem denkwürdigen Augenblick. Als mein Kumpel drüben angekommen ist, packe ich meine Kamera ein und passiere ebenfalls das schwankende Objekt. Alain filmt nun seinerseits mit der Videokamera, wie ich in Schrittgeschwindigkeit Europa hinter mir lasse. Willkommen in Asien.

Die nächste Panne

Freud und Leid liegen oft sehr dicht beieinander. Keine 1000 Meter, nachdem wir frohen Mutes die Wolga überquert haben, dann die Katastrophe. Schon beim Anfahren merke ich, dass irgendetwas nicht stimmt. Vielleicht will ich es nicht so recht wahrhaben. Möglicherweise denke ich aber auch, es handele sich mal wieder um eine jener mysteriösen Störungen, die genauso plötzlich auftreten, wie sie danach wieder verschwinden. Doch die letzten Wochen haben mich bezüglich irgendwelcher Störgeräusche sensibilisiert. Es wird nicht besser. Im Gegenteil. Ein immer lauter werdendes Krachen tönt aus dem Herzstück meines Motorrades. Es klingt, als hätte jemand einen Sack Metallschrott ins Öl gemischt, der nun im Arbeitszyklus des Kurbelwellengehäuses zermahlen wird. Ich spüre, dass jeder weitere Meter fatale Folgen für den Motor haben könnte, und halte sofort an. Sogleich steigt mir wieder dieser vertraute Gestank in die Nase, den ich nur allzu unliebsam in Erinnerung habe: verbranntes Öl und Metall. Alain stoppt neben mir und fragt irritiert, was los ist. Anstatt es ihm lange zu erklären, starte ich nur für einen kurzen Moment den Motor. Man muss wahrlich kein Experte sein, um zu erkennen, dass hier etwas ganz furchtbar im Argen liegt.

Mit düsterer Vorahnung breite ich den Inhalt der Werkzeugtasche am Straßenrand aus. Ich will mir noch an Ort und Stelle ein Bild über das Ausmaß des Schadens machen. Alles um mich herum nehme ich nur noch wie in einem Film wahr, der in Einzelbildfolge abgespielt wird. Ein tiefes Gefühl der Hilflosigkeit und Enttäuschung überkommt mich. Das kann doch einfach nicht wahr sein. Haben wir nicht schon genug geblutet? Warum ausgerechnet jetzt? Warum zum Teufel kann nicht einfach mal nur der Reifen platzen? Warum nicht ein Defekt, den wir selbst beheben können? Warum, warum, warum? Es lief doch alles so gut. Am liebsten würde ich den ganzen Scheiß in die Ecke schmeißen. Doch ich weiß, dass alles Jammern nicht hilft, und fange mit verinnerlichten Handgriffen an zu schrauben. Zum nun schon vierten Mal auf dieser Tour lasse ich das Öl ab und löse vorsichtig die Inbus-Schrauben des Motordeckels. Alain bringt mir alte Wasserflaschen, die im Straßengraben liegen. Mit meinem Messer schneide ich den oberen Teil der Flaschen ab, säubere sie und lasse Kühlflüssigkeit und Öl hineinlaufen.

Es dauert nicht lange, und die ersten Schaulustigen tauchen auf. Zunächst noch im Hintergrund stehend, kommen sie allmählich näher, bis sie direkt hinter mir auf einer Wiese Platz genommen haben. Mit argwöhnischen Augen werde ich bei der Arbeit beobachtet, wobei ihre Anzahl stetig steigt.

Die Kupplungsscheiben können es nicht sein, so die erste Diagnose, da sie noch wie neu aussehen. Vielleicht habe ich ja einem Fehler beim Einbau gemacht, doch auch das halte ich für eher unwahrscheinlich.

„Was nun?" fragt mich Alain, als ich eine knappe Stunde später wieder das Kühlmittel in den Kühler gieße, ohne den Fehler gefunden zu haben.

„Ich kann's dir echt nicht sagen. Das Einzige, was ich weiß ist, dass ich unter diesen Umständen nicht nach Kasachstan einreisen werde."

„Meinst du denn, dass du es so zurück bis Astrachan schaffst?"

„Das hoffe ich doch. Zur Not müssen wir halt wieder das Seil auspacken. Ganz ehrlich. Ich hab die Faxen so dicke! Jetzt geht der ganze Dreck von vorne los."

„Was denkst du, was es außer der Kupplung sein kann?" fragt er mich.

Ich sitze mittlerweile vor dem Einzylinder meiner Kiste und starre ihn beschwörend an.

„Vielleicht Getriebe. Kupplung wird es wohl nicht sein. Da hab ich ja gerade erst die verdammten Beläge kontrolliert. Dem Geräusch nach zu urteilen würde ich sagen, dass wirklich alles im Arsch ist."

Selbst wenn der Schaden reparabel wäre, rennt uns so langsam die Zeit davon. Noch ein paar mehr von diesen Zwangspausen, und Väterchen Frost wird uns einholen, bevor wir überhaupt in Sibirien angekommen sind. Ich bin so verzweifelt, dass ich mein Motorrad am liebsten mit Benzin übergießen und abfackeln würde.

„Lass uns die Kisten in Astrachan verkaufen und mit Bus und Bahn weiterreisen", so Alains Vorschlag.

„Wenn das so einfach wäre", durchkreuze ich seinen Plan. „Wir müssen die Karren auf jeden Fall wieder aus dem Land ausführen. Andernfalls wird's am Zoll richtig teuer." Bislang haben wir schon so viel positive Erfahrungen gesammelt, dass ich mich mit mäßigem Erfolg zwinge, weiter zu hoffen. Eilig packen wir den ganzen Kram wieder zusammen und brechen auf.

Den Motor stets im unteren Drehzahlbereich, geht es zurück nach Europa. Dabei versuche ich so vorsichtig wie eben möglich zu fahren, so als könne ich damit verhindern, dass der Schaden sich verschlimmert. Vor weniger als zwei Stunden sind wir noch feixend hier vorbeigekommen, und ich habe dem Brückenpersonal voller Stolz erklärt, was für ein gewaltiger Weg noch vor uns liegt. Nun fahre ich gesenkten Hauptes zurück und betrachte unser Vorhaben als endgültig gescheitert. Ich ertappe mich erneut dabei, aufgeben zu wollen. Zu groß die Verlockung, alles sausen zu lassen, nach Hause zu fliegen und noch einmal von Grund auf zu planen. Doch wer garantiert einem weniger Pannen, wenn man mehr Zeit in die Vorbereitung steckt? Niemand. Von meinen bisherigen Reisen kenne ich es nicht, derartig abhängig von der Technik zu sein. Und genau das ist in meinen Augen der einzige Nachteil an einer Motorradreise. Doch was wäre, wenn wir wirklich abbrechen würden? Würde man nächstes Jahr die Zeit finden und wirklich noch einmal starten? Wer weiß das schon? Verdammt, was sollen diese Gedanken? Wir reparieren die Kiste, egal wie, und weiter geht's. Denk positiv!

Die Intensität des Geräusches nimmt wieder zu. Nur noch mit roher Gewalt lassen sich die Gänge einlegen, und ich habe bei jedem Schaltvorgang das Gefühl, der Motor könne mir jeden Moment um die Ohren fliegen. Indessen kann ich nur noch in den ersten beiden Gängen fahren. Die verbleibenden Kilometer zurück sind die nervenaufreibendsten, die ich auf einem Motorrad je gefahren bin. Das Anfahren im dichten Stadtverkehr entlockt der Maschine so üble Geräusche, dass sich die Leute am Straßenrand zu mir umdrehen. Mit schmerzverzerrtem Gesicht, als würde ich den eigenen Körper quälen, kämpfe ich mich Meter für Meter, von Ampel zu Ampel voran.

Etliche Passanten werden Augen- und Ohrenzeuge, als ich lärmend auf den Parkplatz vor dem Hotel gekrochen komme. So gut es alle mit ihren Ratschlägen auch meinen, im Moment will ich einfach nur meine Ruhe haben und reagiere gereizt auf dumme Fragen. Alain begibt sich abermals zur Rezeption, um nun doch ein Zimmer in dem noblen Schuppen für uns klarzumachen. Wir haben keine andere Alternative und zahlen die rund 80 Euro pro Nacht – im Voraus, wie verlangt. Ganze vier Mal muss jeder von uns beiden den weiten Weg zur hoteleigenen Tiefgarage laufen, bis all unsere Ausrüstung auf dem Zimmer untergebracht ist.

Knapp zwei Stunden später. Als Alain mit unseren Pässen zurückkommt, hat er schlechte Neuigkeiten.

„Wir haben ein weiteres großes Problem. Die können uns hier nicht registrieren."

Ich horche auf. „Was soll das heißen?"

„Angeblich hätten wir uns bei der Kulturbehörde in Samara melden müssen. Zumindest steht das wohl so in unserer Einladung – das ist der komische Zettel, hinten im Reisepass. Der Hotelchef hat eben sogar persönlich bei der zuständigen Registrierungsstelle angerufen – nichts zu machen."

Dazu muss man wissen, dass jeder Russlandreisende gesetzlich dazu verpflichtet ist, sich nach seiner Einreise bei der Meldebehörde UWIR registrieren zu lassen. Geschieht dies nicht innerhalb der gesetzlich vorgeschriebenen Frist von drei Tagen, ist man illegal im Land. Für Transitreisende wie uns, die das Land binnen dieser Zeit wieder verlassen, entfällt diese Regelung. Die drei Tage wären in unserem Fall auch ausreichend gewesen, doch der Defekt hat uns einen Strich durch die Rechnung gemacht, und nun sitzen wir hier und machen ein dummes Gesicht. Ich schnappe mir die Russlandkarte und breite sie auf dem blauen, mit Brandlöchern übersäten Teppichboden unseres Zimmers aus.

„Oh je!" stöhne ich, als ich die Stadt Samara mit dem Finger viel weiter nördlich entdecke. „Ungefähr 700 Kilometer! Das können wir abhaken."

Alain wirft ebenfalls einen Blick auf die Karte, während ich die Entfernung überschlage.

„Da wären wir locker vier Tage unterwegs."

Fast habe ich vergessen, dass mein Motorrad es in diesem Zustand noch nicht einmal bis zur Stadtgrenze schaffen würde. Bliebe noch die Möglichkeit, das Motorrad zu verkaufen. Doch diese Option scheidet ebenfalls aus, weil ich aus zollrechtlichen Gründen dazu gezwungen bin, zusammen mit dem Fahrzeug aus dem Land auszureisen. Auch eine Verschrottung kommt laut Aussage des ADAC nicht in Frage, da diese den Fahrzeugwert um ein Vielfaches überschreiten würde. Die einzige Alternative, die sich mir bietet, wäre eine sogenannte „Schenkung an den russischen Staat“. Doch das wäre das Letzte, worauf ich mich einlassen würde.

Resigniert sitzen wir auf unserem Zimmer und wägen das Für und Wider der uns zur Auswahl stehenden Optionen ab.

„Zieh dich um!“ fordere ich Alain auf. „Lass uns runter in die Kneipe gehen. Wir müssen einen Plan ausarbeiten.“

„Dwa Piva paschalsta!“ gibt Alain die übliche Bestellung auf und bekommt zwei eiskalte Bier aus der meterlangen Kühlschrankfront serviert. Gemeinsam heben wir das Glas.

„Auf dass sich alles irgendwie zum Guten wendet! Nastarowje!“ Schnell kippen wir das erste Bier weg und spülen unseren Frust trotz aller uns mittlerweile bekannten Nebenwirkungen mit einem zusätzlichen Wodka runter. So zwanghaft wir auch versuchen, uns einen Plan zurechtzulegen, wir kommen einfach zu keinem zufrieden stellenden Ergebnis. Solange wir nicht genau wissen, was mit meinem Motorrad los ist, wollen wir auch keine endgültige Entscheidung treffen. Vielleicht können wir ja sogar morgen schon weiterfahren, und die ganze Aufregung war umsonst. Immerhin bekommen wir von einem der zahlreichen Gäste die Adresse einer Werkstatt notiert, wo man uns am ehestens weiterhelfen könne. Wenigstens etwas.

Eine Zeichnung auf einem Bierdeckel verrät uns am folgenden Tag den Weg zu einer Yamaha-Werkstatt. Alain fährt langsam voraus und hält mir dabei im Stile eines Kradmelders die Kreuzungen frei. Im ersten und zweiten Gang folge ich und versuche, so vorausschauend zu fahren, dass ich nicht stoppen und die Kupplung betätigen muss. Denn diese funktioniert inzwischen so gut wie gar nicht mehr, und ich knalle rabiat die Gänge rein, ohne den Kupplungshebel zu betätigen. Nach einer anstrengenden Fahrt erreichen wir wenig später die angegebene Adresse.

Man darf, wenn man in Russland eine markenspezifische Werkstatt erwartet, nicht von dem in Deutschland üblichen Standard ausgehen. Je nach Größe der Stadt handelt es sich bei den offiziellen Vertretungen des jeweiligen Herstellers oft um kleine, umgebaute Garagen in irgendeinem Hinterhof. Doch fehlendes Spezialwerkzeug und teure Originalteile werden stets durch unvergleichliches Improvisationsgeschick wettgemacht, und die Mechaniker sind mit Eifer bei der Sache.

Als ich den Laden betrete, bin ich froh, doch ein paar neue Motorräder zu sehen. Der Rest der Verkaufsware setzt sich aus Außenbordmotoren, Bekleidung und Helmen zusammen. Der Chefmechaniker, ein relativ junger, stämmiger Typ, kommt mit nach draußen, schaut sich das Motorrad kurz an und dreht eine Proberunde um den Block. Auf Anhieb scheint er zu wissen, wo die Ursache des Problems liegt, und schiebt mein Motorrad in die angrenzende Werkstatt. Schnell steht fest, dass der Mechaniker nicht nur sein Handwerk versteht, sondern auch noch zwei goldene Hände hat. In Rekordzeit ist der Übeltäter gefunden. Ein Nadellager, beziehungsweise das, was davon noch übrig ist, kaum größer als eine Zwei-Euro-Münze. Unglaublich, dass der Defekt eines so kleinen Teiles solch schwerwiegende Folgen haben kann. Schon wieder werden wir von einem Schaden außer Gefecht gesetzt, der in Deutschland binnen weniger Stunden zu beheben gewesen wäre. Dabei habe ich scheinbar noch Glück im Unglück gehabt. Wenn ich nur ein wenig länger gefahren wäre, hätte sich die Kupplungsstange seitlich aus dem Kupplungskorb gebohrt, und es wäre viel schlimmer ausgegangen. Anhand der Fahrgestellnummer schaut der begnadete Mechaniker in einem dicken Katalog nach und nimmt den Telefonhörer in die Hand. Es folgen annähernd zehn bis 15 fernmündliche Versuche, das benötigte Teil zu ordern. Das Ergebnis ist ernüchternd. Reparatur – nijet! Lieferzeit drei bis vier Wochen.

Wir lassen das Motorrad in der Werkstatt zurück und gehen den etwa einen Kilometer langen Weg zu Fuß zurück zum Hotel. Dort angekommen, fragen wir, ob es Neuigkeiten bezüglich unserer Registrierung gibt. Negativ. Dafür gibt man uns den Tipp, es beim Touristikverband um die Ecke zu versuchen. Wenn man uns in der Stadt in Sachen Visa irgendwo weiterhelfen könne, dann dort. Ich bekomme ein Gefühl dafür, wie sich ein Ausländer in Deutschland fühlen muss, der sich illegal im Land aufhält. Jedes Mal, wenn wir einen Polizisten oder gar einen Beamten der gefürchteten OMON-Truppe des Innenministeriums sehen, steigt die Pulsfrequenz, und wir fürchten, entdeckt zu werden.

Auch im Büro des Tourismusverbandes machen wir wieder die Erfahrung, dass die Mühlen der Bürokratie sehr, sehr langsam mahlen. Obwohl man uns sogar eine Dolmetscherin zur Verfügung stellt, kann keiner zur Lösung des Problems beitragen. Ich könnte ausrasten.

Es kann doch nicht so schwer sein, unseren verdammten Pass abzustempeln. Irgendein Vermerk, dass wir eine Panne hatten, und fertig. Es ist schon merkwürdig. Einerseits wird in diesem Land eine Riesenwelle wegen der Registrierung gemacht, und andererseits bekommt man gegen Zahlung von 200 Euro an einen dubiosen Visa-Dienst in Köln eine Einladung von höchster Ebene ausgestellt.

Trotz Dutzender Telefonate bedauert man sehr, uns mitteilen zu müssen, dass wir tatsächlich nach Samara oder alternativ nach Moskau fahren müssen. Dort, und nur dort, bekämen wir den ersehnten Stempel. Wir brauchen also ein Zugticket.

Das Wunder von Astrachan

Mit einer gehörigen Portion Wut im Bauch begeben wir uns zum Zentralbahnhof. Wir haben die Entscheidung getroffen, Samara abzuhaken und stattdessen zusammen mit den Motorrädern den Zug nach Moskau zu nehmen. Von dort, so der ADAC, bestünde eventuell die Möglichkeit, das defekte Krad zurück nach Deutschland schleppen zu lassen. Wenn man an Ort und Stelle unseren Aufenthalt endlich von höchster Stelle genehmigt hat, wollen wir entweder zwei gebrauchte Motorräder kaufen oder mit der Transsibirischen Eisenbahn weiterreisen.

Wie in fast allen öffentlichen Einrichtungen Russlands geht es auch hier am Bahnhof zu wie im Tollhaus. Vor drei der insgesamt zehn Fahrkartenschalter, die geöffnet sind, haben sich riesige Menschentrauben versammelt. Alle schreien gleichzeitig auf die gelangweilt wirkende Dame hinter der dicken Scheibe ein und fuchteln dabei wild mit ihren Pässen in der Luft herum. Es wird gedrängelt, gezerrt und geschlagen. Kaum zu fassen, mit wie viel Körpereinsatz der Russe eine so alltägliche Angelegenheit wie den Kauf einer Fahrkarte in die Hand nimmt. Was die ganze Prozedur zusätzlich verlangsamt, ist die Tatsache, dass selbst für den Erwerb eines Kurzstreckentickets ein Ausweisdokument benötigt wird.

Wir blicken uns an und atmen tief durch. Dann stürzen auch wir uns ins Getümmel. Alain versucht sein Glück am Schalter Nummer eins, während ich mich mit den Dränglern vor Schalter zwei anlege. Mal sehen, wer sich im wahrsten Sinne des Wortes besser schlägt. Um nicht gnadenlos in dem Gedränge unterzugehen, bedienen wir uns der gleichen Methoden wie die Einheimischen. Wir schubsen, ziehen, treten und setzen mit roher Gewalt unsere Ellenbogen ein. Doch wir müssen auch gut was wegstecken. Hier eine Faust in die Rippen, da eine verschwitzte Achselhöhle im Gesicht. Wenn jetzt noch ein Song der Sex Pistols aus den Bahnhofslautsprechern dröhnen würde, wäre es ein astreiner Pogo. Alain ist der Erste, der es schafft, sich bis zum Fenster vorzukämpfen. Ich gebe Schalter zwei auf und unterstütze ihn nun mit Leibeskräften dabei, die Stellung zu halten. Hinter der Scheibe sitzt eine übergewichtige Dame mit einer zum Kunstwerk aufgetürmten Föhnfrisur und einer altmodischen Hornbrille (jede Wette, dass auch sie wie alle anderen Beamtinnen des Landes Svetlana oder Natascha heißt). Desinteressiert hört sie sich an, was wir mit Händen und Füßen vorzutragen haben. Wie um alles in der Welt sollen wir es schaffen, ihr über das winzige Mikrofon begreiflich zu machen, dass wir ein Ticket für den Zug nach Moskau brauchen? Die Tatsache, dass in demselben Zug auch noch unsere Motorräder transportiert werden sollen, macht die Sache nicht gerade leichter. Als ich das Gefühl habe, sie habe in etwa verstanden, was wir wollen, steht sie plötzlich auf und geht. Mit Nagellack und Feile bewaffnet, kommt sie wenige Augenblicke später zurück und bringt ihre Krallen in Form, während ich erneut zu erklären beginne. Ihr Wille, das Gehirn einzuschalten, scheint jedoch Pause zu machen. Es ist aussichtslos. Nicht die Spur von Hilfsbereitschaft oder Verständnis, also räumen wir das Feld.

Wir steigen die Treppe hinauf, die zu den Gleisen führt. Vielleicht entdecken wir dort ja einen Fahrplan, den wir lesen können, oder noch besser, jemanden, der Englisch oder Deutsch spricht. Auch hier spielen sich Aufsehen erregende Szenen ab. Trotz ein- und ausfahrender Züge rennen die Reisenden in Scharen über die Gleise, um auf die anderen Bahnsteige zu gelangen. Darunter alte, gehbehinderte Menschen und eine Frau mit einem Kleinkind auf dem Arm, die nur um ein paar Meter einer hupenden Diesellok entgeht. Niemanden scheint dies großartig zu kümmern. Als ich das Chaos jedoch mit meiner Kleinbildkamera festhalte, dauert es nicht lange, und ich habe die Polizei am Hals. Fotografieren verboten. Ein Bahnhof ist militärischer Sicherheitsbereich. Ob ich ein Dokument habe, will der Polizist von mir wissen. Mir ist nicht ganz klar, ob er nun eine Fotoerlaubnis meint oder einfach nur meinen Pass sehen will. Auf jeden Fall würde ich am liebsten laut schreien. „Geht in diesem Land eigentlich auch was ohne irgendwelche verdammten Dokumente?“ frage ich den Beamten und bekomme einen misstrauischen Blick als Antwort. Ein Kofferträger kommt uns zur Hilfe, und gemeinsam einigt man sich darauf, dass ich das verräterische Foto lösche, um einer Beschlagnahme der Fotoausrüstung zu entgehen. Zumindest tue ich so.

Obwohl der Kofferträger kein einziges Wort von dem versteht, was wir sagen, und auch wir weniger als 20 Worte Russisch sprechen können, begreift er schnell, was unser Anliegen ist. Ratzfatz hat er uns den richtigen Zug rausgesucht. Mit ihm im Schlepptau begeben wir uns zurück zum Schalter. Und siehe da, plötzlich ist alles ein

Kinderspiel. Er zieht die Wartenden am Kragen nach hinten, sagt einen einzigen Satz zu der noch immer manikürenden Schalterbeamtin, und die Sache ist geritzt. Genervt verdreht sie die Augen und fordert uns auf, ihr unsere Pässe zu geben. Für umgerechnet 23 Euro erhalten wir die auf unseren Namen ausgestellten Fahrscheine. Vier Tage bleiben uns jetzt noch, ehe der Zug die Stadt verlassen wird.

Als wir auf dem Weg zurück zum Hotel durch die Straßen trotten, fällt mir auf, wie schön Astrachan doch tatsächlich ist. Ein engmaschiges Netz aus Kanälen zieht sich durch die überwiegend aus weißem Kalksandstein gebaute Stadt. Auf den vielen kleinen Brücken, die die einzelnen Inseln miteinander verbinden, haben sich Angler versammelt, die ihren Fang an Land ziehen.

Vor dem altehrwürdigen Kreml, dem bedeutendsten Bauwerk Südrusslands, spielen Kinder in den Springbrunnen, um sich bei den Temperaturen über 30 Grad ein wenig abzukühlen. Wir machen an einer Schießbude halt, die mitten in der Fußgängerzone gelegen ist. Eine Schießbude, die wirklich ihres Gleichen sucht. Zur Ausübung des Gewerbes hat eine Familie die Fenster der Wohnung im Erdgeschoss geöffnet und so die Bahn ins Zielgebiet im Wohnzimmer frei gemacht. Zwei Luftgewehre liegen auf den beiden Fensterbänken, und gegen Zahlung von rund zwei Cent pro Schuss bekommt man die bleierne Munition ausgehändigt. Der jungen Tochter, die schon früh ihren Platz im Familienunternehmen gefunden hat, kommt die heldenhafte Aufgabe zu, für Ziele zu sorgen. Zum einen sind dies mehrere Kerzen auf einem Regal, bei denen man die Flamme mit einem Kunstschuss löschen muss, oder aber Bierdeckel, die auf der Anrichte stehen und auf die mit einem Bleistift eine Zielscheibe gezeichnet wurde. Vorsichtig springt das Mädchen durch den Raum, nimmt die Treffer auf und entzündet nebenbei die erloschenen Dochte. Mehrere Löcher in den Möbeln und der Wand sowie ein gesprungener Bilderrahmen sprechen nicht gerade für die Zielsicherheit der Kundschaft. Belohnt werden die erfolgreichen Schützen wahlweise mit Luftballons, einer Tüte Bonbons oder standesgemäß mit einer Mini-Flasche Sekt.

Schon seltsam, dass man die schönen Dinge viel intensiver wahrnimmt, wenn man weiß, dass die Zeit sich dem Ende nähert. Ständig muss ich daran denken, dass wir in wenigen Tagen vielleicht schon wieder in der Heimat sind. Ein großer Traum droht zu platzen. Mir wird schlecht bei dem Gedanken. Ich werde mich wie ein Versager fühlen, wenn ich vorzeitig wieder in Deutschland auf der Matte stehe. Wasser auf die Mühlen derer, die uns vor Abreise noch warnten, nicht in diese ach so gefährlichen Länder zu reisen. Ihre Stimmen kann ich schon jetzt hören: „Seht ihr, ich hab doch gesagt, das packt ihr nicht. In Spanien oder Frankreich wäre das nicht passiert." Scheiße, was sollen wir tun? Waren wir mit dem Kauf der Tickets zu voreilig? Wir wissen keinen Rat mehr und haben beide ein ohnmächtiges Gefühl der Leere im Kopf. In unserer Verzweiflung schreiben wir sogar ein paar SMS an unsere besten Freunde, um ihre Meinung zu hören. Selten war ich mit meinem Latein derart am Ende.

Die Sonne steht als rotglühender Ball über dem Fluss, als wir wieder in einer der am Ufer gelegenen Bars Platz nehmen. Etliche verliebte Paare haben sich eingefunden und sitzen eng umschlungen an der Promenade. Auf dem Wasser tut sich etwas. Allem Anschein nach wird eine Militärparade vorbereitet. Vier Schnellboote liegen vor Anker, und überall rennen Soldaten hektisch hin und her, um irgendwelche Befehle auszuführen. Wiederum andere, scheinbar ein paar Pioniere, sind mit freiem Oberkörper damit beschäftigt, eine Tribüne aus Eisenstangen und Holzbalken aufzubauen.

Wie üblich gesellen sich auch dieses Mal einige interessante Gestalten zu uns an den Tisch, unter ihnen auch wieder der bedrohlich wirkende Typ mit den muskelbepackten Armen, der schon gestern Abend volltrunken hier rumlungerte. Sein Sprachzentrum hatte es trotz aller Sympathie nicht mehr zugelassen, mit ihm ins Gespräch zu kommen. Mit tiefer Stimme stellt er sich uns als Sergeij vor. Mit seinem einschüchternden Auftreten erweckt er den Anschein, einer derer zu sein, die jedem die Fresse polieren, der weniger als eine Flasche Wodka in der Stunde trinkt. Der geschorene Schädel und die bunten Arme unterstreichen die von ihm ausgehende Bedrohung zusätzlich. Er scheint der Besitzer der Anlage zu sein oder in irgendeiner anderen Form das Sagen zu haben. Es bedarf nur einer Handbewegung, und schon rennen alle Bediensteten wie aufgescheuchte Hühner durcheinander, um seinen Wünschen gerecht zu werden. Flugs steht eine Runde Bier und eine obligatorische Flasche Wodka auf dem Tisch, und er fängt an zu erzählen. Sein relativ gutes Deutsch hat Sergej in den 80er Jahren in der DDR gelernt, wo er als Soldat einer Spezialeinheit vier Jahre dienen musste.

„Den Deutschen bin ich sehr dankbar!“ sagt er uns nach einer Weile und berichtet lachend von einem Vorfall, der sich seinerzeit in Magdeburg ereignete. Er war in einem mit Munition beladenen Lkw unterwegs, als ihn die Volkspolizei anhielt. Seinen gestenreichen Schilderungen zu Folge hatte er noch ordentlich Feuerwasser im Blut und sei den Beamten durch seine tollkühne Fahrweise aufgefallen. Die VoPos haben gewusst, dass nach sowjetischem Militärrecht Knast auf sein Vergehen gestanden habe, doch sie seien so einsichtig gewesen, ihn unverrichteter Dinge weiterfahren zu lassen. Das habe er nicht vergessen. „Ja“, bekräftigt er ein weiteres Mal, „die Deutschen sind sehr freundliche Menschen.“

Gebannt lauschen wir seinen Anekdoten vergangener Tage. Wie er so erzählt, fällt plötzlich ein Name, der uns aufhorchen lässt: die Kulturbehörde. Wie ein Blitz durchzuckt es uns. „Wie bitte? Was war mit Kultur? Was war mit Behörde?“ frage ich Alain, der wie ich plötzlich ganz große Augen hat.

Wenn wir ihn richtig verstanden haben, hat er gerade gesagt, dass er der Präsident jener Behörde sei, auf die unsere offiziellen Einladungen ausgestellt sind. Das gibt’s doch nicht! Das kann nicht sein! Will er sich etwa nur wichtig machen? Nervös krame ich meinen Reisepass aus der Tasche. An die letzte Seite des Dokuments ist eine DIN A 4 große Bescheinigung geheftet, die ich nun vor ihm auf dem Tisch auseinanderfalte. Er holt seine Lesebrille hervor, liest sich den Wisch durch und nickt uns mit seinem Stiernacken aufmunternd zu. „Nijet Problem!“ verkündet er und hebt sein Glas. Kein Problem? Das sagt sich so leicht. Worauf will er hinaus? Wir können uns beide kaum vorstellen, dass dieser Schrank uns helfen kann. Doch wir tun ihm Unrecht, denn Sergeij kann uns helfen – und wie.

Wir bohren nach. Er fragt mich, was genau uns denn Probleme bereiten würde. Er habe bemerkt, dass wir beide Kummer haben. Ich hole sehr weit aus, wobei ich versuche, keines der Details auszulassen. Irgendwann stoßen meine und seine Sprachauffassungsgabe jedoch an ihre Grenzen, und wir kommen auch mit den besten Umschreibungen nicht weiter. Er merkt, wie wichtig uns die ganze Angelegenheit ist, und lässt sich von einem seiner Schergen ein Telefon bringen. Nach einem kurzen Anruf und noch bevor mein Glas leer auf der Tischplatte steht, fahren eine Audi Limousine und ein Lada Geländewagen vor. Mehrere Personen entsteigen den Fahrzeugen und setzen sich, nachdem alle respektvoll Sergeijs Hand geschüttelt haben, zu uns an den Tisch. Unter ihnen zwei etwa 18jährige Mädels, die perfekt Hochdeutsch sprechen. Schnell stellt sich heraus, dass eine der beiden ebenfalls Deutsche ist und ausgerechnet aus meiner Heimatstadt Siegen kommt. Im Rahmen eines Schüleraustauschs verbringt sie sechs Wochen in der Stadt. Ihre komplette Gastfamilie hat sie gleich mitgebracht. Sie hätten gerade gemeinsam am Tisch gesessen und Abendbrot gegessen, als das Telefon klingelte, berichtet sie mir noch immer völlig verdutzt. Plötzlich sei der Gastvater ganz unruhig geworden, und alles hätte verdammt schnell gehen müssen. Nun seien sie hier, um für irgendjemand Wichtigen zu dolmetschen. Genaueres habe sie auch nicht verstanden. Erneut berichten wir von unseren Problemen, während Sergeij sich aufmerksam die russische Fassung anhört. Dann ergreift er in seiner Muttersprache das Wort. Und tatsächlich – es stellt sich heraus, dass er das Amt des Präsidenten der Kulturbehörde Astrachan inne hat. Einer Zweigstelle jener Behörde, wegen der wir extra nach Moskau oder Samara fahren sollen, um die Stempel zu bekommen. Was für ein unglaublicher Zufall.

Als Sergeij sein Bier ausgetrunken hat, lässt er uns in die bereit stehenden Wagen steigen. Wir nehmen in dem Geländewagen der Gastfamilie Platz und folgen der Limousine mit hohem Tempo durch die dunkle Nacht. Nach etwa 15 Minuten stehen wir vor einem elektrischen Rolltor einer gewaltigen Villa. Das, was uns hinter dem Tor erwartet, beeindruckt außerordentlich. Ein riesiges Anwesen in römischem Stil, gebaut aus den erlesensten Materialien. Hoch lebe die freie Marktwirtschaft. Er führt uns in sein Gästehaus, wo wir im Vorraum einer Sauna auf ihn warten sollen. Auch die Sauna ist so groß, dass die halbe russische Olympiamannschaft darin schwitzen könnte. Edles Nadelholz, feiner Marmor und vergoldete Armaturen. Unser neuer Freund scheint, wie jeder Russe, gerne zu zeigen, was er hat. Wenige Minuten später kommt er mit einer kleinen Schachtel unter dem Arm zurück. Wir staunen nicht schlecht, als er die Kiste öffnet und eine große Auswahl an Stempeln auf dem Tisch ausbreitet.

„Sucht euch einen aus. Die sind alle echt“, fordert er uns auf. Ich entscheide mich für den größten Stempel und mache behutsam einen Abdruck in meinen Pass. Um auf eventuelle Fragen vorbereitet zu sein, lässt er uns wissen, dass wir ab nun offiziell als Sachverständige für historische Ikonenbilder im Lande sind. Wenn es irgendwo Probleme gäbe, so lässt er uns mitteilen, sollen wir uns auf ihn oder seine politischen Freunde berufen.

Später, als wir uns dankend von ihm verabschieden, fragt er noch, in welcher Werkstatt unsere Motorräder stünden. Nichts ahnend geben wir ihm auch diese Information.

„Keine Sorge, ich kümmere mich darum“, gibt er uns noch mit auf den Weg und fügt hinzu, dass er sich von Herzen wünsche, dass wir unsere Reise fortsetzen. Dann fährt uns sein Chauffeur zurück zum Hotel.

Eine ohrenbetäubende Explosion reißt uns im Morgengrauen aus dem Schlaf. Der Knall ist so gewaltig, dass durch die Erschütterung die Alarmanlagen der rund um das Hotel geparkten Fahrzeuge anschlagen.

„Ach du Scheiße, was war das denn?“ fragt Alain völlig verschreckt.

Auch ich bin sofort hellwach und stehe beinahe senkrecht im Bett. „Das war ne Explosion! Mit Sicherheit.“ Zwangsläufig denke ich an Terroristen und die Krisenherde im Land, als es plötzlich wieder kracht. KAWUUUMM – abermals wackeln die Fensterscheiben, und weitere Alarmanlagen mischen sich in das Konzert aus schrillem Heulen und lautem Hupen. Ich hechte zum Fenster. Die Verursacher der Ruhestörung sind nicht zu übersehen. Auf dem Fluss, keine 150 Meter vom Hotel entfernt, haben sich zwei Fregatten zu den anderen Booten dazugesellt, die nun scharf aufs andere Ufer feuern. Jeder Detonation folgt ein gewaltiger Widerhall, und man kann deutlich erkennen, wie auf der anderen Seite des Flusses Dreck aufspritzt. Ich ziehe mir meine Sachen über und eile nach draußen. Ein dichter Nebel aus Schwarzpulverdämpfen und Schiffsdiesel hat die Tribüne eingehüllt, auf der ranghohe Generäle Platz genommen haben. Auch die ersten Anwohner und Hotelgäste haben sich zusammengefunden, um das ungewöhnliche Spektakel zu verfolgen. Wie aus heiterem Himmel ist die Hölle über die Stadt hereingebrochen. Hubschrauber kreisen, Landungsboote bringen ihre menschliche Fracht ans andere Ufer, und die Bordgeschütze ballern aus allen Rohren um die Wette. Hin und wieder folgt eine kurze Pause, in der sich eine verzerrte Lautsprecherstimme zu Wort meldet oder ein Marsch vom Band trällert. In Russland scheint ein solches Manöver keine Besonderheit zu sein. Man stelle sich die deutsche Marine vor, die in den Rheinauen bei

Bonn unangekündigt ihre Feuerkraft unter Beweis stellt, und Marineinfanteristen die mit lautem Kampfgeschrei die Picknicker vertreiben – einfach undenkbar.

Als wir im Verlauf des Vormittags bei der Werkstatt ankommen, um nachzufragen, ob es bezüglich meines Motorrades etwas Neues gibt, trauen wir unseren Augen nicht. Auf Hochglanz gewienert, steht meine Ténéré vor der Tür des Werkstattgebäudes. Ich bin außer mir vor Freude, sie in diesem Zustand zu sehen. Mit zittrigen Fingern stecke ich den Ersatzschlüssel ins Zündschloss und betätige den Anlasser. Der Motor springt sofort an und läuft so satt und rund, als käme er frisch vom Band.

„Warte hier", sage ich zu Alain. „Ich muss unbedingt ein paar Meter fahren." Ohne Helm düse ich die Straße hinauf und schalte die Gänge mehrfach hoch und runter. Kaum zu glauben, wie haben die das bloß so schnell hinbekommen? Der Werkstattbesitzer klärt uns auf und sagt, man hätte ihn gebeten, das Motorrad schnellstmöglich instand zu setzen. Noch in der Nacht habe er ein Ersatzteil aus einem neuen Yamaha-Außenbordmotor aus- und in meiner Kupplung wieder eingebaut. Als ich nach der Rechnung frage, winkt er ab und sagt, die Sache sei erledigt. Ich muss an Sergeij denken. Scheinbar hat er mehr als nur seine Muskeln für uns spielen lassen. Spasiba, danke, alter Freund!

Ich kann gar nicht sagen, wie erleichtert ich darüber bin, dass wir unsere Tour nun doch fortsetzen können. Hätten wir tatsächlich aufgegeben, so wäre ich, und da bin ich mir sicher, schon bald in einem Morast aus Enttäuschung und Versagen versunken. Obwohl das Vertrauen in mein Motorrad einige Risse davongetragen hat, bin ich nun absolut überzeugt davon, dass wir die Reise in China beenden werden. Egal, wie, und egal, unter welchen Umständen.

Da sich unsere Situation nun grundlegend geändert hat, tauschen wir unsere Zugtickets noch am selben Tag wieder um. Bereits am Abend sind unsere Sachen wieder gepackt, und wir bereiten die Weiterreise vor. Im Internetcafé lösche ich den Tagebucheintrag auf meiner Homepage, den ich erst gestern Mittag eingestellt hatte:

Voraussichtliches Aus am Kaspischen Meer

Es tut mir so unendlich leid, dass der Traum nun zu Ende ist. Nachdem wir Wolgograd hinter uns gelassen haben und östlich von Astrachan über die Wolga nach Asien eingereist sind, hat meine Karre er-

neut den Geist aufgegeben. Mit letzter Kraft und mit nur zwei halbwegs fahrbaren Gängen hab ich mich zurück nach Europa geschleppt, um Hilfe in der Großstadt zu suchen. Die ernüchternde Botschaft der Yamaha-Vertretung kam prompt. Ersatzteil? Nijet! Reparatur drei bis vier Wochen. Wir sind am Boden zerstört.

Ich denke, das war's und bedanke mich bei allen, die mich in den letzten Wochen moralisch unterstützt haben.

Danke, Erik

Durch die kasachische Hungersteppe

Gut gelaunt brechen wir in aller Herrgottsfrühe in Astrachan auf. Die Stadt schläft noch, als wir aus der Tiefgarage auf die Straße rollen. Wieder durchqueren wir das Wolga-Delta, und erneut passieren wir die altersschwache Pontonbrücke. Mit einem freundlichen Winken begrüßen uns die Bauern am anderen Ufer des Flusses, so als wüssten sie von den Schwierigkeiten, die hinter uns liegen. Mit Tempo 90 geht es voran. Etwa eine Stunde lang fahren wir über eine schnurgerade Straße in östlicher Richtung, als in der Ferne die Grenzstation auftaucht. Meine Herzfrequenz steigt, als wir uns der Ansammlung kleiner Gebäude nähern. Wird es Ärger wegen der Visa geben? Waren die Stempel wirklich echt? Was, wenn man uns der Dokumentenfälschung behelligt? Mir rattern viele Fragen durch den Kopf. Mit großer Spannung sehe ich der Reaktion des Beamten entgegen, der meinen Pass überprüfen wird.

So lange die Einreise in die Russische Föderation auch gedauert hat, so schnell geht die Ausreise vonstatten. An dem fast schon verschlafen wirkenden Kontrollposten geht es gemächlich zu. Die Zahl der Grenzsoldaten ist aus unerfindlichen Gründen wesentlich höher als die der Grenzgänger. Positiver Nebeneffekt: Die Abwicklung der Formalitäten wird erheblich beschleunigt. Als der Zuständige das Einladungsschreiben der Kulturbehörde auffaltet und genauer betrachtet, gebe ich mich souverän und stelle mich auf mögliche Fragen ein. Doch die Stempel scheinen tatsächlich echt zu sein, denn er hebt die Augenbrauen und nickt wortlos mit dem Kopf. Dann stempelt er das Schreiben ab. Wie, das war's schon? Wir erhalten unsere Dokumente zurück und dürfen passieren, ohne dass die Motorräder und Ausrüstung auch nur eines Blickes gewürdigt werden.

Wie an scheinbar allen Grenzen Russlands üblich, müssen wir auch hier noch durch eine letzte Kontrolle. Vermutlich, um zu vermeiden, dass irgendwem ein Fehler unterläuft. Etwa 100 Meter weiter erwartet uns ein stattlicher Soldat, der mich an Dr. Udo Brinkmann alias Sascha Hehn erinnert. Gegeltes Haar, manikürte Hände und eine frisch gebügelte Ausgehuniform. Auch der Duft seines teuren Aftershaves wirkt in dieser verwaisten Gegend völlig unangebracht. Wir erwarten den üblichen Dienst nach Vorschrift. Als er uns jedoch sieht, hat er nur noch Augen für die beiden Motorräder.

„Kuda y edete?“ will er wissen. Mittlerweile habe ich gelernt, was die Frage, die man wirklich von jedem, den man trifft, gestellt bekommt, bedeutet: Wohin fahrt ihr? Seine Augen leuchten, als wir ihm von dem geplanten Verlauf unserer Tour berichten. Etwa eine Viertelstunde löchert er uns mit Fragen bezüglich unserer Ausrüstung, den technischen Details unserer Motorräder und über die Länder, die wir bisher durchquert haben. Dann bittet er uns sogar in sein Dienstzimmer, wo er uns stolz ein Bild zeigt, auf dem er Arm in Arm mit dem Hollywoodstar Ewan McGregor zu sehen ist. Er habe Dienst geschoben, als der Engländer auf seiner Reise mit all den Begleitfahrzeugen hier durchgekommen sei.

„You friend of Ewan?“ fragt er mich in einem akzeptablen Englisch.

„Yes!“ antworte ich so selbstverständlich, als sei er ein naher Verwandter von mir.

„Dann bestell ihm einen schönen Gruß!“ bittet er mich sinngemäß und öffnet mit einem Augenzwinkern den Schlagbaum.

Ein etwa 100 Meter breiter Nebenarm der Wolga trennt Russland und Kasachstan in dem staatenlosen Grenzstreifen. Mit einer kleinen Fähre müssen wir zum kasachischen Grenzposten auf der anderen Seite übersetzen. Vor dem Boot, das etwa 20 Autos befördern kann, wartet ungefähr die doppelte Anzahl darauf, dass es weiter geht. Da wir bei der Hitze keine Lust haben, hinten anzustehen, drängeln wir uns unter lauten Protesten der wartenden Autofahrer in die vorderste Reihe der Schlange vor. Das Geschrei ist groß und ebbt selbst dann nicht ab, als wir schließlich als Erstes auf das alte Landungsboot rollen. Nach einer nur kurzen Überfahrt erreichen wir die andere Seite des Flusses, und die vordere Klappe der Fähre öffnet sich. Als wir gerade das sandige Ufer hinauffahren wollen, würgt Alain jedoch den Motor ab und bleibt stehen. Die ganze Drängelei war für die Katz, da nun alle Fahrzeuge genauso rücksichtslos wieder an uns vorbeiziehen. Gefrustet nehme ich zur Kenntnis, dass sich die Insassen köstlich amüsieren und mit allerlei derben Gesten ihre Schadenfreude zum Ausdruck bringen.

Auch an dieser Grenze werden wir von der Bürokratie wieder mit offenen Armen empfangen. Es folgt die nächste Durchsicht aller Unterlagen. Man verlangt von uns, jeden einzelnen Gegenstand, den wir mit uns führen, auch wenn er noch so belanglos scheint, in einem Zollformular zu vermerken. „Alles? Everything?“ will ich von dem Kerl hinter der verschmierten Scheibe wissen. Er nickt nur. Als selbst unsere stinkenden Socken und die dreckigen Unterhosen deklariert sind, bekommen wir endlich den ersehnten Stempel. Den Wert unserer Ausrüstung haben wir freilich um ein Vielfaches niedriger angegeben, als er tatsächlich ist. So möchten wir verhindern, bei der Ausreise irgendwelche frei erfundenen Zollgebühren bezahlen zu müssen.

Im Anschluss an die ganze Prozedur bittet der Chef der Zollabteilung mich um ein Gespräch.

„Aha!“ denke ich. „Daher weht der Wind.“ Mit unglaubwürdiger Miene versucht er mir klarzumachen, wie toll er unser Vorhaben findet, wie mutig wir doch seien, und wie sehr er doch die Deutschen schätze. Und überhaupt. Es fallen Namen wie Franz Beckenbauer, Olli Kahn und Claudia Schiffer. Nach einem längeren Vortrag über die Vorzüge unseres Landes kommt er endlich zum Punkt und fordert ein „Small souvenir“. „Tja, da hast du Pech gehabt. Unsere Visa sind bereits abgestempelt“, sage ich zu ihm auf Deutsch und drücke ihm eine Euro-Münze in die Hand, die ich schon geraume Zeit mit mir spazieren fahre.

Mit einer Fläche so groß wie Frankreich, Deutschland, Spanien, Schweden, Finnland, Italien und England zusammengenommen, ist Kasachstan das neuntgrößte Land der Erde. Die Bevölkerungsdichte liegt etwa 40mal niedriger als die der Bundesrepublik Deutschland. Ein Land der weiten Ebenen, der trockenen Steppen, der tiefen Schluchten, der wilden Flüsse und der schneebedeckten Gebirgszüge. Ein perfektes Land also für Leute, die das Abenteuer und die Stille suchen. Mehr als 4000 Kilometer warten in diesem Land auf uns. Eine gewaltige Strecke, die immerhin der Entfernung von Helsinki bis Bagdad entspricht.

In alten Karten wird das Gebiet, das wir nun durchqueren müssen, die Hungersteppe genannt. Eine Bezeichnung, die ihrem Namen, wie wir bald am eigenen Leib erfahren werden, alle Ehre macht.

Kaum haben wir das fruchtbare Wolga-Delta hinter uns gelassen, bekommen wir auch schon einen Eindruck von dem, was in dieser lebensfeindlichen Region auf uns wartet. Sand, Sand und nochmals Sand. Die Kasachen nennen diese Region ehrfurchtsvoll Be-Pak-Dala – die böse Ebene. Das Klima ist kontinentaler als sonst irgendwo, und es gibt auch kein Land auf der Erde, das weiter von den Küsten der Weltmeere entfernt liegt. Während das Thermometer im Winter auf über minus 50 Grad fallen kann, klettert es im Sommer regelmäßig auf bis zu 50 Grad im Schatten. Trotz der Hitze und Ödnis handelt es sich aber nicht um eine echte Wüste, wie es die Definition vorsieht, da die Niederschlagswerte von 150 Millimetern pro Jahr nur selten unterschritten werden.

Auf den ersten Kilometern übermannt uns ein Wechselbad der Gefühle. Wir sind eingeschüchtert, aber dennoch voller freudiger Erwartung auf das, was uns das unbekannte Land bringen wird. Daran, was wohl passieren mag, wenn eine unserer Kisten in diesem Land schlapp macht, wollen wir beide gar nicht erst denken.

Wenn man vom Teufel spricht ... Nur kurze Zeit später sehe ich im Rückspiegel, wie Alain die Fahrt verlangsamt und anhält. Nach all den Vorfällen der vergangenen Wochen ein absolutes Alarmsignal. Selbst wenn einer von uns beiden nur stoppt, um pinkeln zu gehen, denkt der andere gleich an einen neuen, folgenschweren Defekt.

Ich warte einen Moment, dann fährt Alain wieder los.

„Haste gesehen?“ fragt er mich mit einem breiten Grinsen im Gesicht, als er neben mir zum Stehen kommt.

„Was hab ich gesehen?“

Er grinst nur. „Fahr zurück, und schau mal, ob dir was auffällt.“

Neugierig, wie ich bin, wende ich und rolle zurück. Auf den ersten Blick kann ich nichts Außergewöhnliches erkennen, doch dann sehe ich es auch: das erste Kamel, dem wir auf unserer Reise begegnen. Keine 30 Meter abseits der Straße döst es in der nicht mehr ganz so heißen Abendsonne. Mir kommt der Anblick unwirklich vor. Mit dem eigenen Motorrad so weit gefahren zu sein, dass man auf freilaufende Kamele trifft, ist ein wirklich groteskes Gefühl. Dabei sind Kamele in Kasachstan ungefähr so spektakulär wie eine Kuh in der Schweiz.

„Wie geil ...“, schwärme ich ungläubig, während ich durch den Sucher meiner Spiegelreflexkamera schaue und wiederholt den Auslöser drücke. Obwohl wir uns an den Anblick schnell gewöhnen werden, sind die Tiere für uns so etwas wie ein Symbol für diese Reise geworden. Auf sämtlichen Karten, die ich in der Vorbereitungsphase studiert habe, sind sie das Symbol für die legendäre Seidenstraße. Schon zu Marco Polos Zeiten galten die robusten Kamele als das geeignetste Fortbewegungsmittel in dieser Region. Sie haben es geschafft, sich den extremen klimatischen Bedingungen Zentralasiens anzupassen. Kaum vorstellbar, dass sie den Großteil des Jahres Temperaturen weit unter dem Gefrierpunkt trotzen. Kamele habe ich zuvor eher mit Hitze und Trockenheit assoziiert, nicht aber mit Schnee und Eis.

Anfangs sind es nur vereinzelte Tiere, die wir hier und da ausmachen können. Doch schon nach kurzer Zeit entdecken wir Dutzende von ihnen, die sich, wie an einer Schnur gezogen, entlang des flimmernden Horizonts bewegen. Ein Anblick wie aus Tausend und einer Nacht. Er übt eine solche Faszination auf uns aus, dass wir beschließen, genau hier unser Nachtlager aufzuschlagen.

Die nervige Suche nach einer vor Blicken geschützten Lagerstätte entfällt, da sich das Land flach wie ein Pfannkuchen vor uns ausbreitet. Der Übergang von der Straße zu dem, was abseits davon liegt, ist fließend. Weder Straßengräben noch Böschungen oder sonstige Barrieren hindern uns daran, die Straße zu verlassen. Wir müssen lediglich eine Lenkbewegung nach links machen, und schon entfernen wir uns über harten Sandboden von unserer eigentlichen Route. Wahrscheinlich könnten wir Hunderte von Kilometern so weiterfahren, ohne auch nur einem einzigen Menschen zu begegnen.

Gemeinsam bauen wir mein Zelt auf. Ja, richtig, mein Zelt. Aus Gewichtsgründen hat Alain sein schweres Zelt in Astrachan zurückgelassen. Die Jungs von der Werkstatt, die uns zuvor erzählten, dass sie des Öfteren an der Wolga fischen gehen, waren begeistert von dem für sie unerschwinglichen Geschenk. Wir mussten diesen Schritt gehen und haben uns ein zweites Mal rigoros von all den Sachen getrennt, auf die wir meinten, verzichten zu können. Dabei war uns jedes Gramm, das wir einsparen konnten, recht. So flogen neben dem Zelt auch noch das halbe Kochgeschirr, ein Klappspaten, ein Campingstuhl und diverse Kleidungsstücke über Bord.

Trotz der Rückschläge der vergangenen Wochen sind wir beide überzeugt, alles nur Erdenkliche an den Motorrädern getan zu haben. Wenn die Reise jetzt scheitern sollte, dann ist es eben höhere Gewalt. Da man den Tag jedoch nicht vor dem Abend loben sollte und wir auch nichts mehr dem Zufall überlassen wollen, haben wir es uns zur Pflicht gemacht, die allabendliche Fahrzeugpflege auf den kommenden Etappen über alles zu stellen. Das Fahrwerk wird vom Dreck der staubigen Pisten befreit, die Kette mit einem öligen Lappen abgewischt, ihre Spannung geprüft und alle anderen beweglichen Teile mit ein wenig Kriechöl eingesprüht.

Da ich die Natur noch intensiver erleben möchte, schnappe ich mir meinen Fotoapparat und mache mich zu Fuß auf den Weg, um die Gegend zu erkunden. Die Vegetation ist karg. Verdorrtes Gras und kleinere Sanddünen beherrschen das Bild. Nur verstreut schaffen es ein paar grüne Grasbüschel und kleinere Sträucher mit winzigen Blättchen, sich der erbarmungslosen Sonneneinstrahlung zu widersetzen. Sie sind das einzige Futter für die bis zu 700 Kilogramm schweren Kamele. Die verdauten Futterreste liegen an vielen Stellen als ein großer Haufen brauner Golfbälle in der Gegend verstreut. Es handelt sich dabei jedoch nicht einfach nur um Kamelscheiße. Ganz im Gegenteil: Der Dung dient vielen Menschen in Zentralasien als wichtiger Rohstoff. In getrockneter Form wird er als Brennmaterial für den Kochherd verwendet, und mit Wasser und Lehm vermischt, stellt er die Grundlage für den Bau vieler Häuser dar.

Eine Sache habe ich nicht bedacht, als wir die Entscheidung getroffen haben, uns für den Rest der Reise ein Zelt zu teilen: die Füße von Alain. Als ich ein wenig später das Vorzelt öffne, schlägt mir der saure Geruch ungewaschener Füße entgegen, der mir den Magen umdreht. Direkt an der Stelle, an der sonst mein Kopf liegt, stehen seine dampfenden Enduro-Stiefel. Und als ob dies nicht schon genug Belastung für mein Riechorgan wäre, hat er auch noch seine klammen Wollsocken fein säuberlich zum Trocknen darauf ausgebreitet. Die fiesen Dinger stinken so erbärmlich, dass an Einschlafen nicht zu denken ist. Also raus damit. Mit zugehaltener Nase kicke ich das Schuhwerk vor unser Zelt, und wir beschließen, die Stiefel ab jetzt an die frische Luft zu verbannen.

Es wird die ruhigste Nacht auf der bisherigen Reise. Mal abgesehen von unserem kollektiven Schnarchen, das uns beide zwei, drei Mal kurz wach werden lässt, gibt es keinerlei Störgeräusche. Keine Fahrzeuge, keine Menschen, kein Sturm – nichts. Nur die Totenstille, die sich wie ein Leichentuch über das sargschwarze Land gelegt hat. Eine Stille, die in den Ohren eines Großstädters fast schon als beklemmend empfunden werden könnte.

Noch bevor andernorts die Hähne krähen, quäle ich mich wieder aus dem Zelt. Ich habe mir den Wecker gestellt, um dabei zu sein, wenn über der weiten Steppe die Sonne aufgeht. Noch ist es dunkel, und im Vergleich zu der fast unerträglichen Mittagshitze sind die Temperaturen angenehm kühl. Es ist ein wunderbares Gefühl, der Zivilisation erstmalig auf dieser Reise entkommen zu sein. Hier, zu dieser Zeit an diesem Ort, bekomme ich ein Gefühl für die wesentlichen Dinge im Leben. Endlich bin ich frei von den Sorgen und Ängsten, die einem im Alltag unnötig das Leben erschweren. Auch die allgegenwärtige Frage, was nach der Tour sein wird, die bevorstehende Diplomarbeit, meine beruflichen Perspektiven und der ganze andere Ballast scheinen in unerreichbare Ferne entschwunden zu sein. Nur Ruhe, das Gefühl der Einsamkeit und über mir der eindrucksvolle Sternenhimmel. Genau diese Momente sind es, die eine solche Reise in meinen Augen zu einem unvergesslichen Erlebnis machen. Lange sitze ich einfach nur da und führe mir vor Augen, was für ein Glück ich doch habe, dies alles erleben zu können. Ich denke an meine Freundin, die sich zu Hause große Sorgen um mich macht, und wünschte, ich könne diesen magischen Augenblick mit ihr teilen. Fast kommt es mir schon so vor, als seien wir eine halbe Ewigkeit unterwegs. Noch nie zuvor hatte ich das Gefühl, als verginge die Zeit auf Reisen langsamer als sonst. In der Regel ist das Gegenteil der Fall. Kaum vorstellbar, dass erst weniger als ein Drittel der Gesamtstrecke hinter uns liegt. Dabei warten die wahren Highlights noch auf uns – die kasachische Steppe, die Bergwelt Kirgisistans, die Wälder Sibiriens, die Endlosigkeit der Mongolei und die chinesischen Millionenmetropolen, um nur ein paar zu nennen.

In friedlicher Stille geht die Sonne auf. Am östlichen Himmel kündigt ein kaum sichtbarer Schein den nahenden Morgen an. Anfangs ist es nur ein winziger hellblauer Lichtstreifen, der in der dunklen Nacht allmählich seine Farbe verändert und größer wird. Erst blau, dann grün, bis er sich, in einem schwachen Orange, allmählich in das horizontale Licht des Morgens wandelt. Im Nu klettert das Quecksilber wieder auf zweistellige Werte, und als wir gegen neun Uhr aufbrechen, kratzt das Thermometer bereits an der 25-Grad-Marke.

Mit überraschender Sorgfalt sind die Straßen auf den kommenden Kilometern instand gehalten. Dörfer, wie wir sie noch in den abgelegenen Landstrichen Russlands durchquert haben, sind von der Bildfläche verschwunden. An ihre Stelle treten kleinste Ansiedlungen, die vornehmlich aus Lehm und Natursteinen gebaut sind. Nur noch selten sind

Gebäude darunter, die über ein solides Dach verfügen. Die meisten der Häuser sind mit einfachem Wellblech oder Plastikplanen gedeckt.

Überproportional zur sinkenden Bevölkerungsdichte steigt die Zahl der Bohrtürme und Ölpumpen, die weithin sichtbar ihre gewinnbringende Arbeit verrichten. An einigen Stellen in der Kaspischen Senke sind es Hunderte, die unter multinationaler Leitung den gigantischen Reichtum des Landes zu Tage fördern. Schätzungen des US-Energieministeriums zu Folge lagern in der riesigen Erdölblase unter dem Kaspischen Meer bis zu 200 Milliarden Barrel Rohöl – das größte unerschlossene Ölvorkommen der Welt. Eine positive Begleiterscheinung hat die enorme Fördermenge auch für uns – der Spritpreis in Kasachstan beträgt nur ein Fünftel des europäischen Durchschnitts. Bei einem Preis von etwa vier Euro pro Tankfüllung macht das Fahren doch gleich doppelt soviel Spaß.

In Atyrau, der Stadt, wo der Fluss Ural in das Kaspische Meer mündet und anderen Meinungen zu Folge der asiatische Kontinent erst beginnt, suchen wir eine Bank auf. Wir wollen uns mit einer ausreichenden Menge Bargeld versorgen. Falls es auf den kommenden Kilometern zu einer Situation kommen sollte, die nur mit dem nötigen Kleingeld zu regeln ist, so möchten wir nicht ohne dastehen. In Kasachstan ist dies der Tenge, der sich in 100 Tyin unterteilt.

Auch hinter der Stadt erwartet uns zu unserer großen Überraschung wieder eine asphaltierte Straße allerbester Qualität. Mitunter ist die Fahrbahn sogar so gut, dass man meinen könnte, wieder in den wohlhabenden Teilen Westeuropas unterwegs zu sein. Wo sind sie bloß, die berüchtigten und gefürchteten Straßen des Landes, vor denen uns so viele Leute eindringlich gewarnt haben? Um es vorweg zu sagen: Sie lassen nicht lange auf sich warten. In Makat, einem heruntergekommenen Provinznest, etwa 110 Kilometer östlich von Atyrau, ist es schließlich soweit. Die bis dahin durchgehend geteerte Straße endet übergangslos im Nichts. Sie ist einfach weg, verschwunden, als habe sie nie existiert. Weiter als das Auge reicht nur noch Leere, durch die sich ein paar Reifenspuren bis hinter den scheinbar unerreichbaren Horizont schlängeln. Wir können es beide nicht glauben. Sowohl mein GPS-Gerät als auch die Karte zeigen an, dass wir noch immer auf der Hauptverkehrsader des Landes reisen. Als rote Linie erstreckt sich diese vom Kaspischen Meer durch den Süden des Landes bis zum Aralsee. Vermutlich haben wir irgendwo eine Abzweigung verpasst – eine andere

Erklärung haben wir nicht. Also fahren wir ein gutes Stück zurück und schauen, ob wir einen Richtungswechsel hätten vornehmen müssen. Doch wir finden weder eine Abzweigung noch einen parallel verlaufenden Weg und schon gar kein Hinweisschild. Erschwerend kommt hinzu, dass der Verkehr in dieser Gegend sehr dünn ist und wir nicht die Möglichkeit haben, uns mal eben von irgendeinem anderen Fahrzeug den Weg weisen zu lassen. Es ist nun schon eine halbe Ewigkeit her, dass uns überhaupt jemand begegnet ist. Also fahren wir wieder zu dem Punkt, wo die letzten Meter Asphalt plötzlich enden.

In der Hoffnung, dass sich die Straße nach ein paar Kilometern weiter fortsetzen wird, versuchen wir, uns im Schritttempo einen Weg durch das unwegsame Gelände zu bahnen. Doch es lässt sich so schlecht fahren, dass Alain schon allein auf den ersten 1000 Metern drei Mal das Gleichgewicht verliert und stürzt. So dauert es nicht lange, und wir beide werden aufgrund der unermesslichen Weite und des schweren Terrains ziemlich nervös. Schenken wir unserer Karte Glauben, so beträgt die Entfernung bis zur nächsten Ortschaft rund 150 Kilometer. Keine beruhigende Situation, wenn man bedenkt, dass diese Distanz auch gut und gerne größer sein kann und wir nicht wissen, ob es in der angepeilten Ortschaft überhaupt eine Tankstelle gibt. Hinzu kommt, dass wir nicht einschätzen können, wie hoch der Verbrauch unserer Motorräder ist, wenn sie ständig in den ersten beiden Gängen fahren. Knapp fünf Liter, die der Motor bei konstant 110 Kilometern pro Stunde auf der Autobahn schluckt, sind in diesem Fall leider keine verlässliche Größe.

„Hätten wir mal die Kanister befüllt“, gibt Alain mit besorgtem Unterton in der Stimme zu bedenken. „Wir machen aber auch immer wieder die dümmsten Fehler!“

„Noch können wir umdrehen.“

„Bloß nicht. Vielleicht schaffen wir es ja auch so. Was meinst du?“

„Was soll ich sagen? Wunder gibt es immer wieder. Aber mal im Ernst, ich hab mächtigen Respekt vor dem Ganzen hier. Es ist alles viel einschüchternder, als es auf Fotos oder in Reiseberichten rüberkam.“

Nach etwa zwei Stunden, als wir fast schon keinen anderen Ausweg mehr sehen, als doch wieder umzudrehen, treffen wir auf das, was wohl vor Urzeiten mal eine Straße gewesen ist. Ein lang gezogenes Band, übersät mit Schlaglöchern, Rissen und tiefen, ausgewaschenen Mulden. Nur etwa fünf Prozent der alten Asphaltdecke sind schätzungsweise noch vorhanden. Doch zumindest scheint die Richtung zu stimmen. So macht sich eine gewisse Erleichterung breit, und die Reisegeschwindigkeit erhöht sich auf atemberaubende 20 Kilometer pro Stunde.

Nach einer weiteren Stunde können wir in der Ferne eine Staubwolke erkennen, die ein holpernder Lkw hinter sich herzieht. Mit winkenden Armen bringen wir den Trucker dazu, die Fahrt zu verlangsamen und anzuhalten. Er kurbelt das Fenster des ramponierten Lkw hinunter und hört uns mit großen Augen zu, als wir ihn mit unseren Fragen bombardieren. Doch er kann mit unserem russischen Minimalwortschatz nicht das Geringste anfangen, weshalb er wieder den Gang einlegt und losfahren will. Schnell ziehe ich die Landkarte aus dem Tankrucksack, steige auf ein Trittbrett und halte sie ihm schulterzuckend unter die Nase.

„Wo Straße? Wann Straße?" wird Alain im Hintergrund fast schon aufdringlich. Doch der Trucker hält lässig seinen linken Arm aus dem Fenster, zeigt in die Richtung, aus der er gerade gekommen ist, und nennt beiläufig den Namen der Ortschaft, die wir uns für heute als Ziel gesetzt haben. Mehr Informationen sind nicht aus ihm herauszuholen.

Dass die Straßen nicht wie in Europa sein würden, das haben wir gewusst. Dass der Zustand lausig ist, haben wir geahnt. Doch dass sie gänzlich verschwinden würden, damit haben wir einfach nicht gerechnet. Die völlig maroden Schlaglochpisten, mit denen wir kämpfen, stammen zum größten Teil noch aus sowjetischen Zeiten. Vor vielen Jahren wurden sie vornehmlich aus militärischen Gründen gebaut, um schnelle Truppenbewegungen innerhalb des Landes zu gewährleisten. Als die Union der sozialistischen Sowjetrepubliken dann im Dezember 1991 aufgelöst wurde, waren die Straßen sich selbst überlassen. Das Geld wurde in der noch jungen Republik Kasachstan für wichtigere Dinge benötigt, und somit war der endgültige Verfall der abgelegenen Verkehrswege nicht mehr aufzuhalten. Dieser beginnt zunächst immer mit einem kleinen, kaum sichtbaren Riss. Durch diesen dringt allmählich Wasser in die Asphaltdecke ein, das innerhalb kürzester Zeit das komplette Gefüge der Aufbauschicht verändert. Hitze, Kälte, Frost und die Belastung durch darüberfahrende Lkw tun dann ihr Übriges.

Die Stunden verstreichen. Die Strecke, die wir zurücklegen, wird jedoch nicht kürzer. Für schlappe 60 Kilometer benötigen wir annähernd fünf Stunden. Wir fahren seitlich der Straße durch Spurrillen, die überladene Lastwagen bei Regen in den Boden gepflügt haben und die jetzt so hart getrocknet sind, als seien sie versteinert. Anfangs denken wir, es handle sich bloß um einen schlechten Abschnitt, der schon bald wieder einer Teerdecke weichen wird. Doch es wird immer heftiger. Ich bin überzeugt, dass selbst ein schwerer Artillerieangriff eine Strecke nicht schlimmer zerstören könnte. Kilometer um Kilometer fahren wir über die zerfurchte, staubige Piste, kommen aber nicht wirklich voran. Fast schon haben wir vergessen, dass unsere Motorräder über mehr als nur zwei Gänge verfügen. Anfahren, abbremsen, anfahren und immer wieder abbremsen. Kaum zu glauben, dass es sich bei dieser Buckelpiste um den höchstmöglichen Straßenstandard des Landes handelt. Hinzu kommt die brennende Sonne, die diese Kraterlandschaft in einen erbarmungslosen Backofen verwandelt. Auch wenn die Temperatur heute ‚nur' 39 Grad beträgt, kommt es uns so vor, als würde man uns während der Fahrt einen heißen Fön ins Gesicht halten. Gehörige Zweifel an der Machbarkeit kommen auf. Wenn keine Besserung eintreten sollte und wir unter diesen Umständen das Land der Länge nach durchqueren wollen, wären wir Monate unterwegs – viel zu lang, denn unsere Planung sieht lediglich zwei Wochen vor.

Immer wieder treffen wir auf große Kamelherden, die abseits des Weges die spärlichen Blättchen der dornigen Sträucher fressen. Ein Foto aus nächster Nähe soll meine fotografische Berichterstattung komplettieren. Wir halten an. Was ich bisher nicht wusste, aber heute lernen soll, ist die Tatsache, dass Kamele genau wie auch Lamas spucken, wenn sie sich bedroht fühlen. Als ich mich mit meiner Kamera bis auf einen Meter angeschlichen habe, macht das blöde Vieh auch prompt von dieser Art der Selbstverteidigung Gebrauch und rotzt mir eine riesige Ladung grünlichen Schleim mit Pflanzenfasern ins Gesicht. Wieder bin ich um eine Erfahrung reicher geworden.

Stunden später, während wir uns auf dem Hindernisparcours den Weg weiter in Richtung Osten bahnen, stelle ich immer wieder fest, wie k.o. ich doch bin. Als wir anhalten, weil Alain seine losgerüttelte Ausrüstung neu verzurren muss, lege ich für einen Moment den Kopf auf den Tankrucksack und merke, dass ich kurz davor bin, einzuschlafen.

„Es hat keinen Zweck mehr!“ sage ich zu ihm. „Mir fallen gleich die Augen zu. Lass uns den Tag beenden, bevor wir hier noch einen Unfall bauen.“

„Gerne. Ich bin auch total platt. Scheiß auf unser Tagesziel. Das erreichen wir heute eh nicht mehr.“

Ausgedörrt und völlig verstaubt schlagen wir das Zelt auf. Ein Blick auf die am Boden ausgebreitete Landkarte macht uns deutlich, was uns in dem riesigen Land noch erwartet. Auf der etwa tischplattengroßen Karte misst das heute zurückgelegte Stück noch nicht einmal eine Daumenlänge.

„Oh Mann, wenn es so weitergeht, dann aber gute Nacht“, sagt Alain, und ich überschlage dabei, wie viele Tage wir so für das mehr als zweieinhalbtausend Kilometer lange Teilstück bis zur kirgisischen Grenze benötigen werden. Viel zu viele. Wir hoffen also inständig auf Besserung.

Noch bevor die Sonne verschwunden ist, liegen wir erschlagen in den Schlafsäcken. Körperpflege und technischen Dienst haben wir auf ein absolutes Minimum beschränkt, und selbst das Essen entfällt aufgrund zu großer Müdigkeit. Gern würde ich noch ein wenig lesen oder einen Eintrag in mein Tagebuch vornehmen, doch kaum befinde ich mich in der Waagerechten, gehen auch schon die Lichter aus.

Ein himmlischer neuer Tag. Als ich bei strahlend blauem Himmel aus dem Zelt krieche und die kühle Morgenluft inhaliere, wundere ich mich selbst über meine Regenerationsfähigkeit. Alle Schmerzen des Vortages haben meinen Körper verlassen, und an ihrer Statt hat sich ein unbändiger Tatendrang eingenistet. Voller Ungeduld warte ich darauf, einen neuen Abschnitt in Angriff zu nehmen. Die Sorge, dass die Strecke heute nicht besser wird, habe ich schlicht und ergreifend verdrängt.

Mein morgendlicher Optimismus lässt jedoch stark nach, als wir wieder im Sattel sitzen. Die Schmerzen melden sich allmählich zurück, als wir uns abermals nur noch darauf konzentrieren, die fahrbaren Untersätze vor dem Schlaglochtod zu bewahren.

Der Tag wird wieder genauso heftig wie der vorangegangene und zieht sich ebenso unerträglich in die Länge. Eine Besserung ist nicht in Sicht, und die Hoffnung auf eine richtige Straße zerschlägt sich in Abermillionen weiterer Schlaglöcher. Meine liebste Freizeitbeschäftigung überhaupt – das Motorradfahren – hat sich in kraftraubende Schwerstarbeit verwandelt. Ich bin wütend und frustriert darüber, dass es mir nur noch selten gelingt, die schönen Dinge wie etwa die Steppenadler anzuschauen, die teilweise zu Dutzenden auf alten Autowracks am Straßenrand sitzen und nach Beute Ausschau halten.

Gegen Mittag, als wir längst schon die Benzinhähne auf Reserve gestellt haben, erreichen wir endlich die herbeigesehnte Ortschaft. Zwei genau gegenüberliegende Tankstellen konkurrieren am Ortseingang um die äußerst seltene Kundschaft. Beide sollen ihr Geschäft mit uns machen, also tankt Alain bei der einen und ich bei der anderen. Mittels einer handbetriebenen Pumpe füllt man meinen Tank und den Reservekanister mit schlechtem 76-Oktan-Sprit. Zudem kaufe ich je fünf große Flaschen Wasser und ein paar Fischkonserven für uns beide. Dann geht es wieder weiter, denn auch der Ort ist so trostlos, dass sich kein längerer Stopp lohnen würde.

Am Nachmittag überqueren wir einen vertrockneten Flusslauf, in dem eine Rinderherde von bestimmt 200 mageren Tieren Wasser aus dem lehmigen Rinnsal säuft. Mir fällt ein Reiter auf, der mit hohem Tempo durch das Flussbett galoppiert, um mögliche Ausbrüche einzelner Rinder zu verhindern. Als er uns sieht, stoppt er, schaut ein paar Sekunden in unsere Richtung und gibt seinem Pferd ordentlich die Sporen. Mit den lauten Kommandos „Heya, heya!" kommt er auf uns zugeprescht. Erst als er sich bis auf wenige Meter genähert hat und sein Pferd durch kräftiges Ziehen an den Zügeln stoppt, kann ich das Gesicht eines Jungen unter der blauen Wollmütze erkennen, der allerhöchstens zwölf Jahre alt ist. Er gleitet aus dem Sattel und setzt sich mit kindlicher Bewunderung wie selbstverständlich auf mein abgestelltes Motorrad, während ich nur Augen für sein prachtvolles Pferd habe. Wie gerne würde ich doch tauschen! geht es mir für einen Moment durch den Kopf, und ich habe das Gefühl, dass er ähnlich denkt ...

Bis zum Einbruch der Dunkelheit schaffen wir es an diesem Tag, immerhin 190 Kilometer zurückzulegen. Am Rande einer trostlosen Siedlung kommen wir zu unserer großen Freude an einem scheintoten Restaurant vorbei, das wie ein Magnet auf uns wirkt. Wir sind froh darüber, etwas gefunden zu haben, wo wir uns an einen Tisch setzen und die knurrenden Mägen füllen können. Die Grundfläche des niedrigen Lokals misst vielleicht 25 Quadratmeter, und die Deckenhöhe wurde an die kleinwüchsige Familie, die darin lebt, angepasst. Der Raum, in dem zwei alte Tische mit jeweils drei Hockern stehen, ist Wohnzimmer und Schankraum zugleich. Was es zu essen gibt, ist mir eigentlich völlig egal, denn wir beide sind fernab davon, Ansprüche zu stellen. Auf den uns unverständlich unterbreiteten Menüvorschlag nicken wir nur gierig mit dem Kopf. Schon kurze Zeit später schaufeln wir einen großen Berg Dill-Kartoffeln und fettige Fleischstücke in uns hinein. Der Wirt beweist hellseherische Fähigkeiten und serviert uns zwei eiskalte Flaschen Bier. Wie viel besser die Welt doch mit einem gefüllten Magen aussieht.

Der pfiffige Gastgeber scheint zu merken, wie erschöpft wir sind, und bietet uns für unschlagbare 80 Cent pro Person an, die Nacht in seinen Räumlichkeiten zu verbringen. Die Verlockung ist groß, die Abneigung, in der hundezwingerähnlichen Zelle zu schlafen jedoch größer. Nachdem sich die ganze Nachbarschaft mit uns auf ihren Fotohandys hat ablichten lassen, machen wir uns wieder auf den Weg. Wir fahren lediglich ein paar Kilometer, bis die Wirkung des Bieres einsetzt, und beenden den Tag abseits des Weges. Uns graut es schon vor dem morgigen Abschnitt, der berüchtigt für die übermäßige Hitze ist, die dort zu dieser Jahreszeit herrscht.

Am frühen Morgen werde ich wach und stelle fest, dass die gute Laune einen weiten Bogen um uns gemacht hat. Negative Schwingungen hängen in der Luft. Kleinigkeiten reichen aus, um sich gegenseitig anzupöbeln. Ein weiterer kompletter Tag im Sattel, und das, obwohl ich zum ersten Mal, seit ich denken kann, überhaupt keine Lust darauf habe, Motorrad zu fahren. Permanent den Blick auf die Piste richten und sich wie bei einem Atari-Telespiel darauf konzentrieren, den unzähligen Hindernissen auszuweichen, hat mich mürbe gemacht. Dazu kommen ein tierischer Muskelkater in den Oberschenkeln und schmerzende Unterarme vom ständigen Betätigen des Brems- und Kupplungshebels. Auch die nicht gekannte Monotonie des Fahrens macht uns zu schaffen. Die Landschaft hat seit nunmehr drei Tagen keinerlei Abwechslung mehr zu bieten. Es ist genau so, wie man sich eine Steppe landläufig vorstellt. Ein Meer aus Sand, Gestrüpp und einer großen Menge Nichts. Die Augen suchen in dieser Monotonie vergeblich nach einem Fixpunkt wie etwa einen Berg oder eine Stadt, auf den man zusteuern kann.

Mit aller Macht versuche ich, mich gegen das Reisetief zur Wehr zu setzen – ohne Erfolg. Es hilft auch wenig, mir vor Augen zu führen, dass ich mir gerade eigentlich einen Traum erfülle und mich niemand dazu zwingt, hier lang zu fahren. So gut es geht, versuchen wir uns mit der Niedergeschlagenheit abzufinden und unsere schlechte Laune nicht raushängen zu lassen. Aus Erfahrung wissen wir, dass solche Tiefpunkte genauso zu einer längeren Reise dazugehören wie die emotionalen Höhenflüge. Doch im Nachhinein ist es dann meistens so, dass einem genau die Momente, in denen man am liebsten aufgegeben hätte und mit seiner Kraft total am Ende war, als sehr positiv in Erinnerung bleiben.

Es dauert ziemlich lange an diesem Morgen, bis wir uns endlich dazu durchgerungen haben, alles wieder zusammenzupacken und zu verstauen. Keine halbe Stunde, nachdem wir wieder auf der Piste sind, kann ich in der flimmernden Hitze weit vor uns einen Radfahrer erkennen. Erst denke ich, meine Augen würden mir einen Streich spielen, doch mit jedem Meter, den wir näherkommen, kann ich den Radler besser erkennen. Wer um alles in der Welt tut sich das an? Wie heftig! Das ist zugegebenermaßen noch eine ganze Spur härter als mit dem Motorrad. Als der Fahrer unsere Motoren hört, stoppt er und fängt an, aufgeregt mit den Armen zu winken. Wir sind alle froh, endlich noch mal mit jemandem sprechen zu können, der Ähnliches erlebt und gesehen hat. Er stellt sich uns als Philippe vor. Philippe ist Lehrer und kommt aus Marseille. Das so genannte Sabbatjahr, eine befristete berufliche Auszeit, hat er sich genommen, um einen lang gehegten Traum wahr werden zu lassen und seine persönlichen Grenzen auszuloten. Seit nun schon 20 Wochen ist er auf dem Weg von Frankreich nach Australien. Er schätzt, noch etwa zwei Wochen zu brauchen, bis er Shymkent, sein nächstgrößeres Zwischenziel, erreichen wird. Für die gleiche Strecke haben wir drei Tage einkalkuliert. Fast stündlich habe er mit der Einsamkeit zu kämpfen gehabt und sich dabei so manches Mal gefragt, was das Ganze überhaupt soll. Ein Gefühl, das ich nur zu gut kenne. Wir plaudern noch eine Weile, tauschen E-Mail-Adressen aus und schießen ein paar Erinnerungsfotos. Dann trennen sich unsere Wege wieder.

Während wir uns weiter vorwärtsquälen und ich mich noch über die Begegnung freue, bekomme ich gar nicht mit, dass Alain mir nicht mehr folgt. Mit jeder Sekunde, die ich auf ihn warte, wächst meine Befürchtung, dass etwas passiert sein könnte. Also mache ich kehrt.

Mit über dem Kopf gekreuzten Armen gibt er mir zu verstehen, dass nichts mehr geht. Oh nein! Ich überschlage, was es alles sein könnte, und stelle mich auf das Schlimmste ein. Mir fällt ein Stein vom Herzen, als ich sehe, dass es nur ein platter Reifen ist.

„Okay, runter mit der Pelle. Bock die Karre schon mal auf", schlage ich vor, ziehe meine Protektorenjacke aus und krame das Werkzeug hervor.

„Wie soll ich das denn hinkriegen? Ich hab doch gar keinen Hauptständer."

Wie in Zeitlupe drehe ich mich um und schaue ihn mit ungläubigen Augen an. „Wie, du hast keinen Hauptständer? Jetzt mal im Ernst, wie sollen wir denn dann das Hinterrad ausbauen? Du hast doch zu Hause noch deine Kette gewechselt. Wie um Himmels willen hast du das denn ohne Hauptständer hinbekommen?"

„Ich konnte die Kette zu Hause nicht wechseln."

„Wieso?"

„Weil ich keinen Hauptständer habe. Lass uns einfach einen, ähhhm, Stein nehmen und die Karre daraufheben."

Ich schaue mich um. Weit und breit kein Stein in Sicht, der größer als ein Tennisball wäre. Vielleicht ist es auch sein Glück, denn am liebsten würde ich ihn damit sogleich erschlagen.

Als ich wenig später das Rad ausbaue, muss Alain seine Ténéré gut festhalten, da sie auf dem abmontierten Seitenkoffer sehr wacklig steht. Während wir das Loch im Reifen suchen, werden unsere freien Oberkörper gründlich von der Mittagssonne gegrillt. Der Übeltäter ist schnell gefunden. Ein kaum sichtbarer Dorn, der den Schlauch auf einer winzigen Fläche mehrfach perforiert hat. Nachdem wir den Reifen geflickt und den Koffer wieder montiert haben, setzen wir die Fahrt fort.

Wenn man über längere Zeit im Sattel des Motorrades sitzt und die Eintönigkeit zum größten Feind geworden ist, gehen einem mitunter die unmöglichsten Dinge durch den Kopf. Vermutlich, weil wir eben den Franzosen getroffen haben, lande ich beim Thema Tour de France. Für einen Moment habe ich Bilder einer Alpen-Etappe vor Augen, bei der sich die Fahrer die Serpentinen hinauf zum Gipfel quälen. Dicht auf dicht sind mit weißer Farbe die Namen der Sportler auf die Fahrbahn gepinselt, um so zu noch höheren Leistungen zu animieren. Mir fällt wieder der sympathische Franzose und sein Kampf gegen den inneren Schweinehund ein. Plötzlich habe ich eine Idee. Als wir einige Kilometer später an einem Stück Fahrbahn angelangen, das zumindest über ein paar Meter befahrbare Asphaltdecke verfügt, halte ich an.

„Alain, du hast doch mal gesagt, du hättest eine Dose grauen Lack dabei, mit dem du dein Motorrad unterwegs lackieren wolltest. Brauchst du die noch?"

„Was willst du denn jetzt damit?" antwortet er sichtlich irritiert und zieht den Helm ab. „Ja, die hab ich noch. Kannste gerne haben. Ich weiß zwar nicht, wofür, aber nur zu. Hauptsache Ballast weg."

Nachdem ich die Dose geschüttelt habe, sprühe ich in mannsgroßen Lettern die anfeuernden Worte „Allez Philippe“ auf den Asphalt. Wochen später erhalte ich eine E-Mail von dem Franzosen: „Danke, ich hatte Tränen in den Augen.“

Der Rest des Tages ist wieder so wenig abwechslungsreich, dass es sich nicht lohnen würde, darüber zu berichten. Kilometer um Kilometer quälen wir uns durch das gottverlassene Ödland. Ausgerechnet heute habe ich das Pech und baue meinen ersten Unfall überhaupt. Auf einem kurzen Abschnitt, wo sich seit langem noch einmal die Möglichkeit bietet, auf etwa 70 Stundenkilometer hoch zu beschleunigen, gerate ich aus Unachtsamkeit auf einen etwa 20 Zentimeter hohen Schotterstreifen in der Mitte der Fahrbahn. Alles geht verdammt schnell. Da ich mich bei einer Vollbremsung mit der Vorderradbremse sofort hinlegen würde, verzögere ich nur das Hinterrad. Scheinbar die falsche Reaktion. Im Nu schaukelt sich das Motorrad auf und lässt sich nicht mehr kontrollieren. Mit großer Wucht knalle ich auf die rechte Seite. Mit dem Motorrad auf mir liegend, rutsche ich meterweit über die Fahrbahn. Doch auf meinen Schutzengel ist mal wieder Verlass. Die Protektoren fangen das Gröbste ab, und ich bleibe unverletzt. Besonders den Koffern hab ich es zu verdanken, dass das gesamte Gewicht der Maschine nicht auf mein Bein wirken kann. Vollgepumpt mit Adrenalin wuchte ich die Ténéré wieder hoch und prüfe, ob der Sturz Auswirkungen auf die Fahrtüchtigkeit hatte. Wie durch ein Wunder ist auch mein Motorrad unversehrt geblieben und springt nach mehrmaligen Startversuchen wieder an.

Ohne weitere Scherereien erreichen wir am frühen Abend die Stadt Quandyaghash. Ein wichtiger Punkt auf dem Weg durch die Hungersteppe. Hier teilt sich die Straße in zwei Wege, die beide in der Stadt Aralsk wieder aufeinander treffen. Wir haben nun die Wahl. Entweder wir nehmen die gut 460 Kilometer lange, kürzere Strecke, die keinen Deut besser sein soll als das bisherige Fiasko, oder aber wir entscheiden uns für die angeblich ausgebaute Hauptroute. Diese macht einen weiten Bogen in nördliche Richtung über die Stadt Aqtöbe und misst gut 700 Kilometer. Trotz der bisherigen Erschwernisse entscheiden wir uns für das kürzere, wenn auch härtere Stück. Wir sind der Meinung, dass wir es später bereuen würden, uns dieser Herausforderung nicht gestellt zu haben. Doch wie es manchmal halt so ist, bereut man eine Entscheidung schon kurz nachdem man sie getroffen hat. 70 Kilometer später wird die Strecke zu einer wahren Tortur. Anfangs sind wir froh, als wir sehen, dass neben der alten Straße eine neue Piste aus festgefahrenem Schotter verläuft. Was wir nicht erkennen, sind die vielen kleinen Wellen, die sich wie von Zauberhand in regelmäßigen Abständen über die Straße gelegt haben. Da sind sie also, die bei Auto- und Motorradfahrern so gefürchteten Wellblechpisten. Schon auf den ersten Metern stelle ich fest, dass es vermutlich keine bessere Methode gibt, um sein Fahrzeug zu ruinieren. Jeden Meter rechnen wir fest damit, dass unsere Seitenkoffer aus den Halterungen brechen oder der Rahmen sich verzieht. Bei waghalsigen 80 Stundenkilometern, so finden wir schnell heraus, nehmen die Schwingungen plötzlich ab, und wir können nahezu erschütterungsfrei dahingleiten. Eigentlich die optimale Geschwindigkeit. Das Problem dabei ist nur, dass die vielen Hindernisse auf der Fahrbahn, wie Schlaglöcher oder große Steine, bei diesem hohen Tempo zu einem extremen Sturzrisiko werden.

Wir sind aber nicht die Einzigen, die ihre liebe Not mit der neu gebauten Straße haben. Links und rechts neben der Piste schlängeln sich unzählige Spuren über den Steppenboden. Jede einzelne stammt von einem weiteren verzweifelten Fahrer, der überzeugt davon war, die Ideallinie gefunden zu haben. Doch letztlich ist eine schlechter als die andere. Alle Nase lang müssen wir anhalten, um losgerüttelte Schraubverbindungen festzuziehen und stellen dabei immer wieder fest, dass sich ein neues Teil verabschiedet hat. So büßen wir allein an diesem Morgen einen Kettenschutz, ein Blinkerglas, einen Hitzeschutz am Auspuff, eine Hupe, mehrere Schrauben und eine schlecht befestigte Tasche mit Kettenspray, Sicherungen, Luftfilteröl und Ersatzbremsbelägen ein.

So reihen sich die Tage nahtlos aneinander. Nach 1259 Kilometern in fünf Tagen hat die Materialschlacht endlich ein Ende. Nach und nach werden die Asphaltflicken größer, bis sie schließlich zu einer zusammenhängenden Straßendecke miteinander verschmelzen. Dem Himmel sei Dank. Wir steigen von den Motorrädern und küssen feierlich den schwarzen Asphalt. Die mal gereizte, mal gedrückte Stimmung ist mit einem Schlag verflogen. Im einzigen Laden der nächsten Ortschaft gönnen wir uns zur Feier des Tages je zwei Dosen Bier und frische Zutaten für ein leckeres Abendessen. Das trockene Brot und die Fischkonserven der letzten Tage hängen uns längst zum Halse raus.

Am folgenden Tag wartet ein trauriges Highlight der Reise auf uns – der Aralsee und sein bitteres Schicksal. Das einst viertgrößte Binnenmeer der Welt hat in den letzten vierzig Jahren drei Viertel seines

Wassers verloren, und der Wasserspiegel ist dabei um mehr als 16 Meter gesunken. Begonnen hat diese Tragödie mit dem Befehl Stalins, in den zentralasiatischen Republiken um den See Baumwolle anpflanzen zu lassen. Dabei wurde jedoch nicht bedacht, dass Baumwolle eine der durstigsten Pflanzen überhaupt ist. Um den ungeheuren Wasserbedarf zu decken, wurden in den 60er Jahren die beiden Hauptzuflüsse des Sees, der Syrdarja und der Amurdarya, umgeleitet. So entstand die größte künstliche Bewässerungsanlage der Welt. Wasser kostet nichts, und entsprechend groß war die Verschwendung. Die Folgen für den See wurden mit sinkendem Wasserpegel und zunehmender Versalzung schnell sichtbar, doch die Sowjets verschlossen die Augen vor der sich anbahnenden Tragödie. Befehl ist schließlich Befehl.

Hinzu kommt, dass Baumwolle das landwirtschaftliche Produkt mit dem höchsten Einsatz an Düngemitteln und Insektiziden ist. 25 Prozent des weltweiten Verbrauchs gehen für diese Pflanze drauf. Die aus dem Umgang mit dem Gift resultierenden Folgen für den Menschen sind gravierend. In direkter Nähe zum See, wo die Menschen das schlecht aufbereitete Wasser trinken und häufige Sandstürme die alten Pestizide wieder unters Volk bringen, liegt die durchschnittliche Lebenserwartung lediglich bei 39 Jahren.

Heute geht man davon aus, dass der Aralsee im Jahre 2020 komplett ausgetrocknet und einer riesigen Salzwüste gewichen sein wird. Laut Berichten der UNO die größte von Menschenhand verursachte Umweltkatastrophe des 20. Jahrhunderts.

Wir fahren in die einstige Vorzeigestadt Aralsk, die vor genau 100 Jahren von Eisenbahnpionieren gegründet wurde, die mit dem Bau der Linie Orenburg – Taschkent beauftragt waren. Vom einstigen Glanz vergangener Tage ist allein eine wehmütige Erinnerung geblieben. Die Stadt verkommt zusehends. Touristen, die früher in Scharen hierher kamen, sind rar geworden. Die paar wenigen, die sich wie wir dennoch in das Kaff verirren, suchen den See vergeblich. Die Uferlinie hat sich inzwischen um sage und schreibe 150 Kilometer verschoben, und die zahlreichen Fischerboote von teils beeindruckender Größe verrotten langsam auf dem weißen, salzhaltigen Boden. Der Großteil der Einwohner dieser einst so bevölkerungsreichen Stadt ist entweder umgesiedelt oder fristet ein verarmtes Dasein. Seufzend sprechen die alten Fischer noch von jenen goldenen Zeiten, als hier noch eine stattliche

Fangflotte vor Anker lag und alljährlich 50.000 Tonnen Fisch in der Stadt verarbeitet wurden.

Zum Glück gibt es Pläne, dem See durch den Bau eines Staudamms so viel Wasser zuzuführen, dass der Pegel allmählich wieder steigt. Die Umsetzung des Mammutprojekts bedarf jedoch politischer Entscheidungen, die den verantwortlichen Regierungschefs nur schwer abzuringen sind. Wird man sich nicht einig, sieht es düster aus.

Wir lassen die Stadt Aralsk hinter uns. An einem kleinen Nebensee, der etwa 200 Kilometer südlich unmittelbar an die Straße grenzt, legen wir eine lange Pause ein. Wir schliddern eine weißsandige Böschung hinab und stellen unsere Motorräder direkt am Ufer ab. Sofort reiße ich mir meine Klamotten vom Leib und mache einen Hechtsprung in das türkisblaue Wasser. Endlich! Nach fast einer Woche ohne nennenswerte Körperhygiene ist es eine Wohltat, sich wieder gründlich waschen und rasieren zu können. Eine Weile relaxen wir noch und lassen die frisch gereinigten Klamotten trocknen, bevor wir wieder aufbrechen. Bei 44 Grad im Schatten, sprich gefühlten 60 Grad in der prallen Sonne, ist es bereits so heiß, dass wir Jacke und Handschuhe mit Gummibändern auf der Gepäckrolle verzurrt haben.

Es gilt, weitere 300 Kilometer gnadenloser Hitze hinter uns zu bringen, ehe wir mit dem Kosmodrom von Baikonur eine weitere Attraktion des Landes erreichen. Auf dem Weg dorthin kommt es zu einer Begegnung, die mir vor Augen führt, wie großartig und selbstlos die Menschen des Landes doch sind. Während wir am Straßenrand stehen und die Karte studieren, hält neben uns ein Lkw. Der Fahrer, ein kleiner gedrungener Kerl mit lockigem Haar, klettert aus seiner Fahrerkabine und kommt freundlich lächelnd auf uns zu. Was folgt, kann ich nur als kürzeste Konversation der bisherigen Reise beschreiben. In einer Mischung aus Englisch, Deutsch und Russisch, in erster Linie aber mit Händen und Füßen, spielt sich die Unterhaltung etwa wie folgt ab:

Er: „Hallo!“

Ich: „Hi!“

Er: „Wo übernachtet ihr eigentlich?“

Ich: „Im Zelt. Wieso?“

Er: „So kann man nicht gut schlafen.“

Ich: „Hmm?“

Er macht auf den Hacken kehrt und schlurft zurück zu seinem Lkw. Dabei legt die heruntergerutschte Ballonseidenhose sein haariges Maurerdekollete frei. Zielstrebig steuert er die Staufächer des Zwanzig-Tonners an, nimmt etwas heraus und kommt zurück.

Er: „Hier, trinkt das! Dann könnt ihr gut schlafen."

Wie selbstverständlich stellt er zwei Wodkaflaschen auf den Seitenkoffer meiner Karre. Dann schüttelt er meine Hand, wünscht uns alles Gute und schwingt sich wieder in seinen Truck. Sprachlos blicke ich ihm hinterher, wie er hupend in der flimmernden Ferne verschwindet.

Wir treffen in der Stadt Baikonur ein. Dem Weltraumbahnhof, gut 20 Kilometer nördlich gelegen, hat es die Region im Süden Kasachstans zu verdanken, hin und wieder mal im Blickfeld des internationalen Interesses zu stehen. Hier begann mit dem Test der ersten interkontinentalen Langstreckenrakete im Jahre 1955 und dem Start von Sputnik 1 zwei Jahre später der Aufstieg zum größten Raketenstartplatz der Welt. Über Jahrzehnte unterlag der Ort strengster Geheimhaltung, und der Zugang war Normalsterblichen unter Androhung drastischer Strafen untersagt.

Am 12. April 1961 startete von hier der Düsenjetpilot Juri Gagarin als erster Mensch überhaupt in die Erdumlaufbahn. Auf genau jenen Tag geht eine Tradition zurück, die bis heute von allen Kosmonauten gepflegt wird: Weil der junge Juri sich damals vor Aufregung beinahe in die Hose machte, als er sich seiner Rakete näherte, leerte er kurz vor der Abschussrampe noch einmal seine Blase. Noch heute halten sämtliche russischen Raumfahrerbesatzungen kurz vor den Shuttles an, um an den Reifen der Busse Wasser zu lassen. Eine sehr sympathische Art von Aberglaube, wie ich finde.

Etliche verfallene Plattenbauten erinnern noch immer an die besten Tage des Kosmodroms, als 150.000 Soldaten hier stationiert waren. Ich habe mich vor der Abfahrt erkundigt, ob es möglich ist, das Gelände zu besichtigen, um selbst ein wenig Raumfahreratmosphäre zu schnuppern – Fehlanzeige. Lediglich den Bereich um den eigentlichen Kern der Anlage kann man sich gegen Zahlung eines exorbitanten Eintrittsgeldes und Einhaltung strengster Sicherheitsauflagen anschauen. Unsere Erlebnisse in Baikonur beschränken sich also darauf, außer ein paar breiten Straßen, einem verwitterten Schild mit einer Rakete darauf und verlassenen Kasernengebäuden rein gar nichts gesehen zu haben – schade.

Nach schweißtreibenden 400 Kilometern durch den zentralasiatischen Backofen erreichen wir die Stadt Kyzylorda, mit 160.000 Einwohnern, großen Tankstellen und Supermärkten das, was man endlich noch einmal als eine richtige Stadt bezeichnen kann. Lange genug haben wir darauf gewartet. Wir wollen schauen, ob es eine geeignete Unterkunft und vor allem auch ein Internetcafé gibt, um dann zu entscheiden, ob wir bleiben oder nicht. Bedingt durch die vielen Ölfirmen, die sich in der Umgebung niedergelassen haben, sollen die Übernachtungspreise in den letzten paar Jahren enorm gestiegen sein.

Das Erste, was wir zu Gesicht bekommen, als wir in die wenig reizvolle Stadt hineinfahren, ist ein Polizeiwagen, der weithin sichtbar Stellung auf einer Verkehrsinsel bezogen hat. Als die beiden hellblau Uniformierten uns sehen, bläst einer von ihnen angestrengt in seine Trillerpfeife und gibt uns mit dem Schlagstock ein Zeichen, anzuhalten. Ihr hinterlistiges Grinsen und die forsche Art, mit der sie uns auffordern, die Ausweise zu zücken, machen mir sofort klar, dass sie ein harter Brocken werden und nicht auf netten Smalltalk aus sind. Sicherheitshalber händigen wir ihnen nur die Farbkopien unserer internationalen Führer- und Fahrzeugscheine aus, die sie notfalls behalten können. Allem Anschein nach können sie nichts mit den Papieren anfangen. Es muss also ein anderer Grund her, um uns eine Strafe aufs Auge zu drücken. Auf Kasachisch sprechen sie sich vermutlich wie folgt ab:

Dicker Bulle: „Ich kann die Dinger hier nicht lesen. Die zwei scheinen aber aus Deutschland zu kommen. Wirf du mal einen Blick darauf, und tu so, als sei etwas faul.“

Dünner Bulle: „Zeig mal her. Hmm, mal sehen.“

Scheinbar ratlos schauen sie sich an, während einer der beiden seinen verschwitzten Kopf kratzt, auf dem die Dienstmütze schon tief in den Nacken gerutscht ist.

Dicker Bulle: „Ich hab ne bessere Idee. Lass uns den beiden verklickern, sie seien zu schnell gefahren. Das klappt immer. Mir geht sowieso das dämliche Grinsen von dem Typen mit den Ohrringen auf den Sack. Wäre doch gelacht, wenn wir denen keine Kohle abknöpfen könnten.“

Dünner Bulle: „Super Idee! Du weißt ja, meine Frau hat nächste Woche Geburtstag – da kann ich jeden Tenge gut gebrauchen.“

Wie bei allen anderen Kontrollen habe ich mal wieder mein charmantestes Lächeln aufgesetzt und weigere mich hartnäckig, die Ordnungsmacht zu verstehen. Doch scheinbar sind sie mit viel Zeit und Geduld gesegnet. Als sie nach einer Weile immer noch um uns herumscharwenzeln, hole ich eine der beiden Wodkaflaschen aus dem Tankrucksack. Vielleicht lassen sie sich ja auf diese Art bestechen.

Dicker Bulle: „Hey, schau mal! Der hat noch was zu trinken in der Tasche. Unsere Spätschicht ist gerettet. Da können wir gleich schön zum Stadtrand fahren und uns einen löten."

Dünner Bulle: „Besser als nichts. Aber ich bin sicher, da geht noch was!"

Erst tun sie so, als ob sie den Alkohol nicht annehmen dürften, doch dann verschwindet der Schnaps mit einem Augenzwinkern in ihrem Kofferraum. Damit nicht genug. Mit geschickten Fingern zieht mir einer der beiden meine Sonnenbrille aus der Jackentasche, setzt sie sich auf und schaut seinen Kollegen an, der strahlend seinen Daumen hebt. Als ich die Brille schon fast verloren glaube, hält hinter uns ein fetter Wagen an.

„Mensch, wo kommt ihr denn her?" ruft eine deutsche Männerstimme mit westfälischem Akzent aus dem offenen Beifahrerfenster. Zwei Landsmänner entsteigen dem Wagen und sind sichtlich überrascht, zwei Motorradfahrern mit Kölner Nummernschildern zu begegnen.

Dünner Bulle: „Pass auf. Gib ihm die Brille zurück, da kommt wieder ein Wagen der Ölfirma. Mit denen dürfen wir es uns nicht verscherzen."

„Gibt's Probleme?" fragt einer der Deutschen.

„Ich glaube, wir sind zu schnell gefahren", antworte ich in der Annahme, die Kontrolle noch nicht überstanden zu haben.

„Denen fällt aber auch nichts Neues ein."

Die Polizisten nehmen plötzlich Haltung an, richten ihre Uniform und tun so, als sei nichts gewesen. Meine Sonnenbrille, die ich während der Fahrt stets trage, wandert unauffällig zurück in meine Jackentasche. Wir plaudern einen Moment und erwähnen nicht ganz ohne Hintergedanken, dass wir auf der Suche nach einer Bleibe sind.

„Das wird schwierig in der Stadt – zumindest wenn ihr die Motorräder sicher unterstellen wollt. Fahrt uns hinterher! Ihr könnt bei uns in der Firma übernachten."

Ein solch gutes Angebot schlagen wir natürlich nicht aus, zumal so die nervtötende Suche nach einem Hotel entfällt.

„Was ist mit den Uniformträgern hier?“ rufe ich ihnen hinterher, als sie wieder zurück zu ihrem Wagen schreiten.

„Ach, das passt schon. Die bekommen von unserem Arbeitgeber schon genug zugesteckt.“

Derselben Meinung scheinen auch die beiden Polizisten zu sein. Kommentarlos bekommen wir die Papiere zurück und dürfen weiterfahren.

Schon nach etwa drei Kilometern biegen wir von der Straße ab und fahren auf ein mit Stacheldraht umzäuntes Gelände. An einem Kontrollposten, der mit schwer bewaffneten Sicherheitsleuten besetzt ist, halten wir an. Erst kommt es zu einer Diskussion, da wir keine Zugangsberechtigung haben und die Wächter ihren Job sehr ernst nehmen. Doch dieses Problem ist nach einem kurzen Telefonat aus der Welt geschafft, und wir dürfen die Anlage des Energiekonzerns befahren. Die noch sehr neue Bungalowanlage ist in einem bemerkenswert gepflegten Zustand. Bunte Blumen blühen, und Wassersprenkler verteilen gar verschwenderisch das dafür erforderliche Nass. Im Hintergrund kann ich einen Golfplatz erkennen, auf dessen frisch gemähtem Grün zwei weiß gekleidete Golfer ihren Abschlag trainieren. Ein Ausmaß der Verschwendung, der nach all den hinter uns liegenden Kilometern durch die dürre Steppe schwer zu rechtfertigen scheint. Doch es macht deutlich, was für ein immenses Kapital im Erdreich verborgen liegt.

Unsere neuen Gastgeber, Jo und Andi, sind im Auftrag eines großen deutschen Energieversorgers in die Zentrale der kasachischen Tochterfirma abkommandiert, um einen großen Öl-Deal über die Bühne zu bringen. Sie berichten uns von dem Reichtum, der über das Land hereingebrochen ist. Schon bald sind auch ihre Kollegen da, und wir werden freudig begrüßt. Man besteht darauf, dass wir heute ihre Gäste sind. Bevor wir uns daran machen, unsere Motorräder zu entladen, werden wir in die Kantine eingeladen. Ein Ausflug ins Schlaraffenland. Jo gibt den Startschuss am Buffet, denn scheinbar ist es nicht zu übersehen, mit welcher Gier wir auf die Vielzahl unterschiedlicher Gerichte starren.

„Ihr habt doch sicher Hunger! Schlagt zu. Esst und trinkt, so viel ihr wollt!“

Mit animalischer Fresslust machen wir uns über Bratenfleisch, Kartoffelsalat und Knackwürstchen her und kippen dazu literweise Cola, Fanta und Apfelschorle in uns hinein. Mit einem lauten Rülpser beenden wir das Mahl, und ich lasse der Küchenbesatzung ausrichten, wie sehr ich ihre Kochkünste zu schätzen weiß. Freudestrahlend bekommen wir unser Quartier für die Nacht zugewiesen. Selbst im besten Hotel der Stadt hätten wir es nicht besser treffen können: ein weiß getünchter Bungalow mit geräumigen Zimmern und ausgesuchtem Interieur. Im Mittelpunkt unseres Interesses steht, nach den Nächten auf dem harten Steppenboden, natürlich erst einmal das Schlafzimmer. Das riesige Bett ist mit gestärkten Leinen bezogen, und auf den Fensterbänken stehen Vasen mit frischen Schnittblumen. Mit dem Satelliten-Telefon, das auf dem Nachttisch steht, können wir sogar kostenlos nach Deutschland telefonieren.

Als kühles Wasser aus dem Duschkopf auf mich niederprasselt und mir der Duft von parfümiertem Duschgel in die Nase steigt, wird mir bewusst, was für ein Privileg es ist, in diesen Gefilden unter einer Dusche stehen zu können. Zu Hause weiß man es ja gar nicht oft genug zu schätzen, dass es zu jeder Tages- und Nachtzeit möglich ist, einfach nur den Hahn aufzudrehen, um ein Eins-a-Trinkwasser zu bekommen. Das Reinigungsritual beende ich erst, als Alains ungeduldiges Rütteln an der Tür verklungen ist und meine Fingerkuppen aussehen wie schrumpelige Sultaninen. Nach der Dusche bin ich wie ausgewechselt. Mit all dem Dreck, Staub, Schweiß und Ölschmiere hat sich auch meine Müdigkeit in den Abfluss verabschiedet. Ungewohnt wohlriechend nehmen wir an einem Barbecue teil, das die Mitarbeiter des Betriebes extra für uns organisiert haben. Bis tief in die Nacht sitzen wir zusammen und erzählen. Wie sehr die Tatsache, aus dem gleichen Land zu kommen, doch verbinden kann. Jeder von uns ist sichtlich froh, Landsmänner getroffen zu haben. Nach einem rundum gelungenen Tag gehen wir satt wie schon seit Wochen nicht mehr zu Bett und schlafen weich gebettet ein.

Als am Morgen darauf der Wecker klingelt, schaffen wir es nur zähneknirschend, uns aus den Federn zu quälen. Eigentlich hatten wir uns mit unseren Gastgebern um neun Uhr zum Frühstück in der Betriebsküche verabredet, doch als wir dort aufschlagen, stehen wir mutterseelenallein im Saal. Selbst die Küchenbesatzung ist ausgeflogen, und die Rollläden der Essensausgabe sind heruntergelassen. Merkwürdig, zeigen unsere Uhren doch an, dass wir auf die Minute pünktlich sind. Erst beim Blick auf die Kantinenuhr geht mir ein Licht auf – die unterschiedlichen Zeitzonen sind der Grund. Seit Astrachan haben wir unsere Uhren nicht mehr umgestellt, und die Zeit ist uns um zwei weitere Stunden davongeeilt. Somit sind wir Deutschland nun schon vier Stunden voraus.

Wir gehen in den Bürokomplex der Anlage, um uns zu verabschieden und uns für die Gastfreundschaft zu bedanken. Als wir zum Abschied die vielen Hände schütteln, kehrt für einen Moment eine willkommene Ruhe in den Laden ein und die Telefone klingeln, ohne dass sich jemand darum schert. Wir bekommen noch ein paar hilfreiche Adressen von Personen mit an die Hand, die wir in Notfällen kontaktieren sollen. Dann geht es auch schon weiter, und sie können sich wieder ihrer Arbeit widmen. Selbst die gestern noch so grimmigen Sicherheitsleute mit den untergehängten Kalaschnikows winken, als wir die gut gesicherte Anlage hinter uns lassen.

Das Staubfressen ist zumindest fürs Erste vorbei, und wir sagen Lebewohl zu der nur bedingt reizvollen Leere der kasachischen Steppe. Die trockenen Abschnitte werden immer häufiger von feuchten Senken und Bächen durchzogen. Das Land ist fortan wieder fruchtbarer und grüner. Aprikosen- und Apfelbäume, Tabakpflanzen, ja sogar Weinreben gedeihen. Beiderseits der Straße plätschern Bewässerungsgräben, in denen Vögel zwischen verschlungenen Wasserpflanzen ihre Lieder trällern. Ihr Gezwitscher ist nach der Stille in der Steppe wie Musik in unseren Ohren. An einer Stelle, wo man problemlos an die Äste eines Apfelbaums herankommen kann, halte ich an und packe mir den Tankrucksack voll mit dem leckeren Obst.

In der Stadt Turkestan machen wir einen Zwischenstopp, bevor wir unser heutiges Ziel erreichen. Eines der bedeutendsten Bauwerke Kasachstans wurde hier vor gut 700 Jahren erbaut – die Grabmoschee des Hodscha Sufi Ahmad Jassawi, ein riesiges, reich mit Ornamenten verziertes Gebäude mit türkisfarbenen Kuppeldächern. Der Ort ist gleichzeitig eine der wichtigsten Pilgerstätten der zentralasiatischen Moslems. Ein Spruch besagt, dass drei Pilgerfahrten nach Turkestan einer Wallfahrt nach Mekka oder Medina gleichkommen.

Wir sind erleichtert, dass die Straßen immer besser werden. Über längere Abschnitte können wir wieder die Gänge hochschalten und Stoff geben. Endlich wird die schweißnasse Haut wieder vom Fahrtwind gekühlt, und das Vorwärtskommen stellt keine Qual mehr dar. Die Motoren schnurren, die Temperaturen sind vergleichsweise mild und die Straße beinahe tadellos. Einfach alles ist perfekt. Wir passieren das erste richtige Hinweisschild seit mehr als 2000 Kilometern: Tashkent

180 Kilometer – Schymkent 100 Kilometer. Nur noch wenige Augenblicke, bis wir zum ersten Mal die legendäre Seidenstraße passieren werden.

Die schneebedeckten Berge des Himmelsgebirges

Schymkent, die südlichste Stadt des Landes, an der Grenze zu Usbekistan, blickt auf eine 800jährige Geschichte zurück. Sie wurde einst von Händlern der Seidenstraße als Karawanserei gegründet. Hier wurden Waren umgeschlagen, Rast gemacht, und die Kamele konnten sich den nötigen Wasservorrat für die Weiterreise ansaufen. Das geschäftige Treiben erwartet uns schon etliche Kilometer vor dem eigentlichen Zentrum der Stadt. Ein Hauch von Orient liegt in der Luft. Eine Mischung aus dem Duft exotischer Gewürze und Speisen aber auch der Gestank des Unrats, der sich an manchen Ecken in den Gossen stapelt, steigt in unsere Nasen. Der Blechlawine folgend, bahnen wir uns auf breiten Alleen einen Weg in die Innenstadt, vorbei an grünen Parks und lebendigen Basaren.

Die Suche nach einer Bleibe gestaltet sich mit dem Motorrad, wie in jeder anderen Stadt, mal wieder als äußerst schwierig. Zwar ist das Angebot an Hotels recht groß, doch die überwiegende Mehrzahl der für unseren Geldbeutel in Frage kommenden Absteigen bietet entweder keine Unterstellmöglichkeit für unsere Zweiräder an, oder aber die Preise sind derart unverschämt, dass wir nur noch mit dem Kopf schütteln können. Man nehme den Charme einer Bahnhofsmission und mixe ihn mit den Preisen des Kempinski-Hotels – fertig ist das typische Hotel in einer ehemals sowjetischen Großstadt. Im Anschluss an eine Irrfahrt durch die Stadt, die mittlerweile schon dazugehört, werden wir dennoch fündig. Nachdem Alain den Zimmerpreis von 80 auf 30 Dollar runtergehandelt hat, stellen wir unsere staubigen Karren im Hinterhof des Hotels Ordabasy ab. Dank Murphys Gesetz sind die Zimmer, in die wir das ganze Gepäck schleppen müssen, wie immer im obersten Stockwerk gelegen, und der Aufzug wird gerade repariert. Im Eingangsbereich, wo sich auch die ständig unbesetzte Rezeption befindet, flimmert in sagenhafter Lautstärke eine russische Seifenoper über den Hotelfernseher, der die langen Flure des Hauses mit Leben erfüllt. Wie in fast allen Hotels, die wir auf der bisherigen Reise betreten haben, lümmelt sich auch hier ein Schwung Nutten in der halbkreisförmigen Ledergarnitur rum. Es ist uns nicht entgangen, dass dem männlichen Gast bei der Suche nach käuflicher Liebe ein wenig unter die Arme gegriffen wird. Der erste Blick lässt jedoch selbst den Laien erkennen, dass die Damen wahrlich kein Gütesiegel tragen.

Wir werden offensichtlich missverstanden, als wir den Fehler machen, sie ohne irgendeinen Anflug eines Hintergedankens freundlich zu grüßen. Denn als wir schließlich unser Zimmer bezogen haben, erleben wir, wie die Gewerblerinnen mit äußerst hartnäckigen Methoden versuchen, ihren Verkehr zu regeln. In regelmäßigen Abständen klopft es an der Zimmertür, und die Damen werden der Reihe nach vorstellig. Mit tiefem Dekolleté und Hüftbewegungen, als hätten sie Juckpulver im Schlüpfer, versuchen sie vergeblich, uns gefügig zu machen. Kaum haben wir die ganze Mannschaft erfolgreich abgewimmelt, bimmelt auch schon das Telefon, und eine rauchige Stimme haucht mir etwas ins Ohr, von dem ich nur „Massage“ und „Ficki-ficki“ verstehe. Die psychologische Vorgehensweise beginnt die gewünschte Wirkung zu zeigen. Wir ertappen uns beide dabei, zu denken: „Na ja, sooo schlecht sehen sie ja nun doch nicht aus.“ Nach vielen Wochen der Entbehrung und mit Alains schlimmen Füßen auf engstem Raum in einem Zelt eine harte Probe. Obwohl wir uns wie zwei Cowboys vorkommen, die nach langen Tagen in der Prärie einen Saloon betreten, siegt die Disziplin gegen unsere verrückt spielenden Hormone. Anstatt uns zu vergnügen, teilen wir uns ein spartanisches Zimmer und verbringen die Nacht gemeinsam in einem durchgenudelten Doppelbett. Das Leben kann einem manchmal echt übel mitspielen.

Unser Hotel ist strategisch günstig an der belebten Hauptstraße mitten im Zentrum gelegen. Genau gegenüber, auf einem riesigen Sockel montiert, steht ein alter MIG-Kampfjet. Ein Denkmal, das daran erinnern soll, dass hier in Schymkent die Kampfpiloten des Zweiten Weltkrieges ausgebildet wurden. Auch die übrigen Sehenswürdigkeiten sind nur einen Steinwurf entfernt gelegen.

Beeinflusst von unseren müden Knochen, die geradezu nach einer Auszeit schreien, beschließen wir, länger als nur eine Nacht in der Stadt zu bleiben, nicht zuletzt, weil der orientalische Charme der Metropole, gemixt mit fortschrittlicher Technik in den Internetcafés, dazu einlädt, alles in Ruhe zu entdecken und die Lieben daheim mit Informationen zu versorgen.

Die Zeit, die wir nicht mit unseren Zweirädern beschäftigt sind, verbringen wir einfach damit, lange zu schlafen und durch die bunten Straßen zu streunen, um in den fremdartigen Düften all der exotischen Waren zu schwelgen. Allein die verwinkelten und schattigen Gassen des zentralen Basars machen einen Besuch zu einem einmaligen Erlebnis. Übersichtlich in verschiedene Bereiche unterteilt, bietet er Platz für die unterschiedlichsten Zünfte. Schuster, Hutmacher, Schreiner, Eisenwarenhändler und Gewürzmischer, alle haben sie ihre eigenen Ecken und Nischen, die man auch mit verbundenen Augen ohne Mühe voneinander unterscheiden könnte. Schon seit jeher sind Orte wie dieser das pulsierende Herz der alten Seidenstraße.

Wir lassen es ruhig angehen und versuchen, uns mit der traditionell kasachischen Küche anzufreunden. Die Pferde- und Hammelfleischgerichte entstammen der Nomadenkultur, bestechen durch ihren Kalorienreichtum und kommen nahezu ohne Gewürze aus. Nicht ohne Grund sucht man kasachische Restaurants in Deutschland vergebens. Die Speisekarte ist einfach nicht mit dem verwöhnten europäischen Gaumen kompatibel. Gekochte Schafköpfe und in Scheiben servierte Pferdepenisse wären für einen Mitteleuropäer einfach kein Anlass, um einen Tisch zu reservieren. Auch die Nationalgetränke Kumis (gegorene Stutenmilch) und Schuwat (gegorene Kamelmilch), die geruchlich an eine Bahnhofsunterführung im Sommer erinnern, würden sicher keine Begeisterungsstürme auslösen. Ich denke, dass ich den Speisen anderer Völker eigentlich aufgeschlossen gegenüber stehe, doch hier muss ich passen und ziehe respektvoll den Hut vor all denen, die die Nomadenküche als schmackhaft erleben.

Auf keines unserer Ziele habe ich mich so gefreut wie auf Kirgistan – mein persönliches Highlight der Reise. Ich kann es kaum erwarten, die schneebedeckten Siebentausender des Tian-Shan-Gebirges am Horizont zu erblicken. Bei der Planung dieser Reise waren es genau diese Berge, die meine Fantasie am stärksten beflügelten und meinen Drang in die Ferne zusätzlich anheizten. Kristallklare Bergseen, umgeben von den im ewigen Eis liegenden Berggipfeln. Inmitten dieser Kulisse das Zelt aufstellen – bei der Planung ein für mich fast unerreichbares Ziel. Dass dieser Traum sich nun endlich erfüllt, löst höchste Glücksgefühle bei mir aus.

Die Tage des Müßiggangs vergehen wie im Flug. Ein feiner Dunstschleier liegt am frühen Morgen des dritten Tages über der Stadt, als wir den Aufbruch vorbereiten. Nachdem ich im Hotel unauffällig die Betttücher zur Kettenpflege konfisziert habe, sagen wir Lebewohl und nehmen Kurs in südliche Richtung. Schon bald rollen die Räder wieder auf Asphalt, und wir folgen der Seidenstraße durchs Siebenstromland in Richtung Taras, einer über 2000 Jahre alten Karawanenstadt. Dort wollen wir die Hauptroute verlassen und einen kleinen Grenzübergang abseits des Hauptverkehrsweges ansteuern. Wir spulen die Kilometer fleißig ab, und ich merke, wie Glückshormone im Überfluss durch meine Adern jagen. Die drei Tage Rast waren eine Wohltat und haben äußerst positiv auf uns gewirkt. Das Motorradfahren macht endlich wieder richtig Spaß, und ich will in diesem Moment mit nichts und niemandem tauschen. Ich genieße jeden Meter, jede Kurve, und es kommt mir vor, als hätte ich nie etwas anderes gemacht, als mit dem Motorrad auf Reisen zu sein. Unser Unterfangen, China auf dem Landweg zu erreichen, ist längst mehr als nur ein Urlaub geworden. Wir fahren um die halbe Welt, leben einfach in den Tag hinein und sorgen uns höchstens darum, was der nächste uns wohl bringen mag. Alles Negative, was jetzt in meiner Post liegen könnte, und auch alle Fragen, die meine berufliche Zukunft betreffen, sind mir so egal, wie mir selten etwas egal gewesen ist.

Nach und nach klart der Himmel auf und gewährt uns eine grandiose Fernsicht. Dann, hinter einer lang gezogenen Kurve, ist es endlich soweit, und vor uns breitet sich die majestätische Kette des Tian-Shan-Gebirges aus. Ein Panorama von erhabener Schönheit, das mir den Atem raubt. Was in diesem Moment genau in mir passiert, kann ich nicht treffend in Worte fassen. Mein Hals schnürt sich plötzlich zu, und mit einem Mal ist die Anspannung der letzten Wochen wie weggeblasen. Wir haben es geschafft, mitten ins Herz dieses Kontinents zu fahren. Wieder stelle ich mich auf die Fußrasten und schreie so laut ich kann in die glasklare Morgenluft: „Jaaaaaaa!! Jaaaaaa!! Verdammte Scheiße, wir haben es tatsächlich gepackt!“ Ich fange wie ein Wahnsinniger an zu lachen, wobei mir gleichzeitig Tränen der Freude die Wangen runterrollen. Es ist ohne Zweifel der emotionalste und tief gehendste Moment dieser Reise, der alle bisherigen Mühen vergessen macht. Es kommt mir so vor, als hätten wir jetzt schon unser Ziel erreicht, und ich betrachte alles, was jetzt noch folgt, als Bonusmaterial.

Der nachfolgende Grenzübertritt ist wieder von enormem Anekdotenwert. Inzwischen freue ich mich fast schon auf das ewig gleich ablaufende Spiel mit den Beamten. Als sich unsere Nationalität bei den kasachischen Zöllnern rumgesprochen hat, tritt einer der Uniformierten vor mich und stellt sich mit zackigem Gruß vor. Freundlich, aber bestimmt werde ich gebeten, ihm hinter das Abfertigungsgebäude zu folgen. Scheiße! denke ich, Was will der denn jetzt von mir? Doch sowie wir aus dem Blickfeld seiner Untergebenen verschwunden sind, legt er all seinen Diensteifer ab und schreitet gut gelaunt zu seinem geparkten Pkw. Ein dunkelblauer 5er BMW mit Heckspoiler und großflächigem „BMW-Power"-Aufkleber jenseits des guten Geschmacks. Anhand einzelner Wortfetzen vermute ich, dass er von mir wissen möchte, wie hoch sein Wagen im Herkunftsland gehandelt wird. Innerlich reibe ich mir die Hände und muss schmunzeln. Na warte, Freundchen, jetzt ist Zahltag für alles, was eure Zunft mich an Zeit und Nerven gekostet hat.

Zuerst lasse ich ihn die Motorhaube der gut 15 Jahre alten Karre öffnen. Er kann natürlich nicht wissen, dass ich genau genommen keinen blassen Schimmer von dem Wert eines Pkw habe und sich mein bescheidenes Halbwissen ausschließlich auf Motorräder beschränkt. Mit gekonnten Griffen, wie ich sie in den Gebrauchtwagen-Dokus auf Pro7 gesehen habe, nehme ich mir den Wagen vor. Als ich mit fachmännischem Blick unter dem Wagen hervorgekrochen komme und ein paar Mal den Motor habe aufheulen lassen, nicke ich anerkennend und lasse mir sein Handy geben. Er schaut mich erwartungsvoll an, als ich eine Zahl eintippe. 14.500 Dollar! Rumms, das hat gesessen. Mit entgleisten Gesichtszügen fängt er an zu rechnen. Die der Landeswährung entsprechende Summe, die nun durch seinen Kopf geistert, sprengt vermutlich sein Vorstellungsvermögen. Als ich abschließend auf seine Frage lüge, wie lange man mit dem Wagen denn nach Deutschland bräuchte, kann ich richtiggehend hören, wie sein Gehirn auf selten geforderte Volllast hochgefahren wird. Wahrscheinlich verplant er gerade seinen Jahresurlaub. Wieder vor dem Gebäude angekommen, bricht, ausgelöst durch seine neuen Erkenntnisse, ein aufgeregtes Tohuwabohu aus. Die eigentliche Aufgabe, die Landesgrenze zu sichern, ist schnell vergessen, und so wandern die bei der Einreise sorgsam erstellten Zolldokumente unauffällig als Souvenir in meine Hosentasche. Bis bald, Kasachstan!

Die nächste Runde auf kirgisischer Seite geht hingegen wieder an die Beamten. Ihr unglaublich hartnäckiges Spiel auf Zeit macht uns den Weg erst frei, als wir nicht länger vor dem Gebäude in der Sonne schmoren wollen und entnervt einwilligen, die fünf Dollar Bearbeitungsgebühr zu zahlen.

Zunächst führt uns die Straße knapp 200 Kilometer durch das fruchtbare Talas-Tal, entlang des gleichnamigen Flusses, vorbei an bewässerten Obst- und Gemüseplantagen, bis wir den gewaltigen Damm des Kirovskaja-Stausees passieren. Ein übergroßes Konterfei Lenins ist hier in den Fels gehauen. Obwohl es von der Größe her fast an die amerikanischen Präsidentenköpfe von Mount Rushmore in den USA erinnert, ist es nichts weiter als ein unbedeutendes Überbleibsel aus der Sowjetzeit.

Nach etwa 100 Kilometern haben wir das Tal hinter uns gelassen, und es geht hinauf ins Himmelsgebirge, wie die Bedeutung des Tian-Shan-Gebirges in der chinesischen Sprache lautet. Mit seinen bis zu 7439 Meter hohen Gipfeln erstreckt es sich auf einer Länge von 2.500 Kilometern bis hinter die chinesische Grenze. Viele bedrohte Tierarten wie Braunbären, Rotwölfe und Schneeleoparden leben verborgen in den unzugänglichen Wäldern und Felslandschaften dieser Region.

Die zusehends schmaler werdende Straße wird nach einer Weile von einem Schotterweg abgelöst. Zunächst gemächlich ansteigend, schlängelt er sich in immer steiler werdenden Kehren zum Omjok-Pass hinauf. Die durch die dünne Luft bedingte Leistungsabnahme des Motors und ein leichtes Knacken in den Ohren, deuten nach einer Weile daraufhin, dass wir uns auf einer Höhe von schon deutlich über 2000 Metern befinden müssen. Ein Blick auf meinen Höhenmesser bestätigt die Vermutung: 2940 Meter – höher, als ich jemals mit dem Motorrad gefahren bin und gleichzeitig eine erhebliche Umstellung für den Körper. In der Hungersteppe lagen große Landteile noch bis zu 130 Meter unterhalb des Meeresspiegels. Ich hatte befürchtet, dass der Motor, befeuert mit dem minderwertigen Benzin, in der dünnen Höhenluft Schwierigkeiten bekommen könnte. Doch er läuft zuverlässig, wenn auch ein wenig kraftlos, und bringt uns stetig voran.

Ab etwa 3000 Metern Höhe verabschiedet sich jegliche Form von Vegetation, und die Bergwelt wird zunehmend karger. Beiderseits der Straße finden sich nur noch Geröll- und Schneefelder. Die tief stehende Sonne ist hinter den nahen Gipfeln verschwunden und die Temperatur schlagartig auf einstellige Werte gesunken. Meine Finger sind steif vor Kälte, als wir den 3340 Meter hohen Pass wieder hinunterfahren. Wenige hundert Meter unterhalb der Passhöhe halten wir an, da sich eine Vielzahl unwiderstehlicher Plätze zum Campieren anbietet. Auch wenn es weiter unten im Tal sicherlich wärmer wäre, kommen wir beide überein, hier in dieser Höhe die Nacht zu verbringen. Wir fahren eine etwa 50 Meter lange Böschung hinab und halten neben einem Gebirgsbach an. In unmittelbarer Nähe zu unserem Nachtlager fallen mir riesige Edelweißteppiche auf. Beim Anblick der silbergrauen Blumen könnte man meinen, sie seien mit Zuckerwatte überzogen. Die in Deutschland unter Artenschutz stehenden Blumen gedeihen hier in einer solchen Vielzahl, dass man sie pflücken könnte, nur um sich damit die Unterlage des Zeltes ein wenig weicher zu machen.

Das Zelt ist schnell aufgebaut. Den Eingang gen Osten gerichtet, werden wir morgen in den Schlafsäcken liegend beobachten, wie sich die Sonne hinter den Bergen blicken lässt. Auch wenn wir davon ausgehen, dass die Temperaturen heute Nacht tief in den Keller gehen werden, wollen wir es uns nicht nehmen lassen, inmitten dieser Kulisse zu nächtigen.

Wie an jedem Abend kümmern wir uns noch um unsere Motorräder und sitzen eine Weile vor dem Zelt, bis uns irgendwann die Kälte in die Schlafsäcke treibt. Wölkchen beim Ausatmen kündigen an, dass uns eine bitterkalte Nacht bevorsteht. Ich bin froh, dass ich noch einen zusätzlichen dünnen Daunenschlafsack dabeihabe, der sich mit dem anderen Schlafsack zu einem effektiven Schutz gegen den Frost kombinieren lässt. Alain hat einen solchen zweiten Schlafsack nicht dabei. In der Nacht registriere ich mehrfach, wie er verzweifelte Selbstgespräche führt und sich immer neue Kleidungsstücke überzieht. Offenbar ohne große Wirkung, denn die Tatsache, dass er zähneklappernd immer näher rückt, zeigt mir deutlich, dass er sich den Arsch abfriert.

Es dauert länger, als wir dachten, bis die Sonne es am Morgen endlich wieder schafft, über den Bergkamm zu klettern. Wir haben das Zelt bereits verlassen, sitzen mit einer heißen Tasse Kaffee in der Hand vor unseren Motorrädern und warten auf diesen Moment. Noch immer sind die Sitzbänke von einer glitzernden Eiskristallschicht überzogen. Es ist eine friedliche Atmosphäre, nur das leise Plätschern des Baches und das leise Fauchen des Gaskochers sind in der Stille der Bergwelt zu hören.

Endlich wagt sich die Sonne hervor, um uns mit den ersten warmen Strahlen wieder Leben in die steifen Knochen zu hauchen. Temperatur und Laune steigen schlagartig. Frohen Mutes machen wir uns daran, das Zelt abzubauen, und werfen noch einen Blick auf die für heute eingeplante Strecke.

Wenige hundert Meter unterhalb unseres Lagerplatzes kommen wir an ein paar Jurten vorbei, die direkt neben der Straße aufgebaut sind. Schon seit über 2000 Jahren dienen diese Zelte den Nomadenvölkern Zentralasiens als Behausung. Die Besonderheit der kreisrunden Unterkünfte liegt darin, dass sie sich binnen kürzester Zeit auf- und abbauen lassen und einen wirksamen Schutz gegen Kälte, Hitze und Regen bieten. In der von umherziehenden Völkern bestimmten Geschichte Kirgistans spielen die Jurten eine solch wichtige Rolle, dass die Form des Rauchabzuges im Dachkranz die rotblaue Nationalflagge ziert.

Wir fahren weiter hinab ins Tal. Schon bald stoßen wir auf den Tian-Shan-Highway – die perfekt ausgebaute Hauptverkehrsader des Landes, die bis in die Hauptstadt Bishkek führt.

Meine Besorgnis, dass die Versorgung mit Kraftstoff besonders hier in Kirgistan eng werden könnte, wird nicht bestätigt. Ich vermeide bewusst den Begriff Tankstellen, denn dieser mag beim Anblick der vielen Schuppen oder Baracken, in denen der Sprit angeboten wird, übertrieben klingen. In keinem Land zuvor habe ich so viele verschiedene Orte gesehen, an denen man seine Benzinvorräte decken kann. Der Kraftstoff wird überwiegend in geringen Mengen angeboten. Selbst in kleinsten Siedlungen stehen in regelmäßigen Abständen zumeist Kinder am Straßenrand und verkaufen die in 1,5 Liter Wasserflaschen abgefüllte Ware. Mitunter ist diese derart verunreinigt, dass wir froh darüber sind, uns spezielle Filter zugelegt zu haben. Sie werden einfach in die Tanköffnung gesteckt, um so den Motor vor den münzgroßen Rost- und Metallplättchen zu schützen. Was sich meiner Logik entzieht, ist die schlagartig zunehmende Anzahl der Händler, wenn man sich einer der wenigen offiziellen Tankstellen nähert. Davor und dahinter drängelt sich die geschäftstüchtige Konkurrenz um die besten Plätze und bietet die Ware zu einem Preis an, der sich von dem der Tankstelle nur unwesentlich unterscheidet. Man sagt uns, dass die Leute das Benzin aus dem benachbarten Kasachstan holen, um es dann Gewinn bringend zu verkaufen – illegal, versteht sich. Wenn man bedenkt, dass bei einem Liter Sprit ein Gewinn von maximal fünf Cent zu erzielen ist, kann man sich leicht ausrechnen, was sie mit einer Handvoll Flaschen verdienen.

Nach einem weiteren Pass biegen wir vom sensationell gut ausgebauten Tian-Shan-Highway ab und fahren über festgefahrene Lehmpisten weiter in Richtung Süden. Wir kommen durch eine lange Schlucht, die den Gebirgsfluss verengt und zu einem reißenden Strom werden lässt. Mitunter versperren Erdrutsche den Weg, die von vorherigen Reisenden jedoch so weit abgetragen wurden, dass es für unsere Motorräder ein Leichtes ist, sie zu passieren. Nur einmal müssen wir absteigen, um uns den Weg mit den Händen freizuräumen. Gigantische Felsbrocken neben der Straße und tief unten im Fluss lassen mich nachdenklich nach oben schauen. Wie man sich wohl fühlen mag, wenn tiefes Grollen ankündigt, dass sich ein solch garagengroßer Koloss ins Tal verabschiedet?

Auf gut 160 Kilometern genießen wir das, was man zutreffend mit Karl-May-Romantik beschreiben könnte. Tiefe Schluchten und hoch hinaufragende Felsen, die uns zu winzigen Figuren erniedrigen. Hoch über uns ziehen Bartgeier auf der Suche nach Beute ihre Kreise. Wiederholt filmen wir uns mit Alains Videokamera, die wir in die Mitte der Straße stellen, um dann darauf zu zu fahren, oder halten einfach nur die Landschaft fest. So entstehen an diesem Vormittag viele gute Filmaufnahmen, die ich gerne sofort auf einer Leinwand betrachten würde.

„Wow, ist das nicht der Hammer hier?" ruft Alain mir gut gelaunt zu, während wir dicht nebeneinander über die Piste brettern und immer wieder aufgewirbelte Steine gegen die unter dem Motor befestigten Schlagschutzbleche prasseln. An bisher noch keinem einzigen Tag, so sind wir uns später einig, hat es so viel Spaß gemacht, Motorrad zu fahren.

Am frühen Abend kommen wir in der abgelegenen Stadt Kochkor an. Wie wahrscheinlich schon vor Hunderten von Jahren sind die Straßen von Händlern überfüllt, die in einem organisiert wirkenden Durcheinander ihre Stände abbauen. Obst, Gemüse, Teppiche, Keramiken und andere Waren werden zusammengeschnürt und auf Lkw-Ladeflächen, Pkw-Dächer und Eselskarren verladen. Wir legen einen Stopp ein, um neuen Proviant zu kaufen. Als wir unsere Motorräder am Straßenrand abstellen, lassen einige der Händler von ihrer Tätigkeit ab, da ihr Interesse nun den motorisierten Fremden gilt. In Windeseile haben sich Dutzende von ihnen um uns geschart. Wir werden mit Fragen bombardiert, und es kommt zum undurchsichtigen Streit darüber, wer uns die Hände schütteln darf. Die Zahl der Neugierigen nimmt zu. Wir haben ähnliche Situationen unterwegs zwar des Öfteren erlebt, doch hier ist es anders. Es werden so viele, dass ich von meinem eigentlichen Vorhaben, einzukaufen, ablasse, um mein Motorrad im Auge zu behalten. Schnell hat jemand meine Handschuhe übergestreift und ein anderer meinen Helm auf dem Kopf. Lautes Stimmengewirr von allen Seiten, teils fröhlich, teils aggressiv. Neugierige Hände an meinem GPS-Gerät, den Reservekanistern und den Gepäcktaschen. Natürlich stecken keine bösen Absichten dahinter, trotzdem beginnt es, irgendwie brenzlig zu werden. Um zu vermeiden, dass die Stimmung umschlägt oder wir den

Überblick verlieren, wird es Zeit, das Weite zu suchen. Es ist jedoch kein Durchkommen, da immer mehr Leute zu uns auf die Straße drängen. Ich täusche vor, dass wir uns verfahren haben, und frage ein paar Ältere nach dem Weg in die Hauptstadt Bischkek. Ihre Hilfsbereitschaft lenkt sie schließlich so weit ab, dass eine Gasse frei wird und wir passieren können. Schwein gehabt.

Ohne aufgefüllte Lebensmittelreserven geht es weiter zu unserem nächsten Ziel. Der nur wenige Fahrstunden entfernte Song-Köl ist der zweitgrößte und unumstritten schönste See des Landes. Die Sonne kündigt ihren Rückzug an, als sich unser Weg hinauf in Richtung der ausgedehnten Hochebene auf 3530 Metern bahnt. Wenig später, als wir Ausschau nach einem Zeltplatz halten, fallen mir etwa zehn gelbe Kuppelzelte auf, die kreisförmig auf einer Wiese am Ufer eines Gletscherflusses stehen. Bei genauerem Hinsehen kann ich ein paar Leute erkennen, die uns munter zuwinken. Der modernen Ausrüstung nach zu urteilen, handelt es sich nicht um Einheimische, sondern um eine Gruppe ausländischer Touristen. Warum nicht ein wenig Gesellschaft? Ich bin sehr gespannt, wen es außer uns sonst noch in diesen abgelegenen Teil der Welt verschlagen hat. Als wir wenden und zu ihnen den Abhang hinunter fahren, können wir neun uralte Beiwagen-Gespanne der russischen Marke Ural erkennen, die in Reih und Glied hinter den Zelten stehen. Auch noch Motorradfahrer – was will man mehr.

„Das ist ja ne Überraschung! Wo um alles in der Welt kommt ihr denn her?“ werden wir in breitem Schwyzerdütsch begrüßt.

„Habt ihr noch Platz für zwei einsame Deutsche?“

„Na klar! Baut auf, wo ihr wollt. Ihr seid herzlich eingeladen. Aber beeilt euch, gleich wird ein üppiges Abendbrot serviert.“

Sogar eine Feldküche samt Koch, der in mehreren Töpfen und Pfannen deftige Gerichte zaubert, hat die Gruppe im Schlepptau.

Während wir in Rekordzeit unser Zelt aufbauen, sammelt sich die 12köpfige Motorradfahrergruppe und nimmt auf einer Bierzeltgarnitur an einem großen Lagerfeuer Platz. Noch bevor das Essen auf dem Tisch steht, haben wir uns dazugesellt. Die Gruppe, bestehend aus Schweizern, Franzosen und einem Deutschen, unternimmt eine organisierte Motorradtour durch die Bergwelt Kirgisistans und ist erst vor zwei Tagen in Almaty gestartet. Die Stimmung ist entsprechend ausgelassen. Bis in die späte Nacht sitzen wir zusammen, trinken kaltes Flaschenbier und tauschen Erfahrungsberichte aus. Ach, denke ich, als ich einen

Blick auf all das mitgeführte Equipment werfe, wie schön es doch wäre, sich keine Sorgen um sein Gefährt machen zu müssen, da erfahrene Mechaniker und sogar ein Ersatzfahrzeug stets zugegen sind. Nach einem harten Tag im Sattel auf Bänken Platz nehmen, um das bereits gekochte Essen zu fassen, ständig kaltes Bier und Wein – ein Traum. Doch sind es nicht gerade die Unwägbarkeiten und die damit verbundene Improvisation, die ein solches Abenteuer erst ausmachen? Wer sich jedoch nicht ohne Weiteres für längere Zeit aus dem Alltag ausklinken kann und nebenbei über das notwendige Kleingeld verfügt, der ist bei einer perfekt organisierten Truppe wie dieser bestens aufgehoben.

Am nächsten Morgen nehmen wir noch ein gemeinsames Frühstück ein, bevor sich unsere Wege wieder trennen. Weiter geht es in Richtung des anvisierten Hochgebirgssees. Nur durch Zufall erkennen wir kurz hinter der Ortschaft Sary-Bulak den winzigen Wegweiser am Straßenrand, der uns verrät, dass wir rechts abbiegen müssen. Wir verlassen also die asphaltierte Straße und holpern zwei Stunden lang durch eine überaus reizvolle Gebirgslandschaft, bis wir endlich die Hochebene erreichen. Nach einer kurzen Schneeballschlacht in den vereinzelten Schneefeldern auf der eisigen Passhöhe geht es wieder bergab.

Eingerahmt von knapp 4000 Meter hohen Bergen liegt er vor uns, der den Nomadensagen nach aus Tränen geborene See. Schon aus großer Entfernung können wir die einzelnen Jurten am anderen Ufer des Sees erkennen, die sich als kleine weiße Punkte von dem grün-braunen Gras und Wermutkraut der Bergsteppe abheben. Wir umrunden den See zu etwa einem Drittel und stoßen dabei immer wieder auf kleinere Jurten-Camps, die sich fast alle auf die gestiegene Anzahl von Abenteuertouristen eingestellt haben. Doch wir sind wählerisch an diesem Morgen und halten erst an, als wir auf ein Camp stoßen, vor dem ein handbemaltes Metallschild verrät, dass man sowohl eine echte Jurte beziehen als auch Pferde ausleihen kann. Spontan entscheiden wir uns, länger als nur eine Nacht zu bleiben. Ich kann es kaum erwarten, auf zwei Vierbeiner umzusatteln und die Umgebung traditionell mit nur einem PS zu erkunden. Der Anblick der sehr temperamentvollen Pferde flößt uns zunächst gewaltigen Respekt ein. Die Tiere machen einen deutlich robusteren Eindruck als die Schindmähren, die ich auf früheren Reisen geritten bin, und vermutlich erreicht man hier auch deutlich höhere Endgeschwindigkeiten als am Ponyhof.

Unsere Unterbringung ist stilecht. In einer der vier Jurten des Lagers beziehen wir unser Quartier. Ein älteres Ehepaar aus den USA, das in einer benachbarten Jurte untergekommen ist und eine Bergtour unternehmen möchte, macht uns mit den grundlegenden Benimmregeln in einer Jurte vertraut. Beim Betreten einer solchen Unterkunft gilt es beispielsweise zu vermeiden, auf die Türschwelle zu treten. Die Nomaden glauben fest daran, dass durch diesen „Fehltritt" die Steppengeister verärgert werden und sie so das Unheil auf sich ziehen. Wir machen also bewusst einen riesigen Schritt, da Unheil das Letzte ist, was wir gebrauchen können.

Die einzige Waschgelegenheit weit und breit ist eine Handpumpe, die das Grundwasser aus dem Erdreich in einen Eimer fördert. Auch die übrigen sanitären Anlagen sind eher minimalistisch gestaltet. Ein tiefes Erdloch dient als Toilette. Lediglich ein alter Duschvorhang verhüllt intimste Details. Lange Sitzungen sind unter diesen Umständen sowieso abhängig von der Oberschenkelmuskulatur und dem Profil des Schuhwerks. Ein ordentliches Klo ist eine der wenigen Errungenschaften, die man nach einer Weile auf Reisen wirklich vermisst.

Für eine Übernachtung zahlen wir 350 Som – umgerechnet etwa sieben Euro. Hinzu kommt noch einmal derselbe Betrag für die Pferde, die wir ohne lästige Aufsicht solange reiten können, wie wir wollen.

Ich bin beeindruckt, wie farbenfroh die einzelnen Jurten im Inneren eingerichtet sind. Das Holzgerüst ist in einem knalligen Rot lackiert, über das von außen bunt verzierte Decken ausgebreitet sind. Auf dicken Fellen, die vor der Bodenkälte schützen sollen, breiten wir unsere Schlafsäcke aus. Nachdem wir uns vorbildlich um unsere Motorräder gekümmert haben, nehmen wir auf Sitzkissen vor unserer Jurte Platz. Interessiert beobachten wir das beneidenswert einfache Leben der Familie.

Die Zeiten für die Bewohner rund um den See haben sich mit der Öffnung des Landes für den Tourismus deutlich verbessert. Die finanziell schlechter gestellten Nomaden leben heute von dem lukrativen Geschäft mit den vornehmlich westlichen Trekking-Touristen. Vorbei die Zeiten, in denen ein harter Winter das gesamte Vieh und somit die existenzielle Grundlage der gesamten Familie vernichten konnte. Viele von ihnen verbringen den Winter heute in einer bescheidenen Stadtwohnung und kommen erst im Frühjahr mit den ersten Touristen zurück an den See. In einigen Berichten, die ich auf diversen Reiseseiten im Internet gelesen habe, sieht man es mit kritischen Augen, dass die Nomaden nicht mehr ihren alten Gewohnheiten nachgehen. Man verurteilt sie, obwohl sie sich das Leben einfach nur angenehmer gestalten. Doch jeder, der aus einem Land kommt, in dem die Schlagzeilen von Casting-Stars beherrscht werden und sich die Menschen dem Doppelten des Bruttosozialprodukts Kirgistans entsprechend Klingeltöne fürs Mobiltelefon herunter laden, sollte diesbezüglich einfach mal genau nachdenken, bevor er seinen Senf dazugibt.

Die Kinder bereiten derweil mit geübten Handgriffen unsere Pferde für den Ausritt vor. Die Hufe werden ausgekratzt und urige Sättel auf die muskulösen Rücken der Pferde geschnallt. Kirgisen sind ein Reitervolk und verfügen, wie alle anderen Nomadenvölker Zentralasiens, schon im Kindesalter über bemerkenswerte reiterische Fähigkeiten. Noch bevor die Kleinsten laufen können, üben sie auf alten mit Zügeln versehenen Fässern, die nötige Balance zu halten. So sitzt schon der kleinste Dreikäsehoch auf Rössern, die ich wahrscheinlich nur mit einer Leiter besteigen könnte.

Als wir beide zum Seeufer aufbrechen, merken wir schnell, dass es um unseren Umgang mit den Pferden nicht so gut bestellt ist, wie wir dachten. Vermutlich sind die kräftigen Tiere doch eine Spur zu wild für uns. Nur eine leichte Berührung mit der Hacke, und die Biester preschen schneller als es jedes Motorrad könnte über den morastigen Boden in Richtung Ufer. Zumindest sorgt unsere Reiteinlage dafür, dass sich die Nomadenfamilie auf unsere Kosten köstlich amüsiert. Alle stehen sie zusammen und kugeln sich vor Lachen, weil die Pferde mit uns machen, was sie wollen.

Am späten Nachmittag locken uns sonderbare Laute aus den Jurten. Die Männer versuchen mit allen Mitteln, ein Kamel seiner Milch zu berauben. Doch das schlaue Tier wehrt sich mit allen Kräften, tritt und spuckt wild um sich und zwingt die Besitzer so zu einer List. Ein dicker Stein wird mit Butter und Salz eingerieben und dem Kamel vor die Nase gesetzt. Mit einem Schlag herrscht Ruhe im Camp, und die Grundlage für das Lieblingsgetränk kann in aller Ruhe abgezapft werden. Wer einmal gehört hat, welch markerschütternde Laute einem Kamel entfahren können, wird verstehen, wie erleichtert wir sind, als das Gebrüll ein Ende hat.

Die größte Herausforderung, die sich uns dieser Tage stellt, ist, man mag es kaum glauben, schlicht und einfach das Essen, das uns nahe an unsere geschmackliche Belastungsgrenze führt. Eingeleitet wird die farbenfrohe Nahrungsaufnahme in unserer Jurte mit einem großen Glas gegorener Kamelmilch. Da ich es nicht übers Herz bringe, die freundliche Gastgeberin durch meine Ablehnung zu beleidigen, greife ich mir den Kelch. Warmherzig lächelt sie mich an, während ich die Luft anhalte und innerlich bis drei zähle. Mit einem Zug kippe ich das stinkende Zeug in mich hinein. Ein Fehler. Kaum habe ich das leere Glas zurück auf den Tisch gestellt, eilt die alte Dame auch schon herbei und schenkt großzügig nach. Scheinbar hat sie meinen Einsatz missverstanden und gedacht, das Getränk würde tatsächlich meinem Gaumen schmeicheln. Das Gegenteil ist der Fall. Mein Magen rebelliert in Rekordzeit. Weil mir schlagartig kotzübel ist und ich mich nur noch darauf konzentriere, nicht das ganze Zelt vollzuspeien, lasse ich sie gewähren. Zum Glück steht noch ein Schälchen Honig auf dem Tisch, den ich pur hinunterschlinge, nur um den Geschmack loszuwerden. Doch es kommt noch dicker. Als der Hauptgang serviert wird, fallen wir beinahe um. Das Innere des Zeltes wird von Dämpfen eingenommen, deren Ursprung ich niemals auf einem Teller vermuten würde. Mein Blick fokussiert sich auf zwei Stücke Fleisch, die so aussehen, als hätten Grabräuber einer Mumie den Schniedel abgeschnitten. Und ich dachte noch, wir würden den abgehangenen Pferdepenissen ausschließlich im Reiseführer begegnen. Unverhofft wird mir klar, welchen Zweck der mit Fliegendraht bespannte Käfig erfüllt, der vor den Jurten steht. Ich habe zuvor noch gerätselt, wo denn wohl all die Hunde sind, deren Kauspielzeuge dort gelagert sind. Von wegen Kauspielzeuge – das ist der Vorratsraum, und die gehäuteten Fleischstücke, die dort zum Trocknen hängen, sind für uns. Mir fällt ein typisch ostdeutscher Begriff ein, der meinem Magen ein flehendes Knurren entlockt: die Sättigungsbeilage. Was gäbe ich jetzt für ein paar Klöße, Pommes oder Kroketten, ja sogar eine Handvoll trockener Haferflocken wäre im Vergleich zu dem gewöhnungsbedürftigen Fraß – man erlaube mir diese Bezeichnung, ein lukullischer Hochgenuss.

Trotz der mangelhaften Verpflegung verbringen wir zwei unvergessliche Tage am See. Es geht gemächlich zu. Wir lesen viel, essen wenig, und ich unternehme eine Wanderung in die Berge. Wie lange diese unverbrauchte Gastfreundschaft wohl noch anhalten mag? Was wird sich wohl ändern, wenn mehr Touristen kommen und das Land verseuchen? Sind wir nicht sogar ihre Vorhut?

Bei strahlendem Sonnenschein nehmen wir am Morgen des dritten Tages ein spartanisches Frühstück, bestehend aus Hefegebäck und Ziegenkäse, vor den Jurten ein. Kurz nachdem wir eine Stunde später aufgebrochen sind, schlägt das Wetter plötzlich um. Binnen weniger Minuten verdunkeln dichte Regenwolken den Himmel, und die Bergwelt verwandelt sich in eine bedrohlich wirkende Hexenküche. Starker Wind bläst uns ins Gesicht. Zunächst klettern unsere Motorräder noch höher hinauf, bevor wir auf Geröll und nicht enden wollenden Serpentinen unser Gewicht wieder talwärts balancieren. Jetzt heißt es Gas geben, um so schnell wie möglich hinunter in wärmere Gefilde zu gelangen. Doch die Wolken sind schneller als wir, und so geht ein kräftiges Gewitter mit schwerem Regen und Hagel über uns nieder. Wir werden nass bis auf die Haut. Ärgerlicherweise hat das zuvor seit Wochen anhaltende Hochdruckgebiet unsere Nässeschutzkleidung ganz unten in die Gepäcksäcke verbannt. Mit verkrampften Händen und blauen Lippen müssen wir mehrmals anhalten, um die eisigen Hände am Motor aufzuwärmen. Kontrolle über unsere Ténérés haben wir schon längst nicht mehr. Ein Grund, warum Alain mehrmals das Gleichgewicht verliert und stürzt.

Ohne richtiges Tagesziel vor Augen fahren wir weiter südlich in Richtung des 3752 Meter hohen Torugat-Passes, dem einzigen befahrbaren Grenzübergang zwischen Kirgisistan und dem nahe gelegenen China. Schon Marco Polo hat diesen Weg auf seinen Reisen ins Reich der Mitte genommen. Wir wollen zwar erst in ein paar Wochen in das Land einreisen, trotzdem sind wir neugierig auf diesen legendären Grenzübergang. Die Sonne lacht wieder, und die Klamotten werden durch den Fahrtwind allmählich am Leib getrocknet. Wir überholen die ersten chinesischen Lkw, die sich im Schneckentempo den Weg hinauf zur Grenze bahnen – Lastwagen, zum Teil mit drei Anhängern, die randvoll mit Metallschrott oder leeren Plastikflaschen beladen sind. Erste Anzeichen für den unbändigen Rohstoffhunger im Reich der Mitte. Nur wenige Kilometer vor dem ersten Checkpoint des Passes biegen wir wieder in nördliche Richtung ab.

Bevor wir nach China einreisen werden, warten noch Sibirien und die Mongolei auf uns. Wir vermuten zudem, dass dieser Grenzübertritt äußerst schwierig werden wird. Meiner Recherche zu Folge kann man das Land nur dann legal mit dem eigenen Fahrzeug bereisen, wenn man bereit ist, eine horrende Summe zu zahlen und einen chinesischen Führerschein sowie Nummernschilder besitzt. Hinzu kommt, dass Pkw-Fahrer dazu verpflichtet sind, einen staatlichen Aufpasser zu buchen, der einen für ein paar hundert Dollar pro Tag im Fahrzeug begleitet, Hotel und Verpflegung nicht mitgerechnet. Für Motorradfahrer gibt es keine explizite Regelung, doch die Botschaft teilte uns mit, dass in diesem Fall sogar noch ein zusätzlicher Wagen inklusive Chauffeur bezahlt werden muss, damit der Aufpasser einem auf Schritt und Tritt folgen kann. Das Misstrauen der Staatsführung gegenüber westlichen Ausländern ist sehr groß, und es wird wohl noch eine Weile dauern, bis man sich ohne Probleme mit dem eigenen Fahrzeug im Land bewegen kann. Doch bis zu der Grenze, wo wir ins Land einreisen wollen, ist es noch ein weiter Weg, und vielleicht gibt es ja noch eine andere Möglichkeit, halbwegs legal einzureisen. Wir werden also abwarten, was auf uns zukommt.

Irgendwann nach Mittag werden wir Opfer einer Radarfalle. Zugegeben, ich habe schon seit tausenden von Kilometern nur noch auf den Tacho geschaut, um die zurückgelegte Distanz zu prüfen. Das Einhalten der vorgeschriebenen Höchstgeschwindigkeiten war eher zweitrangig für mich, da ich einfach nicht mit schikanösen Kontrollen gerechnet habe. Warum auch, wenn man schon froh darüber ist, eine Geschwindigkeit von über 30 Stundenkilometern erreichen zu können. An einer wunderschönen Stelle, an der man gar nicht anders kann, als den Blick durch die Natur schweifen zu lassen, übersehe ich den am Straßenrand geparkten Streifenwagen. Als der Polizist mit Radarpistole in der Hand hinter einem Busch hervorgeschossen kommt, ist es bereits zu spät. Für den Bruchteil einer Sekunde überlege ich, ob ich ihn nicht einfach ignorieren soll. Da Alain jedoch gut 200 Meter hinter mir fährt, wäre er derjenige, der die doppelte Härte des Gesetzes zu spüren bekäme. Mit einem unguten Gefühl halte ich an.

Unser Geschwindigkeitsverstoß wurde hieb- und stichfest dokumentiert. Auf einem Polaroid-Foto, das sein Kollege aus dem Wagen heraus geschossen hat, ist die ermittelte Geschwindigkeit von 90 Stundenkilometern auf dem unteren Rand des Bildes mit Kugelschreiber notiert. Dass ich auf dem Beweismittel allenfalls einen verschwommenen Fleck darstelle, scheint für die Ordnungshüter keine Grundlage für eine Diskussion zu sein. Was um alles in der Welt soll man da noch sagen?

Als wir gerade den Preis aushandeln wollen, kommt in der Ferne ein Pkw herangeschossen. Lässig wird auch dieser aus dem Handgelenk geblitzt. 99 Stundenkilometer, so der gemessene Wert. Super, denn auch dieser Wagen wird gezwungen, anzuhalten. Wollen wir doch mal sehen, was die Einheimischen so zahlen müssen. Ein alter Mann mit dicker Brille quält sich auf Krücken aus dem Auto und fängt augenblicklich an, Gift und Galle zu spucken. Wild fuchtelt er mit seinen Gehhilfen in der Luft herum und hat fast Schaum vorm Mund. Ich bin ziemlich überrascht, als der Polizist sich bei ihm entschuldigt und ihn weiterfahren lässt. „Aber der ist doch noch schneller gefahren! Warum zum Teufel kommt er ungeschoren davon?“ mache ich meinem Unmut Luft. Der Polizist erklärt, dass der Alte behindert gewesen sei, eine Brille trug und deshalb vermutlich nicht das Geschwindigkeitsbegrenzungsschild sehen konnte. Ich muss so laut lachen, dass ich es nicht schaffe, weiter nachzuhaken. Die ganze Aufregung wäre sowieso umsonst, da wir an einen ehrlichen Polizisten geraten sind, der lediglich das offizielle Bußgeld von uns fordert – umgerechnet 25 Cent. Was für ein Schnäppchen ...

Wir steuern einen weiteren See an – den über 700 Meter tiefen Ysyk-Köl, der nach dem Titicacasee in Peru als zweitgrößter Gebirgssee der Welt zu nennen ist. Das 180 Kilometer lange und 60 Kilometer breite Gewässer ist aufgrund geothermischer Aktivitäten selbst im Winter, bei Lufttemperaturen von unter minus 40 Grad, eisfrei. Schon auf dem Weg in Richtung See merken wir, dass der Tag trotz atemberaubender Landschaften nicht unser Freund werden wird. Alain stürzt ein weiteres Mal schwer, als er einem Haufen Schotter, der auf der Fahrbahn liegt, nicht mehr ausweichen kann. Als ich im Rückspiegel beobachte, wie er sich überschlägt, stockt mir der Atem. Schotter spritzt, und Dreck wirbelt auf, als er die Kontrolle verliert. Es sieht so heftig aus, dass ich es kaum für möglich halte, als er Sekunden später wieder aufsteht, als ob nichts gewesen sei. Neben einem Loch in der Hose, einem verbogenen Lenker und einem verbeulten Seitenkoffer ist Gott sei Dank nichts passiert. Mich hingegen plagen schon den ganzen Tag übelste Magenkrämpfe. Vermutlich war das Essen doch zuviel für mich. Mit leichten Bauchschmerzen fing es schon am Morgen an, die mittlerweile unerträglich geworden sind. Mehrfach muss ich an selbst gut einsehbaren Stellen anhalten, um mich für kurze Zeit von meinen Plagegeistern zu befreien. Ausgerechnet jetzt, wo ich mich so auf den See gefreut habe, muss dieser verdammte Virus mich ereilen. Von Stunde zu Stunde baut mein Körper weiter ab, und als wir am Abend endlich unser Zelt am Seeufer aufschlagen wollen, setzt mich bereits hohes Fieber außer Gefecht. Selbst einfachste Dinge wie Jacke und Schuhe Ausziehen strengen ungeheuer an. Da ich mich so oft übergeben muss und mich dazu noch ein gnadenloser Dünnpfiff auf Trab hält, ziehe ich es vor, außerhalb des Zeltes zu nächtigen. Ich liege, nein, leide unter einer Plane, die Alain mit zwei Teleskopstangen über mir ausgebreitet hat, vor mich hin. Nur mit letzter Kraft kann ich mich in fast stündlichen Abständen außer Sichtweite schleppen, um die Schleusen meines Körpers zu öffnen. Zwei Tage des Leidens vergehen. Erst nach Einnahme unserer Notfall-Antibiotika und zwei Packungen Kohletabletten ist mein Körper bereit, Nahrung für länger als nur eine halbe Stunde in sich zu behalten. All meine Kraft hat den Körper scheinbar verlassen, und ich fühle mich, als sei jede einzelne Muskelfaser verkümmert. Ich sehe mitgenommen aus, als wir unser Lager wieder abbrechen und weiterreisen.

Um in die Mongolei einreisen zu können, steht uns ein gewaltiger Umweg von fast 3000 Kilometern bevor. Eine kürzere Straßenverbindung existiert leider nicht. Zunächst wird uns die Route erneut nach Kasachstan führen. Von dort geht es dann circa 1600 Kilometer in nördliche Richtung zur russischen Grenze. In Sibirien warten weitere 1100 Kilometer entlang des Flusses Ob und durch das Altai-Gebirge auf uns, bis wir bei Tsaangannuur die mongolische Grenze erreichen werden.

Wieder kostet uns die Ausreise wertvolle Stunden. Irgendein Grund findet sich scheinbar immer, uns die Zeit zu stehlen. Diesmal ist es ein kirgisischer Zöllner, der sich aufgrund falschfarbiger Stempel weigert, uns ausreisen zu lassen. Wie er behauptet, haben seine Kollegen bei der Einreise einen Fehler gemacht, weshalb er uns nun zu drohen versucht, den ganzen Weg zurückzufahren. Mit fast 1000 Kilometern auf dem kürzesten Weg kein Pappenstiel. Eine lange Diskussion folgt. Doch der Lump zeigt sich uneinsichtig, bis uns ein einheimischer Geschäftsmann Rückendeckung gibt. Aufgebracht nimmt er den noch halbwüchsigen Grenzer ins Gebet. Er solle sich schämen, uns Reisenden ein so schlechtes Bild vom Land zu vermitteln. Wenn er uns nicht sofort passieren lasse, werde er sich auf höchster Ebene über ihn beschweren. Anscheinend hat die Moralpredigt Erfolg. Nachdem wir Reue zeigen und eingestehen, dass wir an allem schuld sind, dürfen wir das Land verlasen.

Die peinlichst genaue Auflistung sämtlicher Ausrüstungsgegenstände auf kasachischer Seite entfällt diesmal, und so heißt das für heute vorgegebene Ziel Almaty – die größte Stadt Kasachstans.

Eine der schönsten Metropolen Zentralasiens erwartet uns. Alma-Ata, so der einstige Name der Stadt Almaty, heißt übersetzt „Vater des Apfels“ und verweist auf die botanische Herkunft der Frucht, die vor Hunderten von Jahren ihren Weg über die Seidenstraße nach Europa fand. Die Temperaturen in dem sonst so heißen Land sind angenehm mild, was die Stadt vor allem den kühlen Fallwinden aus den Bergen zu verdanken hat. Zahlreiche grüne Parks tragen zu einer relaxten Stimmung bei. Wir kommen an zwei Erholungsanlagen vorbei, wo Karussells und Autoscooter aufgebaut sind und Miniatureisenbahnen mit lachenden Kindern an Bord ihre Runden drehen. Die Stadt macht einen ungeheuer fortschrittlichen Eindruck, den man nach den zurückliegenden Kilometern nicht erwartet hätte. Fast könnte man meinen, in einer europäischen Großstadt angekommen zu sein.

Wieder die alte Leier, wieder die verhasste Hotelsuche. Ich stelle mir vor, wie es zur Abwechslung wäre, einfach vor dem teuersten Hotel der Stadt, dem Hyatt-Regency-Almaty, vorzufahren, den Staub von der Jacke zu klopfen und dem Portier den Zündschlüssel mit den Worten: „Da, einparken!“ in die Hand zu drücken. Doch stattdessen irren wir wie die Bescheuerten von einer Enttäuschung zur nächsten und verzweifeln zusehends. Allem Anschein nach existieren die im Reiseführer angegebenen Unterkünfte der günstigen Kategorie seit geraumer Zeit nicht mehr. In einer merkwürdigerweise unbefahrenen Straße, in der ein paar vereinzelte Hotels angesiedelt sind, halten wir an.

„Ich hab keinen Bock mehr!“ quittiere ich die ergebnislose Suche frustriert. Alain kennt mich mittlerweile gut genug, um zu wissen, dass ich nun von ihm erwarte, sich aktiv an der Suche zu beteiligen.

„Ich versuche es mal zu Fuß“, schlägt er vor. „Pass du solange auf unseren Kram auf.“

Mit nur mäßigem Erfolg geht die Suche in den umliegenden Straßen zu Fuß weiter. Ein Hotel, zwei Hotels, drei Hotels – wir bekommen eine Abfuhr nach der anderen. Völlig entnervt versuchen wir, eine Lösung zu finden.

„Wir können doch nicht jedes Mal die Stadt verlassen, nur weil wir zu blöd sind, eine Unterkunft zu finden. Das kann doch alles nicht wahr sein“, so sein Fazit. Als wir uns zu einer taktischen Besprechung unter einen Schatten spendenden Baum verziehen, wird mir klar, dass wir bei unserem Erscheinungsbild wohl bis zum Sankt-Nimmerleins-Tag weitersuchen können. In einer Gegend, in der sauteure Edeldesignermarken wie Gucci und Prada das Kleidungsbild beherrschen, kommt es sicherlich nicht gut an, verdreckt und unrasiert in einer Hotellobby aufzuschlagen, wo reiche Russinnen mit Schoßhündchen auf ihren Chauffeur warten. Doch wie so oft, wenn wir bereits denken, die Würfel seien gefallen, meint es das Schicksal gut mit uns. Gerade als wir weiterfahren wollen, hält direkt neben uns ein Motorrad an. Ein Biker wie aus dem Bilderbuch steigt ab. Lange Haare, bunte Arme und schwere Stiefel – lediglich das 125er Kleinkraftrad will sich irgendwie nicht so recht ins klischeehafte Bild einfügen. Albeck, so der Name des hilfsbereiten Rockers, spricht nicht nur Englisch, Russisch und Kasachisch, sondern auch ein nahezu akzentfreies Deutsch.

„Was macht ihr denn hier? Ich nehme an, ihr seid auf der Suche nach einem Hotel?" fragt er uns mit sympathischer Stimme.

„Stimmt, aber bislang ohne Erfolg."

„Das könnt ihr hier auch total vergessen – viel zu teuer! Wartet, ich hab eine bessere Idee!" Er kramt sein Handy aus der Hosentasche und tätigt einen kurzen Anruf. „Kommt, fahrt mir hinterher! Ich weiß, wo ihr unterkommen könnt."

Wir sind beide mächtig gespannt und heften uns dem netten Kerl kommentarlos an die Fersen. Er lotst uns mitten durch die quirlige Stadt, bis wir direkt neben dem großen Zentralstadion anhalten. Ein gusseisernes Tor öffnet sich, und wir fahren eine betonierte Rampe hinauf, direkt vor das Clubhaus des ortsansässigen Motorrad-Clubs – Silk off Road MC. Der Hof ist etwa so groß wie ein Handballfeld und bietet Platz für eine große Bar, eine Bühne, eine Tanzfläche und etliche Sitzgelegenheiten. Sämtliche Mauern rings um das Gelände sind mit rotgelben Flammen besprüht, und künstlerische Graffitis setzen sich mit Sex und Drogen auseinander. Auf die Frage, wo wir uns denn vom Dreck der letzten Tage befreien können, deutet unser neuer Kumpel nur auf ein kleines aufblasbares Planschbecken, in dem vier Jugendliche sitzen und eine Wasserpfeife rauchen. Es war wohl eher als Scherz gemeint, denn er bekommt ganz große Augen, als wir uns ausziehen und mit unseren Kulturbeuteln zu der Waschgelegenheit schreiten. Ich kann verstehen, dass auch die Kiffer nicht gerade begeistert sind, als wir uns zu ihnen gesellen und damit beginnen, uns einzuseifen.

Schnell räumen wir unsere Klamotten in einen der Clubräume und mischen uns unters Volk. Für den Abend hat sich eine russische Punkrockband aus Sankt Petersburg angesagt. Etliche Freaks trudeln nach und nach ein, von denen wir einige kennen lernen – Andrej, den von Kopf bis Fuß gepiercten und tätowierten Studenten einer renommierten Kunsthochschule, Ivan, den Heavy-Metal-Produzenten aus St. Petersburg, sowie eine Vielzahl an Leuten, die uns in den nächsten Tagen öfter einladen, um mit ihnen das Glas zu heben. Anfangs denke ich, es wäre besser, meinen noch immer angeschlagenen Magen zu schonen. Doch man überzeugt mich, es mit dem in Kasachstan üblichen Hausmittel gegen Magen-Darm-Erkrankungen zu versuchen – Wodka. Und zwar die Radikalkur.

Inspiriert durch eine Fernsehreportage, die ich Wochen vor der Abfahrt gesehen habe, beschließen wir, uns etwas Gutes zu tun, und besuchen das altehrwürdige Arasan Badehaus im östlichen Stadtzentrum. Ein prunkvoller Bau mit aufwändigen Stuckarbeiten und polierten Marmorböden. Gleich mehrere Saunalandschaften sind unter dem gewaltigen Kuppeldach untergebracht und sorgen schon seit Generationen für Ausgeglichenheit und Entspannung. Am Eingang erstehen wir für den bevorstehenden Saunagang zwei hart verschnürte Eichenzweigwedel, die durch Schläge auf die Haut den Kreislauf in Schwung bringen sollen. Wir haben die Wahl zwischen einer türkischen, einer finnischen und einer klassisch russischen Sauna, auch Banja genannt, für die wir uns letztlich entscheiden. Das volle Programm, inklusive einer Einweisung und Rundumbetreuung durch einen Masseur, soll es sein. Dass das Bevorstehende ein Wellnesstrip der etwas anderen Art werden wird, lässt sich schon erahnen, als die beiden grobschlächtigen Sumo-Ringer vor uns stehen. Sie sehen einfach nicht danach aus, als ob sie Bachblütentherapien oder ayurvedische Stirnölgüsse im Angebot hätten. In den folgenden drei Stunden werden sie uns nicht mehr von der Seite weichen und uns ohne Gnade in die hohe Kunst des Saunierens einweisen.

Nachdem wir uns unserer Kleidung entledigt haben und diese in einem Spind verschlossen ist, heißt es erstmal duschen – kalt, versteht sich. Danach betreten wir die holzvertäfelte Sauna, in deren Inneren bereits ein Dutzend Kasachen mit lustigen Filzhüten sitzt und duldsam um die Wette schwitzt. Schnell beginne ich die Entscheidung zu bereuen, die Rundumbetreuung gebucht zu haben. Mir ist es doch unangenehm, dass die beiden grimmigen Fleischberge mit verschränkten Armen direkt vor uns stehen. Als ich nach ein paar Minuten, bei einer Temperatur von annähernd 100 Grad, einer Ohnmacht schon sehr nahe bin, tauchen sie die Eichenlaubschläger in einen Eimer eiskaltes Wasser. Wortlos werden wir aufgefordert, uns zu erheben. Was nun folgt, kann ich nur als eine ordentliche Tracht Prügel bezeichnen, die erst ihr Ende findet, als unsere Haut so gerötet ist wie ein gekochter Hummer. Wir verlassen den Raum wieder und kühlen unsere geschundenen Körper in übergroßen Wasserbottichen ab, die so kalt sind, dass ich nach Luft japse. Erneut befürchte ich, dass mein Kreislauf versagt. Doch zumindest kann ich ein Lächeln auf den Lippen meines Peinigers erkennen und habe nicht mehr das Gefühl, bestraft zu werden. Das Ritual wiederholt sich drei Mal. Rein in die Sauna, raus aus der Sauna. Rein ins Wasser, raus aus dem Wasser ...

Erst dann folgt der eigentliche Teil ihrer Arbeit. Eine unsanfte Massage mit chiropraktischen Einlagen. Dazu legen wir uns wie Gott uns schuf auf geflieste Steinbänke und werden erneut mit dem Wasserschlauch gereinigt – als ob wir nicht schon sauber genug wären. Mit brachialer Kraft lockern ihre riesigen Pranken unsere verspannten Muskelpartien und renken Knochen ein, von denen ich gar nicht wusste, dass es sie gibt. Der Arm wird nach hinten gedreht, die Füße nach oben gedrückt und der Kopf zwischen beiden Händen seitlich geruckt, bis es laut knackt und ein weiterer Wirbel an seinem Ursprungsort ist.

Doch so grob die Behandlung auch vonstatten geht, als wir das Badehaus verlassen, fühlen wir uns wie neu geboren. Am liebsten würde ich das türkische oder finnische Dampfbad gleich noch hinten dranhängen.

Durchs radioaktiv verseuchte Atomwaffentestgelände

Nach drei wirklich abwechslungsreichen Tagen beginne ich, unruhig zu werden. Die Vorzüge der Stadt haben einen Großteil ihres Reizes eingebüßt. Langsam aber sicher beginnt die Metropole erdrückend auf mich zu wirken, und ich sehne mich zurück in die Natur. Es wird Zeit, wieder weiterzuziehen. Mittlerweile ist es fast schon zu einer Sucht geworden, einer Sucht nach dem Glücksgefühl, das sich einstellt, sobald ich den Motor höre und die Straße unter mir hinwegzieht. So schön es auch ist, in einer Stadt zu verweilen, das Größte ist und bleibt es einfach, stundenlang Motorrad zu fahren und den Gedanken und Träumen hinterherzuhängen.

Schnell sind wir dem dichten Verkehr entkommen, und schon etwa eine Stunde nach Aufbruch lässt nichts mehr auf die hinter uns liegende Großstadt schließen. Endlich sind wir zurück in der uns so vertrauten Einsamkeit und steuern das nächste Ziel an.

Ich kann nicht unbedingt behaupten, dass mir dieses behagt. Semipalatinsk, die Stadt in der Nähe des einstigen Nuklearwaffentestgebietes der Roten Armee, liegt noch etwa drei Tagesreisen von uns entfernt. Getreu der alten römischen Weisheit „Wenn du den Frieden willst, so rüste zum Kriege“ wurden hier, nahe der südsibirischen Grenze, vom Ende der 40er Jahre bis 1989 etwa 500 Atomsprengköpfe gezündet. Der radioaktive Fallout, der in dieser Zeit ein Gebiet so groß wie Deutschland verseuchte, entspricht etwa der 20.000-fachen Strahlendosis der Hiroshima-Bombe.

Glücklicherweise ist die Straße durch das Gebiet vollständig geteert. So hält sich die Menge des Staubes, den wir aufwirbeln und eventuell einatmen könnten, in Grenzen. Trotzdem vergrößern wir den Abstand, den Alain zu mir hält, von etwa 30 auf 150 Meter. Man kann ja nie wissen.

Dieser Abschnitt der Reise zeichnet sich vor allem dadurch aus, absolut eintönig zu sein. Aufgegebene Siedlungen und verfallene Industriebrachen inmitten trostloser Abgeschiedenheit, durch die sich fast schnurgerade eine mittelprächtige Straße zieht. Quälend langsam bewegen sich die Rollen des Kilometerzählers vorwärts. Aus diesem Grund wurde die Idee geboren, alle 50 Kilometer anzuhalten, um eine Partie Kniffel am Straßenrand zu spielen. Ein probates Mittel, um die Fahrzeit ein wenig aufzuteilen und so angenehmer zu gestalten.

Nach drei öden Tagen durch die Steppe nähern wir uns unserem Ziel. Kurz vor der Stadt Semipalatinsk fallen uns bei einem Tankstopp zwei klapprige Fiat Uno auf, die mit Höchstgeschwindigkeit an uns vorüberziehen. Eigentlich nichts Ungewöhnliches, sieht man einmal von der Tatsache ab, dass ein Fiat in Kasachstan ein ziemlicher Exot ist und beide Wagen doch ziemlich extravagant gestaltet sind. Einer ist in einem knalligen Pink und der andere im schwarz-weißen Kuhfleckendesign lackiert. Auf beiden Wagen sind außerdem Dachgepäckträger montiert, auf denen ähnliche Ausrüstungsberge verzurrt sind wie bei uns. Mehrere Kanister, etliche Ersatzreifen, Plastiktüten und, und, und. Wenn wir anstatt Motorrädern zwei Autos ersteigert hätten, wäre es vermutlich ein ähnliches Bild gewesen. Doch zu den beiden Kleinwagen später mehr.

In einem Vorort der 270.000 Einwohner zählenden Stadt suchen wir zunächst eine Kfz-Werkstatt auf. Der Auspuffkrümmer von Alains Ténéré ist bei einem seiner letzten Stürze aus dem Zylinder gebrochen, was neben dem nervigen Motorengeräusch auch zu einem stark erhöhten Ölverbrauch geführt hat. Anders können wir uns nicht erklären, dass wir bei jedem Tankstopp einen halben Liter Öl nachkippen müssen. Es dauert keine zwanzig Minuten, bis die hilfsbereiten Mechaniker das Problem mit zwei Schweißpunkten gelöst haben. Als Alain einen Geldschein zückt, um für die Arbeit zu zahlen, sind sie empört. Sie hätten gerne geholfen, erklären sie uns. Wir sollten bitte verstehen, dass sie sich so um den Dank betrogen fühlten. Ein Argument, das sehr gut nachvollziehbar ist, also steckt Alain die Kohle wieder ein. Es ist nun mittlerweile schon das fünfte Mal auf dieser Reise, dass wir die Hilfe Anderer in Anspruch nehmen. Jedes Mal kam es einer Beleidigung gleich, wenn wir uns dafür erkenntlich zeigen wollten.

Als wir kurz hinter der Stadt eine Tankstelle passieren, sehen wir ein weiteres ungewöhnliches Gefährt – einen Mini mit Geländebereifung und englischem Nummernschild. Wir halten an, um in Erfahrung zu bringen, was es mit den plötzlich auftauchenden Rostlauben auf sich hat. Steven und Marc, zwei 23jährige Engländer, erklären uns, dass sie an der so genannten „Mongol-Rallye" teilnähmen, ein von Studenten organisiertes Rennen von London in die mongolische Hauptstadt, bei dem nur Autos mit weniger als einem Liter Hubraum an den Start gehen dürfen. Den Fahrzeugen müsse vor dem Start zudem attestiert worden sein, dass sie den Wert von 500 Pfund nicht übersteigen. Das

„größte Abenteuer der Welt", wie die Rallye offiziell beworben wird, hat das Ziel, alle Autos, die es bis ans Ziel geschafft haben, für einen wohltätigen Zweck zu versteigern. So kamen im Vorjahr, inklusive der Startgelder von 1000 Pfund pro Teilnehmer, insgesamt 300.000 Euro zusammen, die den Straßenkindern von Ulan Bator zugute kommen. Eine fantastische Idee, um mit viel Spaß und Abenteuer eine Menge Geld für einen guten Zweck zu sammeln. Doch zurück zu den beiden englischen Piloten Steven und Marc. Ein großes, wenn nicht gar unlösbares Problem macht den beiden zu schaffen. Die Antriebsachse ihres Wagens ist an gleich zwei Stellen gebrochen, und auch die Federung hat es hinter sich. Verzweifelt versuchen sie nun den kapitalen Schaden zu beheben. Die Zeit drängt jedoch, da beide Piloten in einer Woche wieder arbeiten müssen und der Flug zurück nach England bereits gebucht ist. Wir tauschen noch unsere kuriosesten Erlebnisse aus und quatschen eine Weile. Dann setzen wir unsere Reise zur russischen Grenze weiter fort. Den Aussagen der beiden zu Folge, ein wirklich unangenehmer Grenzübergang, vor dem sie einige andere Rallyeteilnehmer bereits gewarnt hätten.

Wie durch Zauberhand mischen sich hinter der Stadt wieder satte Grüntöne in die Landschaft. Nachdem wir den Fluss Irtysch überquert haben, sehen wir zum ersten Mal wieder sommergrüne Birkenwälder, goldene Getreidefelder und, siehe da, auch leuchtend gelbe Sonnenblumen. Kein Sand und auch keine Steppengräser mehr, die uns über Tausende von Kilometern ständig begleitet haben.

So routiniert wir die letzten Grenzen auch hinter uns gelassen haben, so sehr blicke ich der kommenden plötzlich doch mit Sorge entgegen. Nachdem wir die Ausreisekontrolle hinter uns gebracht haben, treffen wir auf drei weitere Engländer: die Fahrer der beiden auffällig lackierten Fiat Uno, die uns heute Morgen beim Tankstopp überholt haben. Die drei haben ein Problem, um das sie wirklich nicht zu beneiden sind. Am russischen Grenzposten wurde soeben festgestellt, dass eines ihrer Visa abgelaufen ist und der entsprechenden Person somit die Einreise verwehrt wird. Wer russische Grenzer erlebt hat, der weiß, dass dies die letzten Menschen auf Erden sind, die einfach mal Gnade vor Recht ergehen lassen. Was die Lage der Engländer jedoch noch erheblich verzwickter macht, stellt sich erst heraus, als sie nach zähen und aussichtslosen Verhandlungen beschließen, zurück nach Kasachstan zu fahren, um dort die russische Botschaft aufzusuchen. Alle drei haben nämlich ein so genanntes einfaches Visum, das nur zur einmaligen Einreise berechtigt. Da sie aber eben bereits offiziell ausgereist sind, kommen sie auch nicht wieder ins Land hinein. Nun ist guter Rat teuer. Auch wir sehen keine Chance, zu helfen, wünschen ihnen alles Gute und lassen die drei mit einem unguten Gefühl zurück.

Beim Passieren der Grenze habe ich mal wieder weniger Glück als Alain. Seine große Gabe, fremde Leute so bequatschen zu können, dass sie alles zu tun bereit sind, nur damit sie ihre Ruhe haben, verschafft ihm erneut einen klaren Vorteil. Während der langen Wartezeit hat er sich mit dem Grenzer, der am ersten Schlagbaum für die Vorkontrolle zuständig ist, soweit angefreundet, dass er ihn ohne Unterlass zutexten kann. Schon nach 30 Minuten ist der arme Kerl soweit, dass er Alain die Erlaubnis erteilt, sich an der Schlange der Wartenden vorbeizudrängeln. Normalerweise sind solche Regelverstöße eine Todsünde an russischen Grenzen.

Ich habe derweil die Motorradklamotten abgelegt und mir etwas abseits der wartenden Autofahrer ein Plätzchen im Schatten gesucht. Als ich sehe, dass Alain scheinbar ohne Weiteres durchgelassen wird, packe ich eilig meinen Kram zusammen und drängle mich, ohne vorher zu fragen, ebenfalls an den etwa 30 Fahrzeugen vorbei. Doch offenbar haben bereits diensthöhere Beamte unsere Ungeduld zur Kenntnis genommen. Als ich mich schon darüber freue, eine Menge Zeit gespart zu haben, klingelt das Telefon an der Außenwand des Wachpostens. Das Verhalten des Soldaten, der Alain gestattet hat, sich bis zur nächsten Kontrolle vorzudrängeln, lässt schnell erkennen, dass er gerade einen gewaltigen Einlauf verpasst bekommt. Hass erfüllt schaut er mich an, so als ob ich Schuld daran sei, dass er nun Ärger mit seinen Vorgesetzten hat. Na warte Freundchen, dir werde ich helfen, lese ich in seinen Augen, während er demütig mit dem Kopf nickt und vergebens versucht, sich zu rechtfertigen. Als der Rapport beendet ist, macht er seinem Unmut Luft und schreit mich an. Damit nicht genug. Drei geschlagene Stunden straft er mich mit Nichtbeachtung. Während ich mich in Geduld übe, muss ich zusehen, wie ein Auto nach dem anderen durchgewunken wird – selbst die, die eben noch weit hinter mir standen, fahren vorbei. Mir ist klar, dass er mich beim kleinsten Widerwort vermutlich die ganze Nacht schmoren lassen wird, also halte ich geduldig und voller Hass meine Klappe. In einem Comic wäre die Gedankenblase, die über mir schwebt, randvoll mit Säbeln, Totenköpfen und Bomben.

Sibirien – Land der Wälder und Seen

Es ist schon lange dunkel, als wir endlich über russische Straßen rollen. Die soeben hinter mich gebrachte Demütigung kann meine Freude nicht schmälern, zurück in diesem großartigen Land zu sein. Ein Gefühl, als sei man zu Besuch bei einem alten Freund. Dabei begrüßt Sibirien uns so, wie man es sich vorstellt – es ist kalt. Ungemütliche Temperaturen um die sieben Grad kündigen an, dass der Sommer sich dieses Jahr schon früh verabschieden wird.

Weil es in der grenznahen Stadt Rubtsovsk keine Unterkünfte gibt, suchen wir wieder das Weite. Vielmehr wir versuchen es, denn aufgrund der verwirrenden Straßenführung und einer großen Baustelle fahren wir ständig im Kreis und kommen immer wieder an der gleichen Kreuzung raus. Als wir den erneuten Versuch starten, durch ein Wohngebiet aus dem Labyrinth hinauszufinden, flackert plötzlich hinter uns das Blaulicht eines Streifenwagens. Anscheinend fallen wir in der Gegend genug auf, um angehalten zu werden. Ein verzweifeltes Schulterzucken meinerseits genügt jedoch, und die Beamten erklären sich bereit, uns zu helfen. Angeführt von unserer eigenen Polizeieskorte mit Festbeleuchtung und Sirene, kommen wir schließlich auf den richtigen Weg. Als wir die Stadtgrenze erreicht haben, hält der Wagen an. Fahrer und Beifahrer steigen aus, setzen ihre Mützen auf und wünschen uns mit freundschaftlichem Händedruck alles Gute für die Weiterfahrt.

Es ist mittlerweile viel zu spät, um noch Ansprüche an das Nachtlager zu stellen. So fahren wir noch ein paar Kilometer hinter die Stadt und verbringen in einem Getreidefeld neben der Straße eine unangenehm feucht-kalte Nacht in unserem Zelt.

Am nächsten Morgen regnet es wahre Sturzbäche. Es gibt nicht viele Dinge, die ich so sehr hasse, wie bei strömendem Regen das Zelt abzubauen und in klamme Hosen und Schuhe zu steigen. Unter anderen Umständen würde ich sagen, wir bleiben, bis es wieder trocken ist, doch wir werden von Erntemaschinen, die bereits damit begonnen haben, das Feld abzuernten, gezwungen, aufzubrechen.

Der Himmel will einfach nicht aufklaren an diesem 50. Tag unserer Reise, sondern bleibt hartnäckig unter einer grauen Wolkendecke vor unseren Blicken verborgen. Die Kälte des eisigen Fahrtwindes, der unsere Beine umstreicht, geht durch und durch. Kein Vergleich zu der trockenen Kälte der kirgisischen Berge. Diese Eiseskälte, kombiniert mit dem Regenwasser, das von oben und von unten kommt, kriecht bis tief in meine Knochen. Als wir in der sibirischen Stadt Barnaul den nördlichsten Punkt unserer Reise erreicht haben, klart es wieder auf. In einem Jagdmodegeschäft für den sibirischen Mann kleiden wir uns mit warmen Handschuhen und geschmacklosen Fellmützen ein. Wir wollen uns nicht noch einmal derart den Arsch abfrieren, wenn wir abends vor dem Zelt den Tag ausklingen lassen.

Die Fahrt durch Sibirien ist das krasse Gegenteil zu den Kilometern durch die nördliche Einöde Kasachstans. Es gibt so viele Seen, Flüsse und Wiesen, dass wir uns nicht entscheiden können, welcher Ort den nun geeigneter ist, um das Zelt dort aufzuschlagen. So genießen wir den Umstand, diese Entscheidung nach rein optischen Gesichtspunkten treffen zu können. Bei einem der vielen am Straßenrand sitzenden Pilzsammler haben wir die Möglichkeit, eine riesige Tüte voller Pfifferlinge zu erstehen. Da es Zeit wird, nochmal etwas richtig Schmackhaftes zu kochen, kaufen wir einen riesigen Berg davon ein. Mit der Hauptzutat für ein Festmahl im Gepäck nehmen wir sogar einen Umweg von gut 30 Kilometern in Kauf, um das Ganze mit Speck, Zwiebeln, Brot und natürlich einigen Dosen Bier abzurunden.

Am Ufer des Katun finden wir den ultimativen Lagerplatz für die Nacht. Umgeben von steilen Felswänden und dunklen Tannenwäldern, bauen wir unser Zelt auf einer Wiese direkt am Wasser auf. Die Motorräder sind schnell gecheckt und unsere Sachen ins Zelt geräumt. Endlich können wir den Tag mit einem Bier in der Hand am Lagerfeuer krönen. Ein Blick auf unsere Ténérés lässt die Erinnerung an die beiden Kradfahrer in Chile wachwerden. Auch bei mir zieren nun einige Länderkennzeichen die Seitenkoffer. Auf Märkten oder an Tankstellen habe ich diese wichtigen Souvenirs erstanden. In einem Fall, als keine solchen Aufkleber angeboten wurden, war ich so frei, mir einen von einem anderen Fahrzeug abzuknibbeln. Auch das Innere der Koffer habe ich verziert. Jedes Mal, wenn ich die Deckel öffne, strahlt mich das Lächeln meiner Freundin an, das mir bereits in so manch deprimierenden Momenten einen Motivationsschub gegeben hat. Bis tief in die Nacht blicken wir in die züngelnden Flammen des Lagerfeuers und lassen uns gebratene Pfifferlinge mit Speck und Zwiebeln schmecken. Ich überlege, was es Schöneres geben könnte, als jetzt hier zu sitzen und später, begleitet vom Knistern des Feuers und dem Rauschen des Flusses, schlafen zu gehen – mir fällt nichts ein.

Am nächsten Tag führt uns unsere Reise noch tiefer in die Republik Altai – den Teil des Landes, der aufgrund seiner traumhaften Gebirgslandschaften auch als das „Tibet Russlands“ bezeichnet wird. Die Kilometer durch diese Region Sibiriens sind mit nichts zu vergleichen. Wenn ich einen Abschnitt nennen müsste, auf dem es sich bislang am besten Motorrad fahren ließ, so käme das Stück, auf dem wir nun seit Barnaul unterwegs sind, ganz locker aufs Siegertreppchen. Die Landschaft ändert sich geradezu nach jeder einzelnen Kurve, und der Straßenbelag lädt zum gemütlichen Cruisen ein. Auch die Schnee bedeckten Berge tauchen plötzlich wieder in der Ferne auf und flankieren unsere Fahrt in Richtung mongolischer Grenze.

Die unberührte Natur ist idyllisch und wild zugleich, gar nicht meinem eigentlichen Bild von Sibirien entsprechend. Statt endloser Birkenwälder durchqueren wir Tannen-, Eichen- und Buchenwälder, die ihren Platz in der schroffen Felslandschaft gefunden haben. Die wenigen Siedlungen, die wir passieren, bestehen fast ausnahmslos aus kunstvoll verzierten Holzhäusern mit wild wuchernden Gärten.

Die Gesichtszüge in diesem Teil des Altai verraten, dass nur wenige der hier lebenden Menschen ethnische Russen sind. Außerdem kommt es mir seit ein paar Kilometern so vor, als ob das ohnehin schon menschenleere Land noch verlassener und stiller geworden sei. Nur ein leichtes Pfeifen des Windes, der aus der Mongolei herübergetragen wird, ist zu hören.

In einem reizvollen Dorf an den Ufern des Katun machen wir Rast. Der Ort scheint eine Art Pilgerstätte russischer Touristen zu sein. An die 50 Händler haben neben der Straße ihre Stände aufgebaut. Sowohl von der Aufmachung als auch den angebotenen Waren könnte man glatt meinen, sich auf einem deutschen Weihnachtsmarkt wieder zu finden. Verkauft wird so ziemlich alles, was als typisch russisch gilt. Matroschkas, bunt bemalte, ineinander schachtelbare Holzfiguren, Fellmützen mit herunterklappbaren Ohrenschützern, jede Menge andere handgearbeitete Kunstobjekte, verschiedenste Honigsorten, selbst gebrannter Wodka, Waldpilze und Beeren. Ein nettes Angebot, doch leider ist unser Platz für Souvenirs arg eingeschränkt, und so nehmen wir nur eine Flasche Honig mit, um unseren Speiseplan aufzuwerten.

Das letzte Stück in Russland ist schnell erreicht. In Tashanta, der letzten Ortschaft vor der mongolischen Grenze, tauschen wir unsere restlichen Rubel in mongolische Tugrik um. Dann, mitten im Niemandsland, erreichen wir den russischen Grenzposten. Zeit, sich endgültig von dem sagenhaften Land zu verabschieden, das mir all seine Schönheit direkt ins Herz getragen hat. Auf Wiedersehen Russland – Doswidanja Rusije.

Im Land des ewigen Windes

Zugegeben, vor dieser Reise wusste ich nicht besonders viel über das riesige Steppenland Mongolei. Einzig der Name des berühmtesten Sohnes des Landes, der heute den Nationalstolz der Mongolen verkörpert, war mir ein Begriff – Dschingis Khan.

Bereits in seiner frühen Jugend erlernte der spätere Heerführer die Kunst des Reitens und den Umgang mit Pfeil und Bogen, um so für das gefährliche Leben in der Steppe gewappnet zu sein. Dadurch, dass er es schaffte, die zerstrittenen Klans und Stämme zu einen, formte er ein über 200.000 Mann starkes Heer, mit dem er in den Krieg gegen die Völker Asiens und des Mittleren Ostens zog. Seine grandiosen militärischen Erfolge konnte der Feldherr feiern, weil seine mit Pfeil und Bogen bewaffnete Reiterarmee den Gegnern weit überlegen war. Kriegslisten, wie Gefangene, in eigene Uniformen gesteckt, in die Hinterhalte seiner Feinde zu treiben und mit dem Umleiten ganzer Flüsse Städte auszuhungern, schrieben Militärgeschichte.

Bis 1227 war Nordchina und der Vordere Orient unterworfen, und seine Truppen waren bis in das Gebiet der heutige Ukraine vorgedrungen. Das Territorium, das Dschingis Khan zu dieser Zeit kontrollierte, ist immerhin doppelt so groß wie die heutige USA. Als er im Alter von 66 Jahren vom Pferd stürzte und seinen Verletzungen erlag, übernahm sein ältester Sohn Ögödei die Geschicke. Dieser drang sogar noch weiter nach Westen vor und besiegte in der Schlacht von Liegnitz in Niederschlesien das deutsch-böhmische Ritterheer. Doch noch bevor die gefürchteten kriegerischen Horden weiter Furcht und Schrecken in Eurasien verbreiten konnten, fiel auch der neue Herrscher seiner Trunksucht zum Opfer. Das Weltreich zerfiel.

Bis zum heutigen Tage konnte das Grab des Dschingis Khan nicht gefunden werden. Man vermutet es irgendwo in der Bergwelt, nordöstlich von Ulan Bator.

Fette Murmeltiere rennen verschreckt über die Fahrbahn, als wir uns den kurzen Weg den Berg hinauf zur mongolischen Grenzstation bahnen. Es müssen Hunderte sein, die in ihren Erdlöchern verschwinden, um sich vor uns in Sicherheit zu bringen. Ihr Glück, dass sie so schnell rennen können, denn mir ist nicht entgangen, dass die dickleibigen Säuger in dieser Region als schmackhafte Delikatesse gehandelt werden. Mit heißen Steinen im Bauch gegart, sind sie für den Mongolen das, was für den Deutschen, dem Klischee nach, Eisbein mit Sauerkraut ist.

Wir sind erstaunt, als das mongolische Grenzabfertigungsgebäude vor uns auftaucht. Ich hatte eine Bretterbude erwartet, in der zwei arme Burschen Dienst schieben und schlimme Dinge tun, um sich die Zeit zu vertreiben. Stattdessen empfängt uns ein moderner Gebäudekomplex aus Glas und Aluminium. Die menschenleere Gegend lässt das Bauwerk jedoch völlig deplatziert wirken, und man könnte glatt meinen, vor einer Filmkulisse eines Science-Fiction Films zu stehen. Das gesamte Areal misst die Fläche mehrerer Fußballfelder und ist rings herum mit einem hohen Stacheldrahtzaun gesichert. Zugang ist nur durch zwei schwenkbare Tore aus Maschendrahtzaun möglich, hinter denen ein gläserner Pavillon steht. Darin haben es sich vier Soldaten bequem gemacht, die gelangweilt Karten spielen. Sie wirken überrascht, als wir nebeneinander vorgefahren kommen. Ein paar Minuten vergehen, und es scheint, als ob sie sich absprechen würden, wie sie uns am besten das Geld aus den Taschen ziehen können. Dann öffnet sich das Tor. Zwei der Uniformierten winken fröhlich mit den Einreiseformularen, die wir ausfüllen müssen, bevor wir zur Passkontrolle vorgelassen werden. Und wie sollte es anders sein, sie behaupten, man müsse diese Formulare käuflich bei ihnen erwerben, und auch die Übersetzungshilfe wäre nicht gebührenfrei. Als wir fragen, wie viel der Service denn kosten soll, fangen sie an zu tuscheln. Natürlich will keiner von ihnen zu kurz kommen, und so geben sie 60 Dollar an. Wir kaufen die Formulare, jedoch erst, nachdem wir lange verhandelt haben und der Preis auf weniger als einen Dollar gesunken ist.

Im eigentlichen Abfertigungsgebäude erwarten uns gleich fünf Kontrollschalter und mehrere fortschrittliche Gepäckdurchleuchtungsbänder, die ich so nur von großen Flughäfen kenne. Warum ein solcher Sicherheitsaufwand betrieben wird und vor allem wo die vielen Menschen, auf deren Abfertigung man sich hier generalstabsmäßig vorbereitet hat, herkommen sollen, vermag ich nicht zu sagen.

Es ist nicht besonders viel los an diesem Nachmittag, und ein anhaltender Stromausfall hat für den Absturz sämtlicher Computer gesorgt. Wir werden gebeten, noch ein paar Minuten Geduld zu haben, bis man die Arbeit wieder aufnehmen könne. Doch es dauert und dauert, und der Strom bleibt nach wie vor aus. Der Ordnung halber müssen unsere Daten nun handschriftlich in ein dickes Buch eingetragen werden. Tierisch genervt, weil wir heiß darauf sind, endlich über mongolisches Territorium zu rollen, heißt es, weiter ungeduldig auf und ab zu gehen und zu warten. Noch ahnen wir beide nicht, dass uns dieser Stromausfall bald einen gewaltigen Vorteil verschaffen wird.

Die Mongolei ist das am dünnsten besiedelte Land der Erde. Nur drei Millionen Einwohner und zehn Mal so viele Weidetiere verteilen sich auf einer Fläche, die vier Mal so groß ist wie die Bundesrepublik Deutschland. Wenn man von Westen kommend auf dem Landweg in die Hauptstadt reisen möchte, so hat man zwei Routen zur Auswahl. Entweder man fährt durch den Norden des Landes, den grünen Abschnitt mit Taiga- und Steppenwäldern, unzähligen Flüssen und endlosen Weidegründen, oder aber man wählt die südliche Route durchs mongolische Altai-Gebirge und die Ausläufer der Wüste Gobi. Die Landschaft dort ist durch vergletscherte Bergkuppen, Schneefelder und glasklare Seen geprägt. Nach etwa 800 Kilometern macht die inzwischen wüstenartige Südroute wieder einen Knick in nördliche Richtung und wird von einer endlosen Grassteppe abgelöst. Unsere Entscheidung ist zugunsten der südlichen Route gefallen, nicht zuletzt, weil der Norden des Landes durch die in dieser Jahreszeit nicht ungewöhnlichen, anhaltenden Regenfälle mit starken Überschwemmungen zu kämpfen hat. Das Vorwärtskommen käme folglich einem Glücksspiel gleich, und wir müssten zum Teil sehr große Umwege in Kauf nehmen, um ans Ziel zu kommen.

Schon die ersten Kilometer hinter der Grenze vermitteln einen hervorragenden Eindruck von dem rauen Land. Die Weite drückt förmlich auf mich. Gebirgsketten und schroffes Gestein schlucken sämtliche Schallwellen, und mir kommt diese Geräuschlosigkeit so vor, als halte diese einsame Welt für einen Moment lang der Atem an. Es ist so still, dass ich glaube, hören zu können, wie mein Blut durchs Trommelfell rauscht. Dazu erweckt der Anblick der schwarzgrauen Berge und die scheinbare Endlosigkeit große Ehrfurcht in mir.

Keine 50 Kilometer hinter der Grenze kommt man in ein weites Tal, wo sich der Weg in besagte Nord- und Südroute teilt. Noch bevor wir die Gabelung erreichen, haben wir uns zum ersten Mal verfranzt. Die ohnehin schon schwer zu erkennende Fahrspur hat sich in der morastigen Ufergegend des Tsagaannuur-Sees verloren. Um wieder auf den richtigen Weg zu gelangen, rollen wir querfeldein, bis wir wieder Reifenspuren sehen, die uns zur Orientierung dienen. Über Stunden geht es weiter bergauf und bergab, ohne dass wir nur ansatzweise Anzeichen von Zivilisation entdecken. Einzig die Fahrzeugspuren auf dem von bunten Flechten überzogenen Boden zeugen davon, dass wir nicht die ersten Menschen sind, die hier vorbeigekommen sind.

Der erste Abend ist ein hervorragender Auftakt in dem riesigen Land. Unser Lager haben wir am Ufer des Tolbo Nuur aufgeschlagen, einem riesigen See, der auf der Landkarte einen völlig unscheinbaren Eindruck macht. Ein mächtiger und kühler Wind trägt das Blöken einiger Schafe zu uns herüber, die ein paar Kilometer weiter am kaum bewachsenen Ufer verweilen. Ab und an, wenn ein Fisch beim Sprung nach einer Mücke wieder im Wasser landet, ist ein leises Platschen zu hören.

Es wird bereits dunkel, als ich auf dem Benzinkocher mit Sand angereicherte Spaghetti für uns zubereite. Im Eiltempo fallen die Temperaturen in den Keller. Wir sind froh, dass wir in Sibirien noch die warmen Fellmützen und Handschuhe gekauft haben, da wir es so noch eine Weile länger vor dem Zelt aushalten. Als die völlige Dunkelheit über uns hereingebrochen ist, können wir am schwarzen Himmel neben der unglaublichen Anhäufung leuchtender Sterne, sogar das weißlich schimmernde Band der Milchstraße erkennen. Nahezu im Minutentakt machen wir uns gegenseitig auf Sternschnuppen aufmerksam, die scheinbar zum Greifen nahe vom Himmel fallen. Wenn sich nur die Hälfte der Wünsche, die wir auf unserem Konto verbuchen, erfüllen würde, dürfte bis zum Ende dieser Reise eigentlich nichts mehr schief gehen.

Der nächste Morgen. Als ich mit einer Rolle Klopapier unter dem Arm entlang des Ufers spaziere, mache ich eine aufregende Entdeckung. Erst sehe ich nur den blutigen Schädel einer Kuh. Als ich mich jedoch näher umschaue, fallen mir weitere verstreute Teile des Kadavers auf. Hier ein Bein, da ein Stück der Wirbelsäule und weitere nicht identifizierbare Knochen. Lange scheint das Tier noch nicht hier zu liegen, denn noch hängt der süßliche Geruch von Verwesung in der Luft. Vermutlich ist das Tier einem Wolf oder Schneeleoparden zum Opfer gefallen. Die Existenz dieser seltenen Raubtiere in dieser Region wird mir mit einem Schlag wieder bewusst.

In der Mongolei kommt es häufiger vor, dass man über die sterblichen Überreste größerer Säugetiere stolpert. Dafür ist jedoch nicht immer ein Raubtier verantwortlich. Die meisten Tiere fallen einer Naturkatastrophe zum Opfer, die unter dem Namen Zud im ganzen Land gefürchtet ist. Dabei handelt es sich um eine Kältewelle, die mit zunehmender Klimaerwärmung dramatische Folgen hat. Betroffen von diesen extremen Minustemperaturen ist in erster Linie die Existenz der Nomaden – das Nutzvieh, welches den Menschen alle wichtigen Güter des täglichen Bedarfs liefert: Milch, Fleisch, Felle und Dung als Brennmaterial fürs Kochfeuer. Die Mongolen unterscheiden drei verschiedene Varianten des Zud: den so genannten weißen, bei dem hoher Schnee es den Tieren unmöglich macht, Nahrung zu finden und unweigerlich zum Hungertod führt. Den eisernen, bei dem eine geschlossene Eisdecke die Nahrung unter sich begräbt, und letztlich den schwarzen Zud, bei dem die Tiere aus Mangel an Schnee und Eis verdursten. In manchen Jahren sind die Folgen verheerend. So verendeten in den drei aufeinander folgenden Wintern der Jahre 2000-2002, wo das Thermometer bis auf minus 57 Grad sank, über elf Millionen Stück Vieh, gut ein Drittel des gesamten Nutztierbestandes. Eine wirtschaftliche Katastrophe, von der sich die Nomaden bis heute nicht völlig erholt haben.

Nachdem wir am Morgen lange mit der Pflege unserer Ausrüstung zugebracht haben, geht es weiter hinein in die kargen Ausläufer des mongolischen Altai-Gebirges. Wie in den meisten Teilen des Landes hat es auch hier nie eine einzige asphaltierte Straße gegeben. Man muss sich das mal vorstellen: eine Fläche weit größer als Frankreich, ohne eine einzige Straße, auf der man einigermaßen vernünftig vorwärts kommt. Einzig und allein das Stadtgebiet von Ulan Bator kann mit geteerten Wegen aufwarten, die den Namen „Straße" auch verdient haben. Der weitaus größere Teil des Landes ist von geröllartigen Pisten durchzogen, die vom Regen und den Reifen anderer Fahrzeuge in den Boden gezeichnet wurden, und deren Verlauf sich ständig ändert. Oftmals sind die Fahrspuren so schwer zu erkennen, dass schon ein einziger Regen ausreicht, um sie unsichtbar zu machen. Jedem, der die Mongolei auf eigene Faust zu durchqueren gedenkt, sei angeraten, sich fundierte Kenntnisse im Umgang mit Karte und Kompass anzueignen. An vielen Punkten ist ein vernünftiges Orientieren nur noch anhand von markanten Geländepunkten und Marschkompasszahlen möglich. Gut, wenn man in einem solchen Fall über ein GPS-Gerät verfügt, da somit die Zeit raubende Standortbestimmung entfällt. Man sollte sich jedoch nicht völlig auf die Technik verlassen. Es kommt regelmäßig vor, dass die Wege der elektronischen Karten falsch eingezeichnet sind und nur herkömmliche Landkarten verlässliche Angaben liefern.

Den Umständen entsprechend kommen wir gut voran. Zwar hätte ich erwartet, mehr Kilometer pro Stunde zurückzulegen, doch mit einem Schnitt von etwa 45 Stundenkilometern können wir durchaus zufrieden sein. Nach mehreren kleinen Bächen, die wir durchqueren, wartet am frühen Nachmittag ein weiteres, auf den ersten Blick recht unscheinbares Gewässer auf uns. Zunächst geht es einen steilen Abhang hinunter, auf dem lose Gesteinsbrocken das Fahren zum Balanceakt werden lassen. An der einzigen Stelle, an der wir den Bach durchqueren können, liegen große Felsbrocken herum, die uns den Weg versperren. Wir müssen von unseren Motorrädern absteigen und rutschen die Steigung hinunter. Nachdem wir uns ein Bild davon gemacht haben, wie wir die Sache am besten angehen sollen, mache ich den Anfang. Mit blockiertem Hinterrad fahre ich den Hang hinab und mache einen Schlenker um den ersten Stein. Die Hand sanft am Gas, fahre ich durch das steinige Bachbett und komme ohne Probleme auf der anderen Seite an. Erstaunlich, wie gut das geklappt hat – sah ich mich doch schon im Wasser liegen und Teile der Ausrüstung flussabwärts verschwinden. Nun ist Alain an der Reihe. Er geht die Sache sehr vorsichtig an. Zwar schrammt die rechte Fußraste eines der Hindernisse leicht, dennoch schafft er es, ohne einen Sturz ans andere Ufer zu kommen. Während ich ihn beobachte, fallen mir auf der anderen Seite zwei Personen auf, die nur wenige Meter entfernt das Bachbett hinaufspaziert kommen. Neugierig und verwundert beobachten die Fremden uns. Da wir ein paar Kilometer von der Hauptroute abgekommen sind, wird in dieser Gegend der Anblick von zwei weit gereisten Motorradfahrern ziemlich ungewöhnlich sein. Die beiden Zuschauer, ein Mann unseren Alters mit seinem Sohn, lachen und klatschen anerkennend wegen unserer kurzen Unterhaltungseinlage. Nach einem kurzen, sehr verhaltenen Wortwechsel werden wir auf einen Chai, einen Tee, in ihr nahe gelegenes Heim eingeladen. Solch eine Einladung zu einem Milchtee ist in der Mongolei eine weit verbreitete und übliche Geste der Freundschaft. Wir nehmen das Angebot an und folgen den beiden etwa 200 Meter bis zu einer versteckt gelegenen Behausung.

Wer in der Mongolei unterwegs ist, wird sehr schnell merken, dass man selbst in dieser so dünn besiedelten Region oft an den Stellen auf Menschen trifft, wo man es nie erwarten würde. Wo auch immer man anhält, es dauert nicht lang, bis der erste Mensch auftaucht. Sei es zu Fuß, auf dem Esel, dem Pferd oder einem uralten Motorrad, irgendwer scheint immer in der Nähe zu sein. Ein wirklich seltsames Phänomen.

Anders, als es bei den Nomaden üblich ist, wohnt die Großfamilie in einer massiv gebauten Steinhütte. Sage und schreibe sieben Personen teilen sich den einzigen, fensterlosen Raum unter dem etwa 20 Quadratmeter großen Dach. Ein eher spartanisch eingerichtetes Zuhause mit einer Feuerstelle in der Mitte des Raumes und aufeinander geschichteten Decken als Schlafgelegenheit. An einer Wand steht ein selbst gebautes Regal, in dem ein Bild von Dschingis-Khan und mehrere Kerzen stehen. Allen Familienmitgliedern ist deutlich anzumerken, wie überrascht sie sind, uns als ihre Gäste zu begrüßen. Minutenlang starren die Kinder uns mit weit aufgerissenen Augen und offenen Mündern an. Trotz der Enge wird Platz für uns geschaffen, und wir nehmen auf dicken Kissen auf dem Boden Platz. Über den Flammen von getrocknetem Pferdemist wird ein Kessel Wasser aufgesetzt und frischer, gesalzener Milchtee aufgebrüht. Durch Butter oder auch dünne Fettstreifen, die zusätzlich gereicht werden, wird dem Getränk eine durchaus interessante Note verliehen. Daneben wandern auch Snacks auf den Tisch, um die man sich wahrlich nicht reißen möchte. Faseriger Ziegenkäse, steinhartes Salzgebäck und ein paar unidentifizierbare Knubbel, die wir als panierten Knorpel einstufen. Generell kann gesagt werden, dass der Mongole kein Feinschmecker ist und Vegetarier im Land wirklich nichts zu lachen haben. Die Küche hat sich im Laufe der Zeit an die karge Lebensweise und das harte Klima angepasst, und so konzentriert sich die Nahrungsaufnahme fast ausschließlich darauf, Energie spendende Kalorien aufzunehmen. Fettiges und sehniges Fleisch und Innereien von Schaf, Ziege oder Rind sind da gerade recht. Gemüse kommt nur äußerst selten auf den Tisch, da sich der Anbau von Pflanzen als äußerst schwierig gestaltet. Die mit Abstand beliebteste Speise ist das so genannte Bodog. Bei dieser bereits erwähnten Garmethode werden einem Murmeltier, Hammel oder Ziege durch die Kopföffnung die Innereien entnommen und durch glühend heiße Steine ersetzt. Danach wird der Hals wieder mit Draht verschlossen und das Ganze in der Erde vergraben, bis das Fleisch von innen nach außen durchgegart ist. Mit der in Deutschland so angesagten Event-Gastronomie, die unter dem Namen mongolisches Barbecue die Großstädte erobert, hat das Ganze wenig zu tun. Während man zusammensitzt und speist, werden die noch heißen Steine herumgereicht und lange in den Händen gerieben, da ihnen aufgrund des Fettüberzugs eine heilende Wirkung nachgesagt wird.

Da wir nicht so recht wissen, wie wir uns verständigen sollen, versuche ich die Stimmung ein wenig zu lockern und frage, ob ich ein paar Fotos machen darf. Eine Kleinbildkamera, auf deren Display man sich seine Bilder direkt anschauen kann, ist da immer ein probates Mittel. Man ist hellauf begeistert von meiner Idee, und schon ist das Eis gebrochen. Bevor ich knipsen darf, bringt die Mutter noch schnell mit etwas Spucke die Frisuren der Kinder in Schuss und rückt die Kleidung zurecht. Als ich den Apparat rumgehen lasse, damit sich alle die Bilder anschauen können, kriegen sie sich kaum noch ein. Da sie vermutlich schon lange keine Fotos mehr von sich gemacht haben, werde ich geradezu genötigt, noch mehr Aufnahmen zu machen. So entsteht eine ganze Bildserie von Oma mit Enkel, Mann mit Frau, Bruder mit Schwester, Mutter mit Tochter, Vater mit Sohn und so weiter. Es übersteigt meine mathematischen Fähigkeiten, auszurechnen, wie viele verschiedene Konstellationen möglich wären – ich glaube jedoch, alle auf den Speicherchip gebannt zu haben.

Mit dem Versprechen, ihnen die schönsten Fotos zuzuschicken, sobald wir wieder in Deutschland sind, verabschieden wir uns nach einer Weile wieder. Wenn ich mir die auf einem kleinen Schnipsel Papier notierte Adresse jedoch so anschaue, überkommen mich große Zweifel, ob die Post mit den Angaben „Familie Sowieso – Mongolei" jemals ihren Bestimmungsort erreichen wird.

Wir folgen dem Pfad, den wir gekommen sind, weiter den Berg hinauf. Da das weglose Terrain immer schwerer zu befahren ist, sind wir bestrebt, so schnell wie möglich auf die Hauptroute zurückzukehren. Spätestens als uns auffällt, dass wir in die völlig falsche Himmelsrichtung fahren, fangen wir an, uns Sorgen zu machen. Als wir an einer weiteren Hütte vorbeikommen, vor der zwei ältere Frauen sitzen und getrocknete Pferdemist-Briketts aufschichten, frage ich nach dem Weg. Um sicher zu gehen, dass die Richtung stimmt, nenne ich den Namen der nächstgrößeren Ortschaft auf unserer Strecke, lege einen fragenden Unterton auf meine Stimme und deute schulterzuckend in unsere Fahrtrichtung. Obwohl man dies mit einem Kopfnicken bestätigt und wir weiterfahren, gibt es nach nur wenigen hundert Metern kein Vorwärtskommen mehr. Vermutlich hätten sie auch mit dem Kopf genickt, wenn ich gefragt hätte, ob sie mir die Bundesligaergebnisse mitteilen können.

Der Berg, der sich vor uns erhebt, wird so steil, dass wir uns nur noch durch schlangenförmige Bewegungen von links nach rechts hinaufkämpfen können. Als Alain bei langsamer Fahrt wiederholt das Gleichgewicht verliert und umkippt, halten wir an.

„Verdammte Scheiße! Nur weil die sonst ihre Pferde da hochscheuchen, heißt das noch lange nicht, dass wir das auf unseren Karren auch schaffen“, flucht Alain, als wir gemeinsam sein Motorrad aufrichten und er den Tankrucksack einsammelt, der gut 20 Meter den Berg hinuntergekullert ist.

„Du hast Recht, das kann nicht der richtige Weg sein. Hier mit dem Motorrad rüber ist absolut unmöglich.“

„Lass uns wieder umkehren und irgendwie versuchen, querfeldein zwischen den Bergen dort drüben hindurchzufahren. Hier geht’s jedenfalls nicht weiter.“

„Das hieße ja, wir müssten den ganzen Weg wieder zurück und erneut durch den Bach und den steilen Abhang hinauf. Oje, das kann ja heiter werden.“

„Hast du eine bessere Idee?“

„Nein!“

„Na, dann los!“

Jeden Meter darauf konzentriert, nicht wieder zu stürzen, fahren wir den steilen Bergrücken wieder hinab. Nicht auszudenken, wenn einer von uns beiden hier bei einem Unfall sein Bein oder Schlimmeres brechen würde. Man müsste vermutlich eine halbe Ewigkeit warten, bis irgendein zufällig vorbeikommendes Fahrzeug den Verletzten in ein weit entferntes Krankenhaus karren würde. Dort angekommen, wäre der gebrochene Knochen bestimmt schon schief zusammengewachsen und müsste nach einer Wodka-Anästhesie wieder mit Gewalt gebrochen werden, um das Ganze zu richten. Eine Horrorvorstellung, mit der man nicht viel Zeit verschwenden möchte.

Den Bach und die Steigung passieren wir erneut ohne größere Schwierigkeiten. Nachdem wir etwa zehn Kilometer zurückgefahren sind, taucht endlich wieder eine Reifenspur auf, die sich in der Ferne zwischen zwei Bergkämmen hindurchschlängelt. Die Hauptroute hätten wir somit wieder gefunden. Wir folgen ihr und kommen nach einer längeren Fahrt durch ein staubtrockenes Tal. Es ist deutlich spürbar, dass wir uns den Ausläufern der Wüste Gobi nähern. Das Land ist flacher geworden, und die hohen Berge des Altai-Gebirges sind in der Ferne hinter uns verschwunden. Nur die Pflanzenwelt hat sich kaum verändert. Bunte Flechtengewächse, Wehrmut und wilder Schnittlauch sind die einzigen Pflanzen, die es schaffen, dem Boden genügend Nährstoffe abzuringen. Ansonsten ist jedoch weit und breit keine Spur von Leben in Sicht. Dafür lassen mehrere Kamelskelette, die in der knochenbleichenden Sonne liegen, das ungute Gefühl aufkommen, dass wir so schnell kein Wasser zu Gesicht bekommen werden. Anlass genug, um sich Gedanken darüber zu machen, wo um alles in der Welt wir jetzt unsere Vorräte auffüllen können. Beim letzten Tankstopp haben wir jedenfalls nicht daran gedacht. Wir fahren weiter und kommen immer öfter durch sandige Dünenlandschaften, die das Vorwärtskommen mühsamer machen. Ich würde sie in der Kategorie „Für fortgeschrittene Fahrer" einstufen. Für uns sind sie zum absoluten Albtraum geworden, da sie sich nur mit Vollgas einigermaßen bewältigen lassen. Und da wir wahrlich keine begnadeten Offroad-Fahrer sind, gelingt es nur selten, den weichen Sand ohne Sturz zu durchfahren. Teilweise sind aber auch feste Abschnitte dabei, die richtiges Rallye-Feeling aufkommen lassen. Auf den Fußrasten stehend, ist es teilweise möglich, mit über 100 Stundenkilometern darüber zu brettern. Noch vor wenigen Wochen hätte keiner von uns beiden den Mut gehabt, abseits geteerter Wege so schnell zu fahren. Doch durch die vielen Kilometer, die hinter uns liegen, sind wir wagemutiger, stellenweise vielleicht sogar leichtsinniger geworden. Hätte man jede Sekunde die möglichen Folgen vor Augen, würde man einfach um den Spaß gebracht werden, den einem das Motorradfahren in einem solchen Land bieten kann.

Da sich unsere Trinkwasservorräte schon früher als erwartet dem Ende neigen und wir heute an keiner Stadt oder Siedlung mehr vorbeikommen, wo wir einkaufen können, halten wir es für ratsam, die Nacht in der Nähe irgendeines Gewässers zu verbringen. Wenn wir schon kein Wasser kaufen können, dann müssen wir uns zumindest irgendwo sauberes Wasser in unsere Flaschen filtern. Zudem wird es auch höchste Zeit, dass wir unsere Körper noch mal einer gründlichen Reinigung unterziehen. Endlich noch mal baden oder zumindest eine Katzenwäsche. Wenn ein Mann seine eigenen Ausdünstungen schon als störend empfindet, will das schon einiges heißen.

In der Hoffnung, unser Lager an einem Gewässer aufschlagen zu können, fahren wir genau zu der Stelle, an der laut Karte zwei größere Flüsse aufeinandertreffen müssten. Doch so angestrengt wir auch suchen, die Landschaft bleibt so trocken wie ein Hasenfurz. Kein See, kein Fluss, nur knöcheltiefer Sand und dürres Gesträuch, so weit das Auge reicht. Vermutlich gibt es in dieser Region nur in der bevorstehenden Regenzeit Wasser, und die vertrockneten Flüsse verwandeln sich dann in reißende Ströme. Weil mehrere Gräben und Dünen die weitere Suche behindern, mache ich mich zu Fuß auf den Weg, um zu prüfen, ob nicht doch irgendwo ein kleines Rinnsal fließt – vergeblich.

Der Abend rückt näher, und noch immer beschränken sich unsere gesamten Trinkwasservorräte höchstens noch auf einen halben Liter warmes Wasser. Beunruhigt setzten wir die Fahrt noch bis in die Dunkelheit weiter fort, obwohl wir dies aufgrund der hohen Sturzgefahr vermeiden wollten. Irgendwann müssen wir jedoch einsehen, dass es keinen Sinn mehr macht, und wir brechen die Suche ab.

Ein paar Meter abseits der Fahrspur bauen wir im Scheinwerferlicht der beiden Motorräder unser Nachtlager auf. Einzig und allein eine schäbige Dose Ölsardinen und ein geschmolzener Schokoriegel sind die Bestandteile unseres unausgewogenen Abendmahls.

„Zu Hause in Köln lässt meine Freundin wahrscheinlich in genau diesem Augenblick das Badewasser ein“, streue ich in die wortkarge Unterhaltung ein. „Was würde ich nicht alles tun, um meinen Kopf in die Wanne zu halten.“

Wir sitzen eine Weile vor unserem Zelt und jammern uns gegenseitig die Ohren voll. Während ich mit meiner Stirnlampe nach weiteren blauen Linien auf der Landkarte suche, teilen wir uns den letzten pisswarmen Schluck Wasser. Wie gut dieser doch trotzdem schmeckt, ist wirklich erstaunlich. Wir machen die Erfahrung, was es heißt, richtig Durst zu haben. Schon früh treibt mich das Verlangen nach etwas Trinkbarem ins Zelt. Bloß schnell einschlafen und die Nacht hinter mich bringen. Doch durstig Schlaf zu finden, so stelle ich bald fest, ist wirklich eine Strafe, die man seinem ärgsten Feind nicht wünscht. Mit geschlossenen Augen male ich mir aus, wie es wäre, in einer Oase nackt in einen klaren See zu springen. Nachdem ich mich unzählige Male hin und her geworfen habe, schlafe ich mit einem sehnsüchtigen Grinsen ein. Morgen, ja morgen, so hoffe ich, wird alles gut.

Der nächste Tag bricht an. Mit staubtrockener Kehle werde ich um einiges früher wach als sonst. Genau genommen hatten die letzten Stunden nur wenig mit Schlafen zu tun, sondern waren nichts weiter als ein ewiges Warten darauf, endlich aufbrechen zu können. Noch so eine

Nacht, in der man von Durst und Albträumen geplagt ständig wach wird, will ich auf keinen Fall noch einmal erleben. In Windeseile bauen wir das Zelt ab und machen uns wieder auf den Weg. Die Freude, in diesem Land Motorradfahren zu dürfen, ist der Gier nach einer großen Flasche Wasser gewichen.

Dank einer glücklichen Fügung des Schicksals kommen wir kurz nachdem wir aufgebrochen sind, an einer Siedlung vorbei, die nicht in unserer Karte eingezeichnet ist. Anders als die lebendigen und farbenfrohen Nomadenlager sind die meisten der Ortschaften im urbanen Niemandsland mit das Trostloseste, was ich je gesehen habe. Es mangelt nicht nur an jeglicher Infrastruktur, auch das Leben scheint begraben zu sein. Keine spielenden Kinder auf den Straßen, keine Gesichter hinter den gardinenlosen Fenstern, keine Menschen beim Einkaufen oder sonstigen Aktivitäten. Noch nicht einmal ein Auto fährt umher. Man könnte meinen, es herrsche eine landesweite Ausgangssperre. Selbst eine verlassene Kaserne wirkt da einladender. Arm dran, wer hier leben muss.

In einem schlecht sortierten Kramladen können wir endlich die nötigsten Dinge erstehen. Mehrere Flaschen Wasser, von denen ich eine zu zwei Dritteln in mich hinein und den Rest über den Kopf kippe, ein Fladenbrot und ein paar Lebensmittelkonserven wandern in die Seitenkoffer. Genug Proviant, um die nächstgrößere Zwischenstation problemlos zu erreichen. Ich muss sagen, dass es eine sehr positive Erfahrung ist, wenn man sieht, dass man sich wie ein König über jene Dinge freuen kann, denen man im Alltag keinerlei Bedeutung schenkt. Wir fragen den Kramladenbesitzer, wo wir tanken können, und erfahren, dass es im Ort sogar eine Tankstelle gibt. Überglücklich und erleichtert machen wir uns auf den Weg dorthin.

Als wir die herbeigesehnte Tankstelle gefunden haben, müssen wir feststellen, dass diese verriegelt und verrammelt ist. Von dem Betreiber fehlt jede Spur. Eine schwere Eisenkette mit mächtigem Vorhängeschloss soll die mechanisch betriebene Zapfsäule vor zahlungsunwilliger Kundschaft schützen. Grundsätzlich nichts Ungewöhnliches, kam es in einigen Ländern schon häufiger vor, dass wir den Betreiber erst suchen mussten. Doch hier ist weit und breit kein Mensch zu sehen. Wir warten eine Weile, bis uns ein auf dem Fahrrad vorbeikommender Mongole sagt, dass der Gesuchte wie immer seine Zeit in der Dorfspelunke vertreibt. Wir lassen uns den Weg erklären und begeben uns auf die Suche nach dem Kerl. In einem kleinen Wellblechbau, der so gar nicht an eine Kneipe erinnert, werden wir schließlich fündig. „Himmel, was für ein Loch“, sage ich zu Alain, als wir den Laden betreten. Bei leiernder Kassettenrekordermusik treffen wir auf eine Runde Säufer, die mit wodkagetrübten Augen hitzig miteinander diskutiert und Karten spielt. Trotz eines lauten Hallo meinerseits scheint keiner unsere Anwesenheit zu registrieren. Unbeeindruckt decken sie weiter ihre Trümpfe auf. Für einen der Trinker ist das Spiel bereits gelaufen. Wie tot ruht er mit seinem Kopf auf dem Tisch – unser Tankwart.

Unser Problem besteht nicht nur darin, dass er nicht mehr ansprechbar ist, sondern sich auch sein Gleichgewichtssinn im Off-Modus befindet. Nur mit tatkräftiger Hilfe zweier seiner Saufkumpane schaffen wir es, den störrischen Koloss dazu zu bringen, uns zur Tankstelle zu begleiten. Obwohl er sich kaum auf den Beinen halten kann, schafft er es schließlich, die Kette zu lösen und die Tankanlage in Gang zu bringen. Mit einer Kippe in der Hand steht er schwankend direkt neben mir und lallt auf mich ein, während ich ziemlich beunruhigt den Sprit in meinen Tank fließen lasse. Angeblich soll ja nichts passieren, wenn eine brennende Zigarette in den offenen Benzintank fällt. Doch in diesem Moment will ich es eigentlich gar nicht so genau wissen. Soll sich doch lieber eine der unzähligen Experimentiershows im Privatfernsehen um diese Frage kümmern. Nachdem Tanks und Reservebehälter befüllt worden sind und der Tankwart wieder auf seinem Platz in der Kaschemme sitzt, machen wir uns auf die Socken.

Gut 100 Kilometer nach dem Tankstopp bemerkt Alain, dass sein eben erst befüllter Reservekanister fehlt – weg, verloren. Wahrscheinlich hat er sich durch die Rüttelei von seiner stets schlecht verzurrten Ausrüstung gelöst. Zu dumm, dass es ausgerechnet jetzt passieren muss, wo wir befürchten, dass es selbst mit den zusätzlichen zehn Litern richtig knapp werden könnte. Was nun? Zurückfahren würde keinen Sinn machen. Die Strecke auf den zurückliegenden Kilometern teilt sich in mindestens 20 nebeneinander verlaufenden Spuren, die wir auf der verzweifelten Suche nach der Ideallinie ständig gewechselt haben. Aber was sollen wir uns unnötige Gedanken machen? Davon wird der Tank auch nicht voller. Wir werden einfach so lange fahren, bis uns der Saft ausgeht, und abwarten, bis der erste Pkw auftaucht. Dem Fahrer könnten wir dann immer noch mittels eines Plastikschlauchs ein paar Liter aus dem Benzintank saugen.

Unsere Hoffnung, mit dem Motorrad nach China einreisen zu können, bekommt einen zusätzlichen Dämpfer, als wir mitten im Niemandsland auf ein schwedisches Fernsehteam stoßen. Unterwegs mit zwei modernen Geländewagen, begleitet es eine Gruppe von sechs Motorradfahrern, die mit modernsten Maschinen unterwegs sind. Wir machen große Augen, als die Biker ihre Helme absetzen. Alle haben graue Haare und sind schon deutlich über 60 Jahre alt. Wir kommen ins Gespräch und erfahren, dass es sich um ehemalige Olympiasieger und Goldmedaillengewinner der verschiedensten Wintersportarten handelt. Auch die Speedway-Legende Varg-Olle Nygren ist dabei – mit 77 Jahren der Älteste im Fahrerfeld. Sie wollen mit ihrer Aktion beweisen, dass man in ihrem Alter noch nicht zum alten Eisen gehört. Gemeinsam sind sie auf dem Weg in die entgegengesetzte Richtung. Ursprünglich sollte auch ihre Reise durch China gehen und von dort in ihre Heimat Schweden führen. Doch da dies aus bürokratischen Gründen nicht zu realisieren war, haben sie ihr Abenteuer in Korea begonnen. Schon bald soll ihr Vorhaben auf skandinavischen Bildschirmen laufen. Auch wir sollen in dem Bericht vorkommen, weshalb wir noch ein kurzes Interview geben. Wir tauschen Adressen aus und bekommen gute Tipps für die Weiterreise.

Während wir immer weiter Richtung Südosten rollen, taucht in der Ferne vor uns ein kegelförmiger Hügel auf, der sich deutlich von der flachen Landschaft abhebt. Wir folgen einer der vielen sich wirr kreuzenden Fahrspuren und steuern schnurgerade auf die etwa 200 Meter hohe Anhöhe zu. Schon von Weitem können wir auf dem Gipfel eines der so genannten Owoos erkennen. Dabei handelt es sich um künstlich aufgeschichtete Steinhaufen, die mit hellblauen Stofffetzen geschmückt sind. Solche Steinformationen begegnen einem in der Mongolei an zahlreichen Orten. Auf Passhöhen, Hügeln oder an Weggabelungen markieren sie die Plätze, an denen in der von Schamanen und Dämonen geprägten Glaubenswelt der Mongolen die Geister zu Hause sind. Reisende, die an einem solchen Owoo vorbeikommen, sollen es drei Mal im Uhrzeigersinn umkreisen und einen neuen Stein zu den anderen hinzulegen. Mit Opfergaben wie Tierschädeln, Münzgeld, Wodkaflaschen, Kochtöpfen und sogar Autoersatzteilen hat ein jeder die Möglichkeit, den Schutz der Geister zusätzlich zu beschwören.

Wir fahren den Hügel hinauf und stellen unsere Motorräder ab. Es herrscht eine ohrenbetäubende Stille. Nur das leise Flattern der blauen

Stofffetzen im böigen Wind ist zu hören. Ein magischer Ort. Auch ich drehe meine Runden, opfere zwei Unterlegscheiben und ein Kaugummi und erbitte mir von den Geistern, heil am Ziel der Reise anzukommen.

Wir durchfahren weitere kleinere Flussläufe und überqueren baufällige Holzbrücken. Meist stehen die Übergänge an genau den Stellen, wo sie zu dieser Jahreszeit eigentlich nicht zu stehen bräuchten.

Auch die ersten bemerkenswerten Flussdurchquerungen warten auf uns. Bei kleinen, harmlosen Bächen haben wir uns bislang nicht die Mühe gemacht, anzuhalten, um die Fahrlinie zu erkunden. Ein Ruck am Gas genügte in der Regel, und die Gewässer ließen sich mit viel Druck auf dem Hinterrad durchqueren. Das nun vor uns liegende Hindernis ist jedoch von einem anderen Kaliber. Als wir an dem etwa 30 Meter breiten Fluss ankommen, halte ich es zunächst für absolut unmöglich, dass dieser mit dem Motorrad überhaupt zu passieren ist. Vielleicht wäre es ratsam, auf einen Lkw zu warten, der unsere Motorräder auf der Ladefläche ans andere Ufer bringt. Doch wer weiß schon, wie lange wir warten müssten. Also gehen wir die Sache an.

Die Stelle, an der sich die wenigen Lkw-Spuren im Wasser verlieren, scheint mir für eine Durchfahrt am besten geeignet zu sein. Nachdem ich zu Fuß durch das stellenweise hüfthohe Wasser gewatet bin, um die nässeempfindliche Ausrüstung ans andere Ufer zu tragen, wage ich den Anfang. Meine besondere Aufmerksamkeit gilt den Stellen, wo die spiegelglatte Wasseroberfläche auf tiefe Senken schließen lässt. Mit etwa 10 Stundenkilometern fahre ich in den Fluss hinein. Schon auf den ersten Metern schwappt mir das Wasser in die Stiefelöffnungen, und die Strömung drückt mich so stark zur Seite, dass es mir schwer fällt, die Spur zu halten. Damit mein Motorrad nicht Opfer der Fluten wird, gebe ich Gas und lenke stark dagegen. In einem weiten Bogen nähere ich mich dem anderen Ufer. Geschafft! Kaum bin ich auf der anderen Seite angekommen, streikt auch schon der Motor und säuft buchstäblich ab.

Nun ist Alain an der Reihe. Auch seinen Tankrucksack habe ich zuvor ans andere Ufer getragen. Nicht auszudenken, wenn die empfindliche Kameraausrüstung und vor allem die Filmaufnahmen bei einem Sturz im Wasser beschädigt würden. Doch er geht die Sache zu hektisch an und würgt schon nach wenigen Metern den Motor ab. Aufgrund des starken Wasserdrucks gelingt es ihm kaum, das Gleichgewicht zu halten. Sofort eile ich ihm zur Hilfe. Nur durch kräftiges Schieben und gleichzeitiges Halten können wir verhindern, dass er auf

Tauchstation geht. Nass bis auf die Haut und völlig außer Atem kommen wir am anderen Ufer an.

„Du kannst sagen, was du willst, aber das hat ja wohl echt Laune gemacht. Von mir aus können noch mehr solcher Flüsse kommen. Einfach geil!“ sage ich zu Alain und bin völlig begeistert von der abwechslungsreichen Einlage.

„Na ja, geht so. Um ehrlich zu sein, ich fahre lieber Autobahn.“

Da unsere Klamotten nass sind und auch die Zündkerzen erst trocknen müssen, legen wir eine Pause ein. Wir gönnen uns endlich ein wohltuendes Bad im Fluss und waschen unsere Kleidung. Nachdem wir eine Weile gefaulenzt haben und alles wieder getrocknet ist, setzen wir die Fahrt fort.

Mittlerweile haben wir den südlichsten Punkt der Strecke erreicht. Ab jetzt nehmen wir wieder Kurs in nördliche Richtung. Langsam wird spürbar, dass wir uns dem grünen Norden nähern. Die sandigen Ebenen mit spärlichem Bewuchs sind Gras bewachsenen Hügeln gewichen. Das Vorwärtskommen ist nicht mehr ganz so mühsam wie zuvor. So müssen wir nicht mehr ganz so viel Zeit investieren, um auf die angestrebte Kilometerleistung zu kommen, und können die Fahrt noch mehr genießen.

Etwa 40 Kilometer nordwestlich der abgelegenen Kleinstadt Bayankhongor kommen wir an einer Stelle vorbei, an der uns einige Erdhaufen auffallen, die höchst werkwürdig erscheinen. So weit das Auge reicht, ist das komplette Erdreich umgepflügt. Es sind so viele, dass man meinen könnte, die weltweite Population der Riesenmaulwürfe habe hier ein neues Zuhause gefunden. Wenig später tauchen die ersten Zelte auf. Als ich mit Spitzhacke und Schaufel bewaffnete Menschen sehe, ahne ich, dass des Rätsels Lösung nur ein Bodenschatz sein kann – Gold. Wir sind auf eine der vielen Goldgräberstädte des Landes gestoßen. Auf den folgenden Kilometern werden aus den wenigen Menschen viele und aus den paar Zelten eine ganze Stadt. Ich habe davon gelesen, dass in der Mongolei vielerorts das Goldfieber ausgebrochen ist, doch ich hätte nicht gedacht, dass die Camps der illegalen Goldsucher solche Ausmaße annehmen. Sofort ist meine Neugier geweckt. Ich möchte wissen, mit welchen Mitteln überhaupt gesucht wird und wie zum Teufel sich die Leute inmitten dieser gnadenlosen Einöde organisiert haben. Um mehr in Erfahrung zu bringen, begebe ich mich zu Fuß auf Erkundungstour. Aus den Erdlöchern tauchen die ersten dreckverschmierten Gesichter auf. Die Ninjas, so nennen sich die Goldgräber, weil sie sich ähnlich vermummt vor der Sonne schützen, kommen aus dem ganzen Land, um hier ihr Glück zu finden. Mit der Bodenprobe eines Rohstoffkonzerns fing alles an. Die Botschaft, dass hier quasi die Chance auf einen Neuanfang in der Erde vergraben liegt, verbreitete sich wie ein Lauffeuer. Wie immer, wenn ein solcher Fund bekannt wird, dauerte es nicht lange, bis die ersten Glücksritter aufkreuzten und damit begannen, die Gegend auf den Kopf zu stellen. Als nun auch diese fündig wurden, war der große Run auf das Fundgebiet nicht mehr aufzuhalten. Hunderte, nein Tausende Goldsucher folgten und mit ihnen auch die üblichen Geschäftemacher, Nutten, Zocker und andere windige Gesellen. Die Mongolei erlebte einen weiteren großen Goldrausch. Binnen kürzester Zeit zog es so viele Menschen an diesen Ort, dass er als eine der größten Siedlungen nach der Hauptstadt gilt.

Mit einfachstem Werkzeug, aber auch mit pfiffig ausgeklügelten Sieb- und Waschsystemen rücken die Desperados dem Edelmetall zu Leibe. Nicht jeder ist begeistert davon, dass ich mit Fotoapparat und Videokamera bewaffnet auf Motivsuche gehe. Viele reagieren aggressiv, als ich die Claims betrete, und halten sich die Schaufel vors Gesicht, um nicht erkannt zu werden. Ich frage einen älteren Goldsucher, ob ich ihm bei der Arbeit zuschauen kann, und bekomme ein zaghaftes Kopfnicken als Antwort. Seine Suche entpuppt sich als üble Schinderei. Stolz zeigt er mir mehrere etwa stecknadelkopfgroße Körnchen Gold, die er in einer kleinen Glasampulle stets am Körper trägt. Scheinbar ist es ein gefährliches Pflaster. Mit einem Ärmel wischt er sich den Schweiß von der Stirn und deutet auf einen riesigen Erdhaufen, der für die magere Ausbeute gesiebt und gewaschen werden musste. Da kein Fluss in der Nähe ist, haben die Goldsucher das Wasser dafür in Plastikflaschen herangeschafft. Durchschnittlich, so berichtet mir der von der Arbeit gezeichnete Mann, hole er Gold im Wert von etwa zehn Euro pro Tag aus der Erde. Immerhin ist das ein Vielfaches von dem, was ein ungelernter Arbeiter in der Hauptstadt verdient. Doch nicht jeder hat so viel Glück wie er. Nicht wenige seiner Genossen scharren tagelang vergeblich im Dreck. Und wenn sie dann doch fündig werden, sind viele so berauscht vor Glück, dass der Erlös gleich in Wodka investiert wird. Ein leidiges Thema in der Mongolei. Eines Tages, und da sind sich alle sicher, werde man den alles verändernden Goldklumpen finden und sich zur Ruhe setzen, ein Gedanke, der alle Goldgräber auf Trab hält.

Während ich mich weiter umschaue, treffen ständig neue Lastwagen ein, auf deren Ladeflächen das Hab und Gut der Neuankömmlinge über die Bordwände quillt. Menschlicher Nachschub auf dem Weg ins vermeintliche Glück.

In einem Talkessel nahe der Ortschaft Jargalan müssen wir etwa eine Stunde später eine Reihe weiterer Gewässer durchqueren. Als wir an einem der Flussarme anhalten, um erneut die nässeempfindliche Ausrüstung ans andere Ufer zu bringen, höre ich, wie Alain seinen Unmut zum Ausdruck bringt. „Müssen wir da etwa durch? Ich hab echt die Schnauze voll von den Flüssen." Während wir dastehen und erhitz darüber debattieren, warum, wo und wie wir den Fluss am besten durchqueren können, kommt ein Motorrad vorbei. Auf der alten Ural sitzen ein älterer Mann und eine Frau, die mehrere große Plastiktüten in den Händen hält. Mit großen Augen beobachten wir, dass die Sozia nur kurz die Füße hochhebt und der Fahrer, ohne groß vom Gas zu gehen, durch das Wasser rauscht. Anscheinend kommen sie öfter vorbei und wissen bestens Bescheid, wo man den Fluss problemlos passieren kann. Auch wir schaffen es ohne größere Schwierigkeiten, obwohl ich Alain zusätzlich anschieben muss. Als wir auf der anderen Seite Halt machen, fällt Alain auf, dass wir uns die ganze Aktion hätten sparen können, da keine drei Kilometer entfernt von uns eine betonierte Brücke die Flussläufe überspannt. Wir kippen noch das Wasser aus unseren Stiefeln, sprühen die Ketten ein und schwingen uns wieder in die Sättel. Weiter geht's, nicht wissend, dass sich gerade die größte Katastrophe unserer gesamten Reise anbahnt.

Der große Schock

Etwa zwei Stunden später gebe ich Alain während der Fahrt mit einer Geste zu verstehen, dass es doch noch einmal an der Zeit wäre, die Würfel auszupacken. Er nickt und hebt den Daumen. Wahrscheinlich kann auch sein Gesäß eine Verschnaufpause gut gebrauchen. Neben einem dicken Felsbrocken abseits der Straße halte ich an, setze mich im kühlen Schatten auf den Boden und befreie meine Füße von den viel zu warmen Stiefeln. Welche Wohltat! Gerade als ich Kniffelblock und Kugelschreiber aus meiner Jackentasche krame, fragt Alain mich mit völlig verschreckter Stimme: „Hast du meinen Tankrucksack vom Motorrad genommen?“

„Häàh? Was hab ich?“

Noch während ich mich über seine Frage wundere, wird mir klar, was er damit überhaupt meint. Ein gewaltiger Schreck durchfährt meine Glieder.

„Ach du Scheiße!“ schreit er völlig entsetzt. „Der ist weg!“

„Du willst mir nur einen Schreck einjagen, oder? Mir ist aber gerade nicht nach schlechten Späßen. Da war doch die komplette Videoausrüstung drin. Los, sag, dass du mich verarschen willst!“ Mir fällt es schwer, überhaupt einen vernünftigen Satz rauszubringen.

„Nein, das ist mein Ernst. Der ist echt weg! Wenn du ihn nicht hast, dann muss er mir während der Fahrt runtergefallen sein.“

„Erzähl keinen Scheiß! Tankrucksäcke fallen während der Fahrt nicht einfach so runter. Wie soll das gehen? Den hast du irgendwo liegen gelassen. Denk genau nach!“

Mir kommt die Idee, meine Fotos durchzuschauen, die ich von den ganzen Flussdurchfahrten gemacht habe. Vielleicht geben sie ja Aufschluss über den Verbleib.

„Nach der letzten Durchquerung hattest du ihn noch. Hier, schau, auf dem Bild trägst du ihn gerade durchs Wasser. Den hast du am anderen Ufer liegen lassen oder bei der kurzen Pause danach – jede Wette.“

„Ich fahr zurück, warte du hier. Ohne die schwere Ausrüstung bin ich schneller“, schlägt Alain vor, schwingt sich auf seine Ténéré und gibt Stoff. Wenn das mal gut geht, denke ich, als er mit Vollgas über den unbefestigten Untergrund brettert und mit einer Staubwolke im Schlepptau hinter einer Kurve verschwindet.

Die Zeit vergeht. Ich sitze derweilen im Straßengraben und warte. In wehmütiger Erinnerung gehen mir sogleich all die Momente durch den Kopf, die wir mit der Kamera festgehalten haben. Die Abfahrt in Köln, der Ausflug in Wien, der Zwangsstopp in Mariupol, das Überqueren der Wolga und die Fahrt durch die Bergwelt Kirgistans. Nicht auszudenken, wenn all diese Aufnahmen für immer verloren wären. Trage ich gar eine gewisse Mitschuld, weil wir nicht den Weg über die Brücke genommen haben? Ich kann es nicht sagen. Ich habe keine Erklärung dafür, wie man seinen Tankrucksack verlieren oder vergessen kann. Wie auch immer, vielleicht haben wir ja Glück, und er findet das Ding.

Nach drei Stunden des Bangens kann ich in der Ferne wieder die Staubwolke erkennen. Nach und nach wird das hochtourige Wummern des Einzylinders lauter. Es ist Alain. Mit halsbrecherischer Geschwindigkeit kommt er zurück und bringt mit einer Vollbremsung das Motorrad direkt neben mir zum Stehen. Mit unruhigen Händen löst er die Schnalle des Kinnriemens und schmeißt wutentbrannt den Helm von sich. Er ist völlig aufgelöst. Auf seinem staubigen Gesicht haben Tränen dünne Linien gezeichnet. Seinen Tankrucksack hat er nicht dabei.

Auch mir ist zum Heulen zumute, als er mir erzählt, wie verzweifelt er gesucht hat. Sogar ein paar Häuser der Siedlung hat er abgeklappert, um zu fragen, ob zufällig jemand die Kamera gefunden hat – vergebens. Um diesen Schock zu verdauen, werde ich wohl eine Weile brauchen. Scheiß auf die Kamera, scheiß auch auf den materiellen Wert, ja scheiß sogar auf unsere Motorräder – Filmaufnahmen sind einfach unbezahlbar und neben den Fotos, den Erfahrungen und Erinnerungen das Wertvollste, was man von einer solchen Reise mitbringen kann. Ich bin fassungslos. Mehrere Stunden Filmmaterial – einfach weg. Leider hat er den großen Fehler gemacht, die Kamera und sämtliche Videobänder an ein und demselben Ort aufzubewahren. So ist uns nicht eine einzige Aufnahme geblieben. Von den restlichen Dingen, die sich sonst noch in dem Tankrucksack befunden haben, will ich gar nicht erst anfangen. Travellerschecks, die Adressen unserer Freunde in Mariupol, einige Reiseführer und teures Kartenmaterial – alles futsch. Die Stimmung ist auf dem Nullpunkt. Wieder und wieder spielen wir beide gedanklich jedes mögliche Szenario durch, wie das passieren konnte. Doch wir kommen zu keinem einleuchtenden Ergebnis. Es wird für immer ein Rätsel bleiben, wie man ausgerechnet das Gepäckstück verlieren kann, das man täglich in die Hand nimmt, und das seit weit mehr als 10.000

Kilometern. Eigentlich war es ja absehbar, denn Alain würde ich ohne Weiteres zutrauen, dass er seinen eigenen Helm vergisst, ohne es zu bemerken. Doch was bringt es, die Sau jetzt durchs Dorf zu jagen? Wir haben uns, obwohl wir so unterschiedlich sind, zusammengerafft und zu einem echten Team entwickelt, das sich in schwierigen Situationen sehr gut ergänzt.

Alain ist völlig fertig mit den Nerven und macht sich nicht ganz zu Unrecht große Vorwürfe. Doch da er wirklich schon genug leidet, will ich ihn nicht zum Sündenbock machen und halte mich zurück. Stattdessen versuche ich, mit schwarzen Humor Trost zu spenden. Mit nur mäßigem Erfolg.

An diesem Abend bauen wir unser Zelt an dem schönsten Platz der ganzen Reise auf. Wenn die Mongolei mit einem Foto für sich werben müsste, gäbe es vermutlich keine perfektere Kulisse dafür als diese. In einem gleichmäßigen Grün hat sich ein Grasteppich über das hügelige Land ausgebreitet. Wir sehen kleinere Viehherden, die von traditionell gekleideten Hirten zusammengetrieben werden, und vereinzelte Zelte, aus denen dünne Rauchsäulen emporsteigen. Greifvögel drehen am Himmel ihre Kreise in der Hoffnung, im Sturzflug ein Murmeltier oder eine Rennmaus zu packen, bevor diese in ihren Erdlöchern verschwinden. Kein Lärm, kein Stress – nur die leisen Gesänge der Natur. Wir sitzen eine ganze Weile vor dem Zelt und schauen schweigend zu, wie die Sonne hinter den grünen Hügeln versinkt. Es dauert sehr lange, bis ich müde genug bin, um Schlaf zu finden. Als mir dies endlich gelingt, werde ich auch noch in meinen Träumen von den negativen Ereignissen des Tages verfolgt.

Halb sieben Uhr morgens. Mein kleiner Reisewecker klingelt im Zelt. Schon seit etwa einer Stunde sitze ich nun bei den Motorrädern und bringe den Gaskocher in Gang. Weil ich so schlecht geschlafen habe, bin ich noch früher auf den Beinen als sonst. Uhrzeiten, zu denen ich an freien Tagen nicht selten erst ins Bett wanke, sind hier zur normalsten Sache der Welt geworden. Sobald es hell wird und es Neues zu entdecken gibt, werde ich unruhig, und mich hält nichts mehr im Zelt. In meinen Augen ist dies die schönste Zeit des Tages, da die morgendlichen Sonnenstrahlen ideal sind, um die Landschaft ins optimale Licht zu rücken. Herrlich, wie unverbraucht der junge Tag noch ist. Der Himmel ist an diesem Morgen von vereinzelten Wolken durchzogen, die langsam über den Boden an mir vorüberziehen. Mit dem Rücken an das Hinterrad gelehnt sitze ich da, gieße mir einen frisch aufgebrühten Bohnenkaffee ein und ergötze mich an dem Panorama der endlosen Hügellandschaft. Ich schaue mir die Natur noch genauer an als sonst. Nach etwa zwei Stunden, als Alain, der alte Langschläfer, sich endlich dazu durchgerungen hat, aufzustehen, machen wir uns daran, die Ausrüstung zu verstauen. Auf nach Ulan Bator. Dort wollen wir eine mehrtägige Pause einschieben, die wir beide auch bitter nötig haben. Endlich wieder essen gehen, Menschen beobachten und frisch gezapftes Bier konsumieren.

In aller Ruhe gehen wir das letzte Teilstück an. Mit etwa 60 Stundenkilometern rollen wir der Hauptstadt entgegen. Das Ganze hat etwas von einer Triumphfahrt, auf der man das Tempo zurücknimmt, um den Erfolg intensiver auskosten zu können. Ein weiteres Schild taucht auf, auf dem die verbleibenden 371 Kilometer bis Ulan Bator angegeben sind.

Der Verkehr wird dichter, je näher wir der Hauptstadt kommen, was soviel heißt, dass uns etwa alle 15 Minuten ein Auto entgegenkommt.

Die letzte Slalomfahrt beginnt. Auf einer Länge von etwa 50 Kilometern erwartet uns noch einmal ein völlig zerstörter Straßenabschnitt. Sofort fühle ich mich an die katastrophalen Pisten West-Kasachstans erinnert. Mit unseren wendigen Motorrädern sind wir die Einzigen, die sich auf dem Streckenabschnitt behaupten können. Alle anderen Verkehrsteilnehmer quälen sich mit ihren Geländewagen und Kleintransporten etwa 200 Meter parallel zur Straße langsam durch das umgepflügte Erdreich.

Während ich dabei bin, mir vorzustellen, was uns in Ulan Bator wohl erwarten wird und mich schon auf ein eiskaltes Bier freue, bemerke ich einen Schatten auf der Fahrbahn, der sich mir von hinten bedrohlich nähert. Es ist Alain. Im Rückspiegel sehe ich, wie er mit hoher Geschwindigkeit auf mich zugefahren kommt, ohne zu merken, dass ich abbremsen und einem Schlagloch ausweichen muss. Dann trifft mich ein harter Schlag, und ich werde zur Seite geworfen. Das Hinterrad blockiert, und ich rausche mit Wucht durch zwei tiefe Schlaglöcher. Mir gelingt es nicht, den Aufprall abzufangen, und ich stürze. Ein paar Sekunden verstreichen, ehe ich kapiere, was überhaupt geschehen ist.

„Sag mal bist du bescheuert?“ schreie ich ihn an, während mir eine ungeheure Wut in den Kopf schießt. Auch Alain ist schwer gestürzt. Völlig verwirrt und verzweifelt versucht er, sein Motorrad hochzuwuchten. „Scheiße, ich hab total gepennt und gar nicht gesehen, dass du in die Eisen gehst."

Sein Motorrad hat es böse erwischt. Der mittlerweile 26. Sturz (wir haben Buch geführt) hat seine Seitenverkleidung und das Windschild abgerissen. Im Umkreis mehrerer Meter liegen die Plastikteile total zerfetzt auf dem Boden verstreut. Auch die Seitenkoffer mussten dran glauben. Komplett verbeult liegen sie neben uns im Feld. Doch das Schlimmste ist, dass der Rahmen am Heck gerissen ist und dieses schief zur Seite hängt.

„Oh Mann! Erklär mir mal, wo du mit deinen Gedanken bist? Erst die Videokamera und jetzt das. Auf was zum Teufel muss ich mich denn als Nächstes gefasst machen?"

„Warum hast du denn auch so plötzlich abgebremst?" will er wissen.

„Es ist ja wohl klar, dass man bei den Straßenverhältnissen hin und wieder mal die Bremse betätigen muss. Mir reicht's langsam! Deine nachlässige Art macht mich noch wahnsinnig!" Ich bin auf 180 und kann mich so gerade noch beherrschen. Obwohl ich froh darüber bin, dass keinem von uns etwas passiert ist, würde ich Alain am liebsten an die Gurgel gehen. Nur mit Müh und Not kann ich meine Wut runterschlucken, um nicht zu explodieren.

Auch meine Ténéré hat gut was abbekommen. Die Kofferhalterung ist an der Seite aus dem Rahmen gebrochen, an der mich sein Motorrad getroffen hat. Die schwer beladene Sitzbank ist dadurch deutlich abgesackt. Wieder löse ich sämtliche Befestigungsriemen und schraube meine Sitzbank ab. Unter Zuhilfenahme eines Zeltherings kann ich die Bruchstelle so weit anheben, dass sie sich mit einem stabilen Maulschlüssel und dicken Kabelbindern verkeilen lässt. Bis Ulan Bator müsste es so eigentlich halten. An Alains Motorrad gehen wir ähnlich vor. Nachdem wir einen Teil des Gepäcks umgelagert und schwere Flaschen und meinen Kanister zurückgelassen haben, können wir vorsichtig weiterfahren.

Seitdem wir am Morgen aufgebrochen sind und speziell nach dem letzten Sturz beschleicht mich irgendwie das Gefühl, dass dies der letzte Tag ist, an dem wir mit unseren Motorrädern reisen. Der Unfall und die Gewissheit, dass es auf legalem Weg nicht möglich ist, in die Volksrepublik China einzureisen, legen den Entschluss nahe, die Motorräder schon hier, wenige Kilometer vor der chinesischen Grenze, zu verkaufen. Je länger ich über diese Option nachdenke, um so mehr kann ich mich für sie begeistern. Außerdem fällt mir ein, dass wir bei der Einreise, bedingt durch den Stromausfall, nicht elektronisch erfasst worden sind. Vermutlich würde es gar keinem auffallen, wenn wir die Motorräder irgendwo illegal verkaufen.

Wenige Kilometer vor dem Ziel meldet sich plötzlich mein Motor durch mehrere aufeinander folgende Fehlzündungen zu Wort. Ein paar hundert Meter stottert er, als sei kein Benzin mehr im Tank, bis er schließlich völlig verstummt. Langsam rolle ich aus und halte an.

„Was um Himmels Willen ist den jetzt schon wieder?" brülle ich. Wieder und wieder drücke ich den Starterknopf, doch der Motor denkt gar nicht daran, zu reagieren. Jeder, der um meine Kenntnisse in Sachen Fahrzeugelektronik Bescheid weiß, kann sich ausmalen, was für ein dummes Gesicht ich mache, als ich auf Fehlersuche um mein Motorrad schleiche. In der Hoffnung, dass mich ein Geistesblitz trifft, löse ich das gesamte Gepäck und breite mein Werkzeug vor mir aus. Unfachmännisch wackle ich mal an diesem und an jenem Kabel, schaue mir den Regler an und trete erbost gegen den Motor. Vielleicht hilft das ja. Alain glänzt leider auch nicht gerade durch fachkundige Unterstützung, und so stehen wir bloß dumm rum und lamentieren. Ganz beiläufig drücke ich den Anlasserknopf, und – man mag es kaum glauben – sie springt tatsächlich an. Ein Wunder ist geschehen. Jetzt schnell wieder das ganze Gepäck zusammenraffen, bevor sie es sich wieder anders überlegt. Als ich zehn Minuten später den Helm aufsetze und losfahren will, streikt der Drecksmotor wieder. Noch nicht einmal das Krächzen des Anlassers ist zu hören.

„Das darf doch alles nicht wahr sein! Wie ich diese dämliche Elektrik-Kacke hasse", fluche ich lauthals. Natürlich ist mir klar, dass das Ganze von dem Zusammenstoß herrührt und Alain der Schuldige ist. Doch da ich nicht möchte, dass meine Wut in einer handfesten Auseinandersetzung endet, halte ich an mich.

Wieder ziehe ich die ganze Montur aus, rödel das Gepäck vom Heck und räume das Werkzeug aus dem Koffer. Was soll ich sagen, als ich erneut den Anlasser betätige, läuft sie wieder, so, als ob sie mich verarschen wolle. Diesmal lasse ich den Motor laufen, während ich die schwere Gepäckrolle wieder am Heck verzurre. Wie vermutet stirbt er wieder ab, als das Heck mit dem Gewicht belastet wird. Aha! Zumindest lässt sich das Problem weiter eingrenzen. Vermutlich habe ich es mit einem durchgescheuerten Kabel zu tun, das durch den Kontakt zum Rahmen einen Kurzschluss verursacht. Als ich die Sitzbank abmontiert habe, ist der Übeltäter schnell gefunden. Wie vermutet ist die Isolierung des Kabelbaums durchgescheuert und lässt den Strom nur noch dann fließen, wenn das Gewicht des Gepäcks die offen liegenden Kupferdrähte zusammendrückt. Dem Himmel sei Dank eine relativ leicht zu behebende Panne. Nachdem ich in reinster Sisyphusarbeit all die schadhaften Kabel wieder mit Isolierband repariert habe, tanzt der Motor wieder nach meiner Pfeife. Jetzt muss aber doch endlich mal Schluss sein. Wer hätte gedacht, dass wir auf der Zielgeraden so ins Straucheln geraten würden.

In der Hoffnung, auf den letzten Metern ohne weitere Komplikationen auszukommen, geht es weiter. Noch einmal führt der Weg steil hinauf ins Gebirge. Als wir die Anhöhe erreichen und der Blick ins Tal frei wird, breitet sich die Hauptstadt Ulan Bator vor uns aus. Der Anblick ist gigantisch und nicht vergleichbar mit dem anderer Großstädte. In dem 20 Kilometer breiten Talkessel, der sich im Nordosten bis zu den 2800 Meter hohen Bergen des Chentej-Gebirges am Horizont erstreckt, sind nur wenige mehrstöckige Bauten zu sehen. Der überwiegende Teil der Stadt besteht aus einfachen Hütten und traditionellen Zelten, die den knapp eine Million Einwohnern ein Zuhause geben. Von Weitem hat es den Anschein, als läge ein Heerlager Dschingis Khans zu unseren Füßen, das auf den Marschbefehl wartet.

Scheiden tut weh

Meine Gedanken überschlagen sich, als wir die letzte Talfahrt in Angriff nehmen. Gegen 13 Uhr erreichen wir die Stadtgrenze der ungewöhnlichen Metropole. Wir stellen unsere Motorräder genau unter dem etwa sieben Meter langen Schriftzug „Улаанбаатар" ab, der kyrillischen Schreibweise des Hauptstadtnamens, der die Besucher willkommen heißt. In Siegerpose fotografieren wir uns mit dem Selbstauslöser Arm in Arm. Der Groll, den ich seit gestern gegen Alain hege, ist mit der Freude vollständig verflogen. Dabei weiß ich gar nicht so recht, ob mir zum Feiern zumute ist. Das Gefühl, vermutlich schon bald Abschied von den Motorrädern zu nehmen, stimmt mich irgendwie wehmütig. Wie viele Stunden habe ich in den vergangenen neun Wochen in diesem Sattel verbracht? Es wird sicherlich ein Abschied, der mir alles andere als leicht fallen wird.

Der Verkehr im Zentrum ist wie in jeder größeren Stadt – laut, abgasintensiv und völlig chaotisch. Die Fahrweise der Einheimischen hinter dem Steuer der zumeist völlig verbeulten Fahrzeuge lässt auf einige Unfälle schließen. Doch unter all den zerschlissenen Rostlauben sieht man auch teure Mercedes-Limousinen. Sie wirken völlig fehl am Platz, zumal sie sich bei den katastrophalen Straßenverhältnissen allenfalls im Dunstkreis einiger Häuserblocks bewegen können.

Mit einer Jahresdurchschnittstemperatur von minus vier Grad ist Ulan Bator die kälteste Hauptstadt der Welt. Noch immer lebt gut die Hälfte der Bewohner, wie schon vor Hunderten von Jahren, in den traditionellen Rundzelten. Hier in der Mongolei werden sie nicht Jurten, sondern Gers genannt. Es gibt Stadtviertel, in denen kein einziges massives Bauwerk steht. Der Grund dafür ist nicht etwa die Traditionsverbundenheit, vielmehr zwingt finanzielle Not die unterhalb der Armutsgrenze lebenden Menschen dazu, in diesen billigen Behausungen zu leben. Diejenigen, denen es ein wenig besser geht, weil sie über ein eigenes Einkommen verfügen, leben in plattenbauähnlichen Wohnblocks. Selbst in Russland habe ich sie nicht als so trostlos empfunden wie hier. Größtenteils sind noch nicht einmal die Fassaden verputzt, in denen tiefe Risse klaffen. Man sieht den Betonklötzen förmlich an, wie sehr sie im Winter unter den extremen Temperaturen leiden. Von Oktober bis April wird es so klirrend kalt in der Stadt, dass Tausende von Menschen Zuflucht in den unterirdischen Schächten des Fernwärmesystems suchen. Zwischen Heiz- und Abwasserrohren finden vor allem die vielen Straßenkinder einen Unterschlupf, der sie vor dem sicheren Kältetod bewahrt. Mehr als 4000 von ihnen, im Alter zwischen sieben und 18 Jahren, verbringen so fast die Hälfte des Jahres in übel riechenden Röhren, zwei Meter unter der Erdoberfläche. An dieser Stelle noch mal meinen Respekt an die Organisatoren der Mongol-Rallye, die mit dem kuriosen Rennen einen wichtigen Beitrag dazu leisten, diese Not zu lindern. Noch fehlt dem Land einfach das Geld, um dieses Problem selbst in den Griff zu kriegen.

Der Wechsel von einer UdSSR gebundenen Planwirtschaft zur Marktwirtschaft hat das Land in den frühen 90er Jahren in eine schwere wirtschaftliche und soziale Krise gestürzt. Viele Menschen verloren ihren Arbeitsplatz, und einige von ihnen kehrten der Stadt den Rücken. Sie versuchten sich als Nomaden und zogen mit ein wenig Vieh hinaus aufs Land. Über ein Drittel der Bevölkerung lebt seitdem in bitterer Armut. Der Alkoholkonsum stieg rapide an. Wie viele andere Menschen, die unter harten Bedingungen leben, sind auch viele Mongolen der Trinkerei hoffnungslos verfallen.

Die Stadt ist heute noch viel voller als sonst. Gleich zwei bedeutende Großereignisse sorgen für enormen Zulauf aus den umliegenden Provinzen. Zum einen ein Konzert der Deutschrocker „Scorpions", das gestern auf dem zentralen Suchbaatar-Platz über 100.000 Zuschauer anlockte. Zum anderen zieht der Besuch des Dalai-Lama, der morgen eine öffentliche Rede halten wird, Tausende seiner Glaubensbrüder an. Die buddhistischen Mönche stechen in ihren orangefarbenen Gewändern, wo auch immer sie sind, sofort ins Auge.

„Wenn ihr hinter der großen Kreuzung nach etwa 600 Metern auf der linken Seite an einem Supermarkt vorbeikommt, müsst ihr links abbiegen und dann die dritte Straße rechts reinfahren. Dann immer geradeaus den Berg hinauf. Etwa auf Höhe der Waschanlage steht ein gelbes Gebäude. Dort im Hinterhof findet ihr den Eingang des besten Hotels für Motorradfahrer." So oder so ähnlich lautete die Wegbeschreibung, die uns ein finnisches Motorradfahrerpärchen, das wir in Sibirien getroffen haben, mit auf den Weg gegeben hat. Nur noch bruchstückhaft kann ich mir die Worte ins Gedächtnis zurückrufen. Doch nach langem Fragen und der üblichen Irrfahrt werden wir schließlich fündig.

„Ganas Guesthouse" stellt sich als wahrer Glücksgriff heraus. Nicht nur die Lage, wenige hundert Meter vom zentralen Platz entfernt, ist optimal, auch der Preis ist für Großstadtverhältnisse unschlagbar günstig. Lediglich rund fünf Euro pro Person und Übernachtung müssen wir berappen. Ein super Deal, da selbst die billigen Stundenhotels der Stadt jenseits der 50-Euro-Grenze liegen. Im besagten Hinterhof stellen wir unsere Motorräder ab. Nachdem wir dem zahnlosen Aufpasser eine Gebühr von 500 Tenge, umgerechnet 35 Cent, fürs Parken ausgehändigt haben, beginnen wir, sämtliches Gepäck aufs Zimmer zu tragen. Wir bauen sogar die Koffer ab, was unsere Motorräder ungewohnt nackt erscheinen lässt.

Alains Vorschlag, gleich, nachdem wir geduscht haben, die Motorräder zu reparieren, stößt bei mir auf wenig Gegenliebe. Ich habe genug für heute, und meine Gedanken drehen sich eher darum, essen zu gehen und später ein paar Bier zu trinken. Es bedarf nur der Aufzählung einiger Restaurants aus dem Reiseführer, und er ist überzeugt davon, dass es besser wäre, den technischen Dienst auf morgen zu verschieben.

Befreit von den geruchlichen Spuren der letzen Tage, machen wir uns auf den Weg ins Zentrum der Stadt. Es gibt viele kuriose Dinge zu bestaunen. Da wären zum einen die so genannten Telefonmänner, die mit einem schnurlosen Funktelefon bewaffnet an den meistfrequentierten Plätzen stehen. Man erzählt uns später, dass sie davon leben, tagtäglich mit dem privaten Funknetz-Telefon Stellung zu beziehen, um ihren mobilen Service anzubieten. Da es in der Stadt nur wenige Haushalte gibt, die über ein Telefon verfügen, sind diese Dienste sehr gefragt.

Mit einer ganz anderen Dienstleistung bestreitet eine weitere Gruppe von Selbstständigen ihr Einkommen. Mit einer handelsüblichen Personenwaage unter dem Arm laufen sie umher und fragen die Passanten, ob sie gegen eine Gebühr von etwa 5 Cent ihr Gewicht bestimmen lassen möchten.

Auch ich nehme beide Dienste in Anspruch. Zwar reißt mir der Telefonmann den Hörer aus der Hand, als ich die Vorwahl für Deutschland wähle, doch zumindest bin ich nicht so fett, dass man mir auch das Wiegen untersagt. Vergnügt stelle ich fest, dass ich seit Beginn der Reise unglaubliche elf Kilo abgenommen habe. Mir ist bereits aufgefallen, dass meine Plauze seit Beginn der Tour auf dem Rückzug ist, doch dass es gleich so viele Pfunde sind, halte ich für nahezu unmöglich. Also machen noch zwei weitere Anbieter ein Geschäft mit mir, bis ich überzeugt davon bin, dass mein Gewicht tatsächlich stimmt. Allein aus diesem Grund sollte man öfter solche Reisen unternehmen.

Unsere erste Anlaufstelle ist ein Internetcafé. Nachdem ich einen weiteren Reisebericht geschrieben und meine E-Mails aufgerufen habe, zieht es uns in einen gut besuchten Irish Pub. Das „Monroes" wurde uns von den Engländern empfohlen, die wir in Kasachstan getroffen haben. Genau dort endet offiziell die Mongol-Rallye, und die Piloten stoßen ausgelassen auf ihre Zielankunft an. Vielleicht haben wir ja sogar das Vergnügen und treffen die drei englischen Fahrer, denen wir an der Grenze begegnet sind. Sie wollten den schnelleren Weg über Sibirien nehmen und könnten also schon angekommen sein. Da ich mir schon seit Tagen nichts sehnlicher wünsche als ein fettiges englisches Frühstück, ist der Laden eine perfekte Anlaufstelle. Das Erste, was ich gleich nach einem riesigen Glas Bier ordere, ist daher ein English Breakfast mit knusprigem Speck, Würstchen, Spiegeleiern und weißen Bohnen in Tomatensoße. Auf der Terrasse des urigen Ladens machen wir es uns bequem und beobachten das Treiben auf dem zentralen Platz zu unseren Füßen. Die drei besagten Engländer treffen wir nicht, dafür jede Menge Landsleute, die uns stolz von ihren Erlebnissen berichten.

Pappsatt und leicht angeschickert gehen wir weiter auf Entdeckungstour. Die kleinen Lädchen und die großen Kaufhäuser der Stadt sind dabei von besonderem Interesse. Das Konsumverhalten lässt oft wertvolle Rückschlüsse zu. Hier in der Mongolei ist das Angebot, genau wie das Leben vieler Menschen, karg und auf das Wesentliche konzentriert. Lediglich in einem Laden finden wir Dinge, die auch in heimischen Regalen angeboten werden.

Der Einfluss des nahen China ist speziell bei der Auswahl der angebotenen Speisen zu spüren. So gibt es einige bunt verzierte chinesische Restaurants, und auch auf den Straßen werden die Speisen größtenteils im Wok zubereitet. Nirgends ein Imbissstand, wo mit Steinen gefüllte Murmeltiere aus der Erde gegraben werden. Auch die auf dem Land so beliebte Hodensuppe, mit dem Besten von Rind und Schaf, wird nicht gekocht. Nachdem ich mir erst vor kurzem den Magen ordentlich verkorkst habe, ist die chinesische Küche eine willkommene Abwechslung zu dem ungewürzten Allerlei. So dreht sich der Rest des Tages nur noch um die Nahrungsaufnahme und darum, die zwei mongolischen Biersorten Dschingis Beer und Khan Bräu in verschiedenen Bars zu probieren.

Fast schon ungewohnt benebelt von den paar wenigen alkoholischen Getränken, werden wir am nächsten Morgen wach. Wir haben am gestrigen Abend die endgültige Entscheidung getroffen, unsere Motorräder hier und heute zu verkaufen. Wir sind uns einig, dass es das Beste ist, die letzten beiden Etappen mit der Eisenbahn zu fahren. Und um ehrlich zu sein, habe ich auch große Lust dazu, unserer Reise gegen Ende neue Akzente zu setzen. Nun gilt es, die Motorräder auf Vordermann zu bringen und vor allem einen Käufer zu finden.

In der Autowaschanlage, genau gegenüber von unserem Hotel, lassen wir unsere Yamahas auf Hochglanz wienern. Auch ein Schweißer, der das Heck notdürftig reparieren kann, lässt sich schnell organisieren. So sind beide Maschinen für wenig Geld und binnen kürzester Zeit in einen zumindest optisch guten Zustand gebracht. Man rät uns, die Motorräder auf dem großen Fahrzeugmarkt zu verkaufen.

Im Norden der Stadt, etwas außerhalb gelegen, werden wir fündig. Das Angebot an Fahrzeugen und Ersatzteilen aller Art ist riesig. Vom ausgeschlachteten Minibus über alte poröse Fensterdichtgummis, Radkappen, abgefahrenen Reifen bis hin zum Duftbaum für das Wageninnere ist alles zu haben. Es gibt kaum etwas, was es nicht gibt. Nur eines fehlt – Motorräder.

Zwischen zwei alten Ladas bringen wir unsere Ténérés in Position und sondieren die Lage. Wir haben keine Ahnung, wie wir hier einen Käufer finden sollen. Schon nach kurzer Zeit werden mehrere professionelle Autohändler auf uns aufmerksam, und man fragt uns, warum wir es nicht auf dem benachbarten Zweiradmarkt versuchen. Auch dieser ist schnell gefunden. Doch der Anblick der zum Verkauf angebotenen Motorräder ist ernüchternd und lässt die Hoffnung schwinden, einen Abnehmer zu finden. Die angebotenen Maschinen und Ersatzteile stammen allesamt aus russischer Produktion und haben mindestens 30 Jahre auf dem Buckel. Die Neuigkeit, dass zwei Deutsche ihre Motorräder verkaufen wollen, macht schnell die Runde. Keine halbe Stunde später sind wir die Sensation auf dem Markt. Viele wollen nur ein Foto mit uns machen, andere diskutieren fasziniert über die grobstolligen Reifen oder betätigen amüsiert die Signalanlage. In aller Ruhe werden die technischen Details unserer Motorräder unter die Lupe genommen, als seien wir mit technischen Wunderwerken unterwegs. Auch die Reiseroute, die, in eine Karte übertragen, auf dem rechten Seitenkoffer klebt, stößt auf große Bewunderung. Ein ernstzunehmendes Kaufinteresse zeigt jedoch keiner von ihnen. Das mag daran liegen, dass wir, wie in Deutschland üblich, den Preis mit 3000 Dollar pro Motorrad erst einmal sehr hoch angesetzt haben. Doch Mongolen handeln nicht. Für sie ist der angegebene Preis immer als unverhandelbarer Festpreis zu verstehen. Selbst Touristen zahlen nicht, wie in anderen Ländern üblich, höhere Preise als die Einheimischen. Es gibt immer nur einen Betrag, der für alle gilt und an dem auch nicht gerüttelt wird.

Meine Preisvorstellung muss gründlich überdacht werden, und ich sollte mir im Klaren darüber sein, wie viel ich realistischerweise noch verlangen kann. Nach Überprüfung meiner angeschlagenen Reisekasse halte ich 1500 Dollar für angemessen, annähernd die Summe, die ich selbst gezahlt habe. Mit Filzstift schreibe ich die Zahl auf ein Stück Pappe und hänge es um die Frontverkleidung. Bei Alains Schrotthaufen scheinen uns 750 Dollar fair zu sein. Um unser Angebot noch schmackhafter zu machen, breiten wir sämtliche Ersatzteile, die wir nicht zurück nach Deutschland schleppen können, auf dem Boden aus. Vier gut erhaltene Reifen, mehrere Schläuche, eine Batterie, ein Regler, eine Kette und diverse Kleinteile. Nun heißt es, geduldig sein und warten. Der Vormittag verstreicht, ohne dass auch nur einer der vielen Marktbesucher nennenswerte Kaufabsicht bekundet. Zwar finden sich zwei Leute, die sogar Probesitzen möchten, doch mit Erstaunen stellen sie fest, dass ihre Füße nicht bis zum Boden reichen. Ein schlagendes Argument, sich gegen den Kauf zu entscheiden.

Stunde um Stunde vergeht. Eigentlich rechnet keiner von uns beiden mehr damit, einen Käufer zu finden. Doch wenn wir nicht auf dem größten Markt, in der größten Stadt fündig werden, wo dann? Ich beginne mir ernsthafte Gedanken darüber zu machen, wie wir weiter vorgehen sollen, falls unsere Verkaufsaktion scheitert. Ich ziehe sogar in Erwägung, den ganzen Weg zurückzufahren oder die Grenze gar illegal zu passieren. Doch da dies allein schon wegen des sibirischen Winters kritisch werden könnte und wir keine Lust auf chinesische Gefängnisse haben, bleibt es nur bei einer flüchtigen Idee. Unser Ziel heißt Shanghai. Und dabei soll es auch bleiben. Selbst wenn wir die Motorräder ebenfalls für einen wohltätigen Zweck verschenken und die verbleibenden Kilometer auf den Brustwarzen kriechen müssten.

Als wir am frühen Abend unsere Sachen zusammenpacken und zurück ins Hotel fahren wollen, kommt der Marktbetreiber strahlend auf uns zu. Sein Grinsen ist von der Sorte, die uns sagen will: Das hätte ich euch gleich sagen können, dass ihr keinen Käufer findet. Er fragt uns, wie viel wir jetzt noch für die Mopeds haben wollen. Anscheinend hat er nur darauf gewartet, dass mit steigendem Frust der Preis weiter sinkt.

Wenn ich eins und eins zusammenzähle, kommt es mir sogar so vor, als habe er den Verkauf bis dato gezielt verhindert. Immer dann, wenn ein potenzieller Käufer auf uns zukam, tauchte einer seiner Leute auf, mischte sich in das Gespräch ein, und das Thema war vom Tisch. Nun, da er am Zug ist, geht alles ganz schnell. Nachdem einer seiner Schergen eine kurze Proberunde gedreht hat, reden wir über das Geschäftliche. Die Formalitäten sind schnell geklärt, und unser Geld liegt auf dem Tisch – 1500 Dollar für mich und die Hälfte für Alain. Genau wie ursprünglich gefordert. Mit einem Handschlag besiegelt, wechseln die Motorräder den Besitzer.

Als ich das Nummernschild abschraube und die vielen, während der Tour gesammelten Länderkennzeichen vorsichtig von den Seitenkoffern löse, fühle ich mich wie ein mieser Verräter. So als hätte ich einen treuen Freund ans Messer geliefert. All diese für mich so wertvollen Souvenirs klebe ich sorgsam in mein Reisetagebuch. Jedem einzelnen Aufkleber werde ich später einen Haufen kostbare Erinnerungen zuordnen können.

Als frischgebackene Fußgänger reichen Alain und ich uns die Hand und ringen uns ein Lächeln ab. Auf ein neues Abenteuer! Die Transsibirische Eisenbahn. Mit dreißig 50-Dollar-Noten in der Hosentasche fahren wir zurück in die Stadt. Für den neuen Besitzer der beiden Yamahas ist es eine Ehrensache, uns persönlich dort hinzuchauffieren. Da wir uns noch überhaupt nicht mit dem Thema Transsibirische Eisenbahn auseinandergesetzt haben, studiere ich schnell das kurz gefasste Kapitel im Reiseführer. Wir sollten doch zumindest ansatzweise darüber im Bilde sein, was uns erwartet.

Die Strecke von der russischen Stadt Ulan-Ude bis Peking wird präziserweise als Transmongolische Route bezeichnet. Unter Eisenbahnfreunden gilt dieses Teilstück als das landschaftlich und auch kulturell reizvollste. Unsere erste Anlaufstelle ist also das International Ticket Office in der Nähe des Hauptbahnhofs, wo man laut Reiseführer die Fahrkarten erwerben muss.

Im Büro der staatlichen Eisenbahngesellschaft angekommen, erfahren wir, dass die bei den Touristen so begehrte erste Klasse bis Peking auf Wochen ausgebucht ist. Man verweist uns daher an den nahe gelegenen Hauptbahnhof. Dort, so sagt man uns, gäbe es noch die Möglichkeit, so genannte Platzkarti-Tickets zu lösen – erschwingliche Fahrscheine fürs einfache Volk. Wenn ich das gewusst hätte, wäre ich von vornherein dafür gewesen, die billige Bretterklasse zu buchen. Der Unterhaltungswert ist auf den billigen Plätzen doch ohnehin viel höher.

Der Hauptbahnhof von Ulan Bator ist genauso, wie man sich einen Bahnhof entlang der berühmten Eisenbahnstrecke vorstellt. Es ist hektisch und laut. Unter die vielen Reisenden haben sich fliegende Händler gemischt, die alles nur Erdenkbare zum Verkauf anbieten, was eine Reise angenehmer gestalten kann. Aus umgebauten Kinderwagen und zugedeckten Eimern werden Teigtaschen, Fleischspieße und Getränkedosen verkauft. Auch ein paar Touristen sitzen auf dem Boden und warten auf die Abfahrt des heutigen Zuges Richtung Moskau. Viele von ihnen sind reine Eisenbahntouristen, die sich einen Traum erfüllen und die Strecke Stadt für Stadt von oder nach Moskau reisen. Sie haben nützliche Tipps für uns parat, die wir gerne annehmen. Zu erkennen sind die eingefleischten Transsib-Touristen daran, dass sie eine Fensterputzer-Ausrüstung dabeihaben. In jedem Bahnhof, so erklärt mir ein Franzose, könne man so von draußen mit einem Teleskopstiel für klare Sicht aus dem eingestaubten Wagen sorgen.

Heute werden wir jedoch keine Tickets mehr bekommen. Die Schalter sind geschlossen, da der Verkauf der begehrten Fahrscheine nur in der Zeit von sieben bis neun Uhr morgens stattfindet. Wir können uns also wieder zurück zum Hotel begeben und den Rest des Tages dafür nutzen, unser Gepäck strategisch günstig zu packen.

Es ist ungewohnt, kein Motorradreisender mehr zu sein. Das Abenteuer, das in den vergangenen Wochen unser Leben bestimmt hat, dauert zwar noch an, doch ein wesentlicher Bestandteil fehlt. Obwohl wir in bequemen Freizeitklamotten weiterreisen können, werde ich es vermissen, in der dicken Kluft und mit den quietschenden Stiefeln für Aufmerksamkeit zu sorgen. Auch das allabendliche Reinigen der verstaubten Kette wird mir irgendwie fehlen. Doch auch wenn ich meiner Yamaha noch nachtrauere, so ist es doch ein befreiendes Gefühl, das Problem mit dem Verkauf gelöst zu haben. Wenn wir jetzt noch ungeschoren außer Landes kommen, ist alles perfekt. Allerdings kann keine Rede davon sein, dass wir uns ab jetzt leichtfüßig bewegen werden. Unser Gepäck, das wir nun selbst tragen müssen, ist gewaltig. Die ganze Motorradbekleidung, Fotoausrüstung, das Zelt und den Schlafsack will ich wieder mit nach Hause nehmen. Die 120 Liter fassenden Kanusäcke, die wir zuvor aufs Motorrad geschnallt hatten, müssen wir nun prall gefüllt auf unsere Schultern wuchten. Es ist schon merkwürdig, zuletzt kam es mir so vor, als habe ich nur noch das Nötigste dabei, weil wir uns, sei es freiwillig oder unfreiwillig, von knapp der Hälfte der Ausrüstung getrennt haben. Doch nun ächzt meine Wirbelsäule, als ich die 54 Kilo zu schultern versuche.

„Eins steht fest", sage ich zu Alain, als auch er sein Gepäck in die Höhe stemmt, „so werden wir keine langen Wanderungen unternehmen."

Mit der Transsib ins Reich der Mitte

Es ist früh am Morgen, als wir unter Aufbringung der letzten Kraftreserven unser Gepäck die etwa einen Kilometer lange Strecke bis zum Bahnhof schleppen. Als wir schweißgebadet dort ankommen, zerren die Trageriemen bereits so stark an meinen Schultern, als habe sich das Gewicht der Säcke verzehnfacht. Wir staunen nicht schlecht darüber, welches Durcheinander vor dem Bahnhofsgebäude herrscht. Hunderte von Menschen stehen bereits in langen Schlangen vor der Ticketausgabe, um einen der scheinbar sehr begehrten Fahrscheine zu ergattern. Mist, dass der Andrang so groß sein würde, damit haben wir nicht gerechnet.

Die Stimmung ist ungewohnt angespannt, da das Sitzplatzangebot begrenzt zu sein scheint. Nur der Anwesenheit mehrerer mit Schlagstock bewaffneter Sicherheitsleute ist es zu verdanken, dass die Wartenden sich nicht die Köpfe einschlagen. Da wir natürlich nicht leer ausgehen wollen, dürfen wir keine Rücksicht auf die Anderen nehmen. Alles andere als unauffällig schleichen wir uns hinter den Security-Leuten an der Schlange vorbei, woran sich zu unserer Überraschung niemanden zu stören scheint. Ganz weit vorne reihen wir uns wieder ein. Als wir der Fahrkartenverkäuferin gegenüberstehen, erfahren wir, dass es gar nicht möglich ist, bei ihr ein Ticket bis nach Peking zu lösen. Dies, so versucht man uns klarzumachen, wäre nur im International Ticket Office möglich. Ein klassisches Missverständnis, da man hier nur Transsib-Tickets für das nationale Schienennetz erwerben kann. Die einzige Möglichkeit, die sich uns bietet, ist der Zug in die grenznahe Stadt Zamen Ude. Von dort müssen wir auf eigene Faust den Weg zur 15 Kilometer entfernten Grenze in Angriff nehmen und die anschließende Weiterreise organisieren.

Gezogen von einer schweren Diesellok, die im Drei-Sekunden-Takt durch lautes Hupen auf sich aufmerksam macht, rollt der Transmongolei-Express am frühen Abend in den Bahnhof ein. Mit nur zehn Minuten Verspätung wesentlich pünktlicher, als ich es erwartet hätte. Als der Zug zum Stehen kommt, bricht Hektik unter den vielen Reisenden aus, und der Bahnsteig scheint eine Eigendynamik zu entwickeln. Alle rennen kreuz und quer zu einem der durchnummerierten grünen Waggons und kramen ihre Fahrscheine hervor. Die Mehrzahl der Mitreisenden ist, man mag es kaum glauben, sogar mit noch mehr Gepäck gestraft als wir. Berge von Kartons, Körben und Säcken, ja sogar Ziegen und Federvieh werden hektisch in den Gepäckwagen verladen. Noch sind die Waggontüren verschlossen. Zuerst steigen alle aus, für die an diesem Ort die Fahrt zu Ende ist. Die Pulks der Wartenden werden größer und unruhiger. Dann endlich wird der Mob auf den Zug losgelassen.

Jeder, der in den weltbekannten Zug einsteigen möchte, muss sich zunächst bei dem überaus unfreundlichen Zugpersonal ausweisen. Damit auch meine Identität zweifelsfrei geklärt werden kann, stehe ich mit Fahrschein und Reisepass bewaffnet bereit. Ich bin einer der Ersten, der unserer Schaffnerin beides kurz unter die Nase hält, und setze einen Fuß auf das Trittbrett. Gerade, als ich im Begriff bin, einzusteigen, greift ihre Hand nach meiner Schulter und zerrt mich grob zurück. Dummerweise stehe ich so ungünstig, dass es mir nicht mehr gelingt, das Gleichgewicht zu halten. Rücklings falle ich mitten auf den Bahnsteig. Wie eine Schildkröte versuche ich hilflos, mit dem schweren Gepäck auf dem Rücken wieder auf die Beine zu kommen – vergebens. Erst mit Alains Hilfe gelingt es mir, mich hochzurappeln. Am liebsten würde ich der Schaffnerin für diese Aktion kräftig in den dicken Hintern treten. Mit arrogantem Blick steht sie in ihrer viel zu engen Uniform da und denkt gar nicht daran, sich bei mir zu entschuldigen. Im Gegenteil, sie keift auch noch rum und fordert mich auf, mich zu beeilen. Es stellt sich raus, dass die auf dem Ticket eingetragene Nummer nicht mit meiner Passnummer übereinstimmt. Während ich dabei bin, mich lauthals darüber aufzuregen, dass sie falsch abgetippt wurde, fällt es mir wieder ein: Beim Kauf des Fahrscheins habe ich zur Registrierung, anstatt des Reisepasses meinen Personalausweis vorgelegt. Dieser hat nicht nur eine andere Nummer, sondern befindet sich dummerweise auch noch ganz unten im Gepäck. Erst als ich den letzten Socken wieder eingeräumt und das geforderte Dokument vorgezeigt habe, darf ich einsteigen. Manchmal könnte man einfach nur laut schreien.

Pro Wagen sind zwei Schaffnerinnen zuständig, die generalsmäßig für Ordnung sorgen. Jeder, der länger als nur einen Tag mit dem Zug unterwegs ist, sollte es tunlichst vermeiden, sich mit den wasserstoffblond gefärbten Matronen anzulegen. Schon der erste Eindruck lässt vermuten, dass sie geübt darin sind, auserlesenen Fahrgästen das Leben schwer zu machen.

Das Innere des mit rotem Teppichboden ausgelegten Waggons ist von einem Duftpotpourri aus altem Muff und Dieselabgasen durchzogen. Mit anderen Worten: Es stinkt – und zwar gewaltig. Insgesamt verfügt jeder Wagen über neun Abteile, die jeweils mit vier Betten ausgestattet sind. Zwei unten, die gleichzeitig als Sitzbank dienen, und zwei weitere darüber. Ganze drei Minuten vor Abfahrt sind wir noch immer die Einzigen in unserem Abteil. In der Annahme, dass dies auch so bleiben wird, machen wir uns breit. Die Freude währt jedoch nur kurz. Kaum ertönt das schrill pfeifende Abfahrtssignal, betritt ein älteres chinesisches Ehepaar unser Abteil. Zu viert und mit viel Gepäck, so stellen wir schnell fest, ist es nahezu unmöglich, bequem zu reisen. Da wir aber darauf bestanden haben, dass unser Gepäck nicht in den dafür vorgesehenen Waggon wandert, müssen wir uns die schmale Pritsche mit den Seesäcken teilen. Wir helfen den beiden älteren Herrschaften schon frühzeitig hinauf in die knapper bemessenen oberen Betten und hoffen, dass sie aus eigener Kraft nicht wieder herunterkommen. Aus Gründen der Bequemlichkeit kommen wir natürlich nicht auf den Gedanken, ihnen unsere Plätze anzubieten. Chinesen sollen im Übrigen ja sehr genügsam sein.

Mit einem heftigen Ruck setzt sich der Zug in Bewegung. Vor uns liegen 709 Kilometer und knapp 13 Stunden Fahrt. Für unsere Verhältnisse ein Katzensprung. Noch immer herrscht rege Betriebsamkeit auf dem Bahnsteig. Angehörige winken und schreien zum Abschied. Händler fordern im Laufschritt ihr Geld durch die geöffneten Fenster ein, bis der Bahnsteig endet und einige von ihnen leer ausgehen. Gemächlich rollen wir durch die verarmten, nur aus Zelten bestehenden Außenbezirke. Dann, als wir die letzten Siedlungen passiert haben, nehmen wir endlich Fahrt auf. Pock-Pock ... Pock-Pock ... Pock-Pock ... Pock-Pock. Die Abstände des Polterns, wenn der Zug über einen Schienenstoß fährt, werden kürzer und gehen allmählich in ein gleichmäßiges Rattern über. Mit 80 Stundenkilometern nähern wir uns dem letzten Land unserer Reise. Wie schön Zugfahren doch sein kann, so viele neue Eindrücke und ein völlig neues Gefühl von Freiheit. Ich gehe hinaus auf den Gang, öffne ein Fenster und inhaliere die abgekühlte Abendluft. Eine ganze Weile stehe ich nur so da, lasse meine Gedanken schweifen und beobachte, wie die Sonne im Abendrot versinkt. Wunderschöne Mongolei. Gegen die Natur dieses Landes verblasst nahezu alles, was wir auf der bisherigen Reise gesehen haben. Die Einsamkeit, die unendlichen, grünen Wiesen, die schneebedeckten Berge, die riesige Wüste und vor allem die Menschen mit all den jahrhundertealten und geheimnisvollen Traditionen. Das Land wird uns in seiner Weite und Freiheit unvergesslich bleiben. Ich seufze, als ich mir das Erlebte der vergangenen Tage ins Gedächtnis zurückrufe. Hoffentlich habe ich eines Tages das Vergnügen, noch einmal zurückzukommen.

Als gerade die Dämmerung hereinbricht, dreht das rotblau uniformierte Zugpersonal seine Runde und verteilt kleine Willkommenspakete an die neu zugestiegenen Fahrgäste. Einen Plastikbecher mit einem Teebeutel, einem Pfefferminzbonbon, einem Tütchen Instantkaffee sowie zwei Würfeln Zucker darin. Die anderen Reisenden scheinen gewusst zu haben, was sie erwartet. Die meisten von ihnen haben sich mit Fertigsuppen eingedeckt, die sie mit heißem Wasser aus dem für alle zugänglichen Samowar am Gang zubereiten. Wir bekommen eine erste Kostprobe chinesische Gepflogenheiten. Unsere Mitreisenden haben auch an ihre Speisen gedacht und schmatzen lauter, als es der kleine Fernseher übertönen kann, auf dem Alain gebannt alte Walt-Disney-Filme verfolgt. So gut es geht habe ich es mir auf der mit Ausrüstung beladenen Pritsche bequem gemacht. Als es draußen längst schon finster ist und es nichts mehr zu entdecken gibt, werde ich trotz des Geräuschpegels so müde, dass mir die Augen zufallen. Immerhin schaffe ich es so, fünf Stunden Schlaf zu ergattern.

Zum Glück bin ich bereits wach, als unsere Schaffnerin zu früher Stunde durch das Abteil marschiert und die Schlafenden mit ihrem Kasernenhoforgan aus den Federn scheucht. Eine Stunde bleibt laut Fahrplan noch, dann kommen wir in der Grenzstadt Zamen Ude an, und die kurze Zugfahrt wird leider schon vorüber sein. Hoffentlich ist es möglich, noch einen weiteren Tag dranzuhängen, um uns weiter von dem Mythos Transsibirische Eisenbahn verzaubern zu lassen.

Mit der aufgehenden Sonne wird mehr und mehr der südlichen Wüste Gobi sichtbar. Sand, Sand und nochmals Sand. An manchen Stellen hat er sogar das Nachbargleis unter sich begraben. Die verbleibende Zeit bis zur Ankunft nutze ich, um mich im Zug etwas genauer umzuschauen. Schließlich hat man nicht jeden Tag die Gelegenheit, in einem solch legendären Verkehrsmittel zu reisen.

Die meisten Leute stehen gerade erst auf, als ich meine Runde drehe. Die zwei verstunkenen Toiletten, die sich knapp 40 Leute teilen müssen, sind nach der Nacht in einem erbärmlichen Zustand. Um zu verhindern, nicht in irgendwelche Fäkalien oder Essensreste zu treten, ist man gezwungen, sich wie ein Kung-Fu-Kämpfer in dem winzigen

Raum zu bewegen. Die Diensttoilette des Zugpersonals ist hingegen in einem tadellosen Zustand. Mit dem Messer kann ich das Vierkantschloss öffnen und es mir gemütlich machen.

30 Kilometer noch bis zur Grenze. Gerade genug Zeit, um noch einmal abzusprechen, wie wir uns am besten verhalten, sollte es auffallen, dass wir unsere Motorräder illegal verkauft haben. Für den Fall, dass unsere Helme und Motorradstiefel im Gepäck auffallen, brauchen wir schon eine schlüssige Erklärung. Zwar war bei der Einreise das Computersystem außer Betrieb, aber vielleicht hat sich ja doch noch jemand die Mühe gemacht, die handschriftlichen Aufzeichnungen nachträglich ins System einzugeben. Im Internet habe ich mich über die möglichen Konsequenzen schlaugemacht und dabei erfahren, dass wir eine Zollgebühr zahlen müssten, die anderthalb Mal so hoch wie der Wert des verkauften Fahrzeugs wäre. Immerhin 2250 Dollar, ein Betrag, der uns richtig weh tun würde.

Fast pünktlich kommen wir im Zielbahnhof an. Mit einem Mal wird es unruhig im Zug, und binnen kürzester Zeit ist auf den Gängen kein Durchkommen mehr möglich. Als der Zug anhält, stürzen alle unter lautem Getöse aus den sich öffnenden Türen. So schnell es geht rennen Alt und Jung in Richtung Ausgang, als gälte es, ein Bollwerk zu erstürmen. Wir lassen uns von der rätselhaften Hektik nicht anstecken und gehören zu den Letzten, die aus dem Zug steigen. Auch wir begeben uns, wenn auch gemächlich, zum Ausgang. Als wir hinaus ins Freie treten, wissen wir, warum es alle so eilig haben. Die Schlacht um die Weiterreise ist eröffnet. Mehrere hundert Menschen prügeln sich im wahrsten Sinne des Wortes um die vielleicht 30 bis 40 Wagen, die für den Transport zur nahe gelegenen Grenze bereit stehen. Das Chaos ist perfekt. In der Annahme, dass mit uns das große Geschäft zu machen ist, sind wir schnell der Mittelpunkt des Interesses der chinesischen Taxifahrer und gleichzeitig das Zentrum des Tumults. Gleich mehrere Leute mühen sich, uns das Gepäck abzunehmen, und jeder behauptet, uns den garantiert günstigsten Preis anzubieten. In Mittelamerika habe ich einmal eine ähnliche Situation erlebt. Dort bekam ganz einfach der Taxifahrer den Beförderungsauftrag, der die wüste Schlägerei um die Fahrgäste für sich entscheiden konnte. Doch hier geht das Ganze relativ gewaltlos vonstatten.

Aus strategischen Gründen entscheiden wir uns für den in vorderster Reihe stehenden Geländewagen. Nachdem wir den Betrag von etwa fünf Euro gezahlt haben, nehmen wir Platz. Doch obwohl der Taxifahrer sicherlich das Geschäft des Tages mit uns gemacht hat, genießen wir keinerlei Sonderbehandlung gegenüber den übrigen Reisenden. Er denkt gar nicht daran, loszufahren, sondern geht in aller Ruhe weiter auf Kundenfang. Wenn der Wagen schon an erster Stelle steht, so hatten wir gehofft, wird er wohl als Erstes losfahren. Das Gegenteil ist der Fall. Erst als ein Kleinkind auf meinem Schoß Platz genommen hat und der Wagen mit insgesamt 13 Leuten voll gestopft ist, fährt er los. Mein freundliches Grinsen habe ich eingestellt, und das nervende Kind wird von mir mit festem Griff dazu gezwungen, still zu sitzen.

Es kommt jedoch noch besser. Genau auf halbem Weg zur Grenze geht dem Wagen der Sprit aus. Auf einer kilometerlangen Geraden kommen wir zum Stehen. Wie kann es sein, dass wir ausgerechnet hier trockenfahren? Erst jetzt fällt mir auf, dass sich das Benzin nicht im Tank des Wagens befindet, wo es eigentlich hingehört, sondern die Benzinleitung endet in einer 1,5-Liter-Wasserflasche zwischen den Beinen des Fahrers. Wieder und wieder versucht er, den Wagen zum Laufen zu bringen. Bevor auch noch die Batterie versagt, hindere ich den unfähigen Sack daran, weiter den Anlasser zu quälen und weise ihn genervt darauf hin, dass die Flasche bereits leer ist. Auch der Unmut der übrigen Passagiere wächst und zwingt den Fahrer schließlich dazu, sich auf die Socken zu machen, um Nachschub zu organisieren. Wenn unser Gepäck nicht so schwer wäre, würden wir die etwa drei verbleibenden Kilometer zu Fuß laufen. Doch da wir sowieso als Letzte in der Schlange anstehen müssen, gehen wir unserer Lieblingsbeschäftigung nach – wir warten. Eine ganze Stunde verstreicht, ehe der meistgehasste Mann des Morgens mit einer neuen Flasche Benzin unterm Arm zurückkehrt.

Als Schlusslicht reihen wir uns in die lange Schlange der wartenden Fahrzeuge ein. Weitere Stunden gehen ins Land, ehe wir die Hälfte der Distanz hinter uns gebracht haben. Schuld für die Verzögerung tragen die Wartenden selbst. Alle Wagen stehen so dicht beieinander, dass sich die Stoßstangen berühren. Und wenn eine der altersschwachen Rostlauben nicht auf Anhieb anspringt, bricht das große Chaos aus, weil alle dahinter stehenden Autos zurücksetzen müssen. Obwohl das Vorwärtskommen bestenfalls eine Wagenlänge bedeutet, hechten alle außerhalb der Fahrzeuge wartenden Personen zurück auf ihren Platz, um nur zehn Sekunden später wieder auszusteigen.

Am frühen Nachmittag stehen wir endlich in der Wartehalle des Abfertigungsgebäudes. Zunächst erwartet uns die Gepäckkontrolle. Selten hat sich Nervosität bei mir derart deutlich zu Wort gemeldet. Ungeduldig trete ich auf der Stelle und wische meine feuchten Hände an der Hose ab. Mir fällt es schwer, cool zu bleiben, und irgendwie habe ich das Gefühl, als könne man mir ansehen, dass ich Dreck am Stecken habe.

Am Ende der Schlange sitzt eine Beamtin, die nicht den motiviertesten Eindruck macht. Mir ist aufgefallen, dass sie in einer Frauenzeitschrift blättert und scheinbar beiläufig von jedem Reisenden exakt fünf Gegenstände aus dem Koffer räumen lässt, diese kurz betrachtet, um sich dann wieder den neusten Klatschgeschichten und Frisurentrends zuzuwenden. Hoffentlich sind die Berichte spannend und lang genug, und sie ändert nicht ihre Vorgehensweise. Kurz darauf bin ich an der Reihe. Auch ich muss mein zentnerschweres Gepäckstück öffnen und werde wortlos dazu aufgefordert, den Inhalt auszuräumen. Natürlich habe ich mir zuvor Gedanken um die Packordnung gemacht. So lege ich als Erstes die Socken aufs Band, die höchstwahrscheinlich in Ungarn das letzte Mal gewaschen wurden. Es folgt die Unterwäsche, eine Jeans, mein Kulturbeutel und ... nichts. Das war's. Ihr Blick ist bereits wieder auf das Klatschblatt gerichtet, was ich als Aufforderung interpretiere, den ganzen Plunder wieder einzupacken und so schnell wie möglich zu verschwinden. Die erste Hürde wäre genommen.

Weiter zur Passkontrolle. Misstrauischen Blickes starrt die Dame hinter der dicken Glasscheibe abwechselnd mich und das Foto in meinem Reisepass an. Mir kommt es wie eine Ewigkeit vor, bis meine Daten endlich in den Computer eingegeben sind. Vermutlich handelt es sich um einen russischen Computer, da er sich wie immer nur mit einem Finger bedienen lässt. Doch das Glück ist auf unserer Seite, denn das System scheint keine verdächtigen Informationen über uns und die fehlenden Zweiräder auszuspucken. Anstatt bohrende Fragen zu stellen, schenkt man mir ein gewinnendes Lächeln, und ich kann mit all der professionell versteckten Kohle auch diese letzte Hürde nehmen. Erleichtert trete ich wieder hinaus in Freie. Willkommen in der Legalität.

Auf chinesischer Seite sorgt eine einstündige Mittagspause des Grenzpersonals für eine weitere Verzögerung. Wieder bleibt uns nichts anderes übrig, als uns in Geduld zu üben. Wir vertreiben uns die Zeit mit einem spontanen Geschicklichkeitsspiel, um den Sponsor für die erste Runde Bier im Land zu ermitteln. Dazu legen wir ein altes verrostetes Verkehrsschild etwa zehn Meter abseits der Straße auf den Boden und sammeln ein paar Steine. Abwechselnd hat nun jeder zehn Würfe frei. Derjenige, der die wenigsten Treffer landet, zahlt. Doch kaum haben wir angefangen, müssen wir das simple Spiel auch schon wieder beenden. Schon nach etwa vier Würfen haben wir den Ehrgeiz der vielen wartenden Chinesen geweckt, die nun alle herbeiströmen und diese Situation nutzen wollen, um uns zu zeigen, dass sie besser sind als wir. Ein wahrer Steinregen prasselt auf den Acker nieder, und wir brechen unseren Wettstreit kopfschüttelnd ab.

Die letzte Einreise unserer Tour bringen wir problemlos hinter uns. Was hatte ich nicht alles für Horrorgeschichten gehört, die den Grenzübertritt in das Reich der Mitte betrafen: Demütigend, unfreundlich, schikanös und extrem zeitaufwendig solle es zugehen. Doch stattdessen werden wir freundlich begrüßt, und keines unserer Gepäckstücke wird auch nur eines Blickes gewürdigt. Lächeln, Pass abstempeln, fertig. Keine weiteren Vorkommnisse. Rückblickend würde ich sogar sagen, dass die chinesische Grenze die unkomplizierteste der gesamten Reise war. Natürlich liegt das auch daran, dass wir als gewöhnliche Touristen zu Fuß eingereist sind. Was wäre gewesen, wenn wir mit den Motorrädern gekommen wären? Hätten wir die geltenden Bestimmungen einfach ignorieren können? Auf irgendeine Art hätte es sicherlich funktioniert, illegal einzureisen. Doch wozu? Es gibt Länder, in denen man nur ungern mit dem Gesetz in Konflikt geraten möchte, und China gehört definitiv dazu. Um ehrlich zu sein, bin ich mehr als froh, den Stress mit dem Verkauf und dem Zoll bereits hinter mich gebracht zu haben. Sehe ich die Reise in irgendeiner Form als gescheitert an? Ganz im Gegenteil. Es ist aufregend und befreiend, auf den letzten Kilometern so viele neue Eindrücke zu sammeln. Also hoch die Tassen – auf einen hoffentlich unbeschwerten Rest der Reise.

Willkommen in China

Die Organisation der Weiterfahrt gestaltet sich schwieriger als zunächst angenommen. Ein Grund sind die gewaltigen Verständigungsprobleme, da keiner der von uns befragten Chinesen auch nur ein einziges Wort Englisch spricht und manche Dinge sich mit Händen und Füßen nur sehr schwer erklären lassen. Zum Glück treffen wir hinter der Grenze zwei deutsche Rucksacktouristen, die in die entgegengesetzte Richtung reisen. Zu meiner großen Bewunderung spricht einer von ihnen fast fließend Chinesisch. Dank seiner Hilfe finden wir heraus, dass unser Zug in die Hauptstadt bereits vor Stunden abgefahren ist. Erst übermorgen, so lässt uns ein Polizist wissen, bestünde die Möglichkeit, den nächsten Zug nach Peking zu nehmen. Wir steigen also wieder in einen der Geländewagen und fahren in die nächstgelegene Stadt. Dort müssen wir schauen, welche alternativen Transportmöglichkeiten zur Auswahl stehen.

Schon auf den ersten Metern hinter der Grenze bekommt man ein eindrucksvolles Bild von dem unvergleichlichen Wirtschaftsaufschwung des Landes. Selbst in dieser vergleichsweise unbedeutenden Gegend ist das Eiltempo, mit dem sich der Wandel vollzieht, nicht zu übersehen. So hätte ich nicht erwartet, dass die Straßen sich schon hier in einem solch ausgezeichneten Zustand befinden. Die Fahrbahnen sind fast doppelt so breit, wie man es aus Europa kennt, und der Belag macht den Eindruck, als sei eben erst eine Poliermaschine darüber gerollt. Man würde sich kaum wundern, wenn die Reifen der Autos Schutzüberzüge aus weißer Baumwolle tragen müssten und es verboten wäre, den Asphalt mit Straßenschuhen zu betreten. Auch die beängstigende Manpower des Milliardenvolkes ist an vielen Orten zu erkennen. In regelmäßigen Abständen sind mit einfachstem Werkzeug bewaffnete Arbeiterkolonnen damit beschäftigt, die Straßenränder vom Unkraut zu befreien. Mit Erinot, einer knapp 20.000 Einwohner zählenden Provinzstadt, erreichen wir die erste urbane Siedlung hinter der Grenze. Für chinesische Verhältnisse ein winziges, bedeutungsloses Kaff.

Die Häuser der Stadt sind überraschend massiv gebaut und viele von ihnen so kitschig dekoriert, als würden wir vom Verband der deutschen Chinarestaurant-Ausstatter im Land willkommen geheißen. Rote und goldene Lampions und Girlanden hängen von den Fassaden herab, und vor den Hauseingängen stehen Drachen- und Buddhafiguren, die mich an Ente süßsauer beim Chinesen um die Ecke erinnern. Ansonsten tut sich relativ wenig in der Stadt.

Als Transportmittel für das verbleibende Stück bis Peking haben wir uns für ein in China weit verbreitetes und sehr innovatives Verkehrsmittel entschieden – den Schlafbus. Bei diesen Langstreckenbussen handelt es sich auf den ersten Blick um gewöhnliche Reisebusse der gehobenen Klasse. Bei näherem Hinsehen könnte man jedoch auf den Gedanken kommen, dass es sich um ein rollendes Lazarett handeln muss. Das Innere der Fahrzeuge ist je nach Kategorie mit bis zu 45 Betten voll gestopft. Normale Sitzplätze gibt es, außer für den Fahrer, keinen einzigen.

Als wir die Bahnhofshalle betreten, trauen wir unseren Augen nicht. Ein gutes Dutzend der englischen Mongol-Rallye-Piloten wartet ebenfalls auf die Weiterfahrt. Unter ihnen auch die drei Pechvögel mit dem Visa-Problem. Die Freude ist riesig, als wir uns wieder sehen. Sie erzählen uns, dass sie alle Hebel in Bewegung setzen mussten. Sie haben einen englischen Politiker, den Vater eines ihrer Studienkollegen, angerufen. Der habe es über Kontakte ermöglicht, dass einer von ihnen in die russische Botschaft in Kasachstan zurückfahren konnte, um das benötigte Visum zu bekommen. Dank seiner Beziehungen hätten seine Kumpel „nur" zweieinhalb Tage im Grenzgebiet warten müssen. Gelangweilt sitzen sie auf ihren Gepäckstücken und albern rum. Zum Abschluss der Reise zieht es auch sie nach Peking, wo sie die letzten Tage in Ruhe ausklingen lassen möchten, bevor sich auch ihre Wege wieder trennen. Ein Teil von ihnen muss zurück nach Harvard an die Uni, und die übrigen verteilen sich in aller Herren Länder, um den Job wieder aufzunehmen. Da wir nicht glauben, dass wir uns in der 15Millionen Einwohner zählenden Stadt noch einmal durch Zufall über den Weg laufen werden, tauschen wir vorsichtshalber unsere E-Mail-Adressen aus. Wir sind uns einig, dass kein Weg daran vorbei führt, in der Hauptstadt ein letztes Mal gemeinsam auf die Kacke zu hauen.

Wir machen uns mit den verschiedenen Busunternehmen vertraut. Das Angebot ist gewaltig. Der eine ist angeblich der schnellste, der andere der günstigste, und wieder andere haben angeblich die komfortabelsten Betten an Bord. Da es vermutlich alles nur leere Versprechungen sind, buchen wir bei dem Anbieter, dessen Personal die ansprechendsten Uniformen trägt und der Fuhrpark die saubersten Busse bereithält. Schon als ich das Ticket löse, fällt mir auf, dass die meisten anderen Fahrgäste gerade mal bis zu meiner Schulter reichen. Daraus schließe ich, dass uns eine unbequeme Fahrt bevorstehen könnte. Da ist es auch kein Trost, dass man uns versichert, dass besonders geräumige Betten an Bord seien. An wirklich jedem Millimeter wurde gespart. Selbst auf die Toilette wurde aus mir unerfindlichen Gründen verzichtet. Eine Tatsache, die mir mit Blick auf die lange Fahrt die größten Sorgen bereitet, ist es bei mir doch nicht selten der Fall, dass die Verdauung genau dann einsetzt, wenn kein Klo in der Nähe ist. Vorsichtshalber verrichte ich also meine Notdurft, bevor die Fahrt beginnt. Ausgerechnet der Busbahnhof von Erenhot muss es sein, wo ich die erste Begegnung mit einem chinesischen Scheißhaus machen muss. Eine Begegnung, die ich nicht so schnell vergessen werde. Zwar habe ich schon viele miese sanitäre Anlagen in meinem Leben gesehen, doch diese übertrifft selbst die dreckigsten um Längen. Keine räumlichen Abtrennungen oder einen Sichtschutz hat der Abort zu bieten – nichts dergleichen. In dem großen Toilettenraum ist lediglich eine verzinkte Rinne in den Boden eingelassen, durch die eine stinkende Brühe läuft und über der man, direkt neben den anderen Reisenden, in Position gehen muss. Dabei ist es den meisten Klobesuchern scheinbar völlig egal, wenn der Darm noch große Mengen Gas beinhaltet und die ganze Ladung ein großflächiges Muster auf dem Boden hinterlässt.

„Wie um alles in der Welt soll ich darin schlafen?" geht es mir laut durch den Kopf, als ich vor Plastikschachtel Nummer 17 stehe. Auf den ersten Blick sind die Liegen so unglaublich klein, dass ich mir die Mühe mache, mit dem Lineal meines Multifunktionsmessers nachzumessen – schlappe 42 Zentimeter in der Breite und knapp 120 in der Länge. Damit man überhaupt darin liegen kann, haben sich die chinesischen Konstrukteure jedoch eine Raffinesse einfallen lassen. Die Beinbereiche eines jeden Bettes sind bis kurz unterhalb der Knie leicht nach unten abgewinkelt, sodass die Füße in einer Kunststoffschale unter dem Kopf des Vordermannes verschwinden. Eine Bauweise, die selbst für den kleinsten Chinesen alles andere als komfortabel ist. Soweit es meine Körpergröße zulässt, mache ich es mir bequem und teile mir die winzige Fläche mit meiner Fotoausrüstung. Seitdem Alain die Kameraausrüstung verloren hat, wache ich mit Argusaugen über jedes einzelne Bild, das ich geschossen habe. Nicht auszudenken, wenn auch noch diese abhanden kommen würden.

Mit dem Kopf etwa 50 Zentimeter unter dem Dach des Busses rollen wir vom Hof. Zwar kann ich von meinem Platz aus nicht unbedingt die Landschaft genießen, dafür habe ich aber einen astreinen Rundumblick auf meine chinesischen Bettnachbarn. Es dauert weniger als fünf Minuten, bis sich auch die letzten Fahrgäste ihrer Schuhe entledigt haben und in ihren Kojen liegen. Selbst die Füße von Alain, die ich mittlerweile unter Hunderten erkennen würde, verblassen bei diesem käsigen Gestank. Dass die Luft zum Schneiden ist, scheint außer mir jedoch keinem etwas auszumachen. Im Gegenteil, es scheint sogar noch den Appetit anzuregen. Genüsslich packt nun jeder seinen Reiseproviant aus, und ich beobachte mit Staunen, wie der Chinese gegen den kleinen Hunger kämpft. Ganz besonders beliebt scheinen gekochte Hühnerfüße zu sein. Mit geradezu hypnotischer Leidenschaft wird an den labbrigen Stelzen gelutscht und gesaugt, so als gälte es, den geräuschvollsten Feinschmecker zu ermitteln. Mein Platznachbar, der nur mit Unterhose bekleidet direkt neben mir auf seiner Decke liegt, ist so freundlich, mir auch einen Fuß anzubieten. Ich schlage das wohlwollende Angebot jedoch aus, weil er mit derselben Hand, mit der er in der Tüte rumfingert, vor weniger als fünf Minuten ungeniert und leidenschaftlich seinen Sack gekrault hat.

Einem Westeuropäer mögen viele chinesische Eigenarten zunächst äußerst gewöhnungsbedürftig erscheinen. Dazu gehört besonders die Art und Weise, wie rücksichtslos Chinesen sich im Alltag begegnen. Ich will damit nicht sagen, dass man generell unfreundlich oder gar feindselig miteinander umspringt – das Gegenteil ist der Fall. Doch beim Betreten eines Gebäudes oder öffentlichen Verkehrsmittels käme beispielsweise keiner auf die Idee, dem Nachfolgenden die Türe aufzuhalten oder gar den Vortritt zu lassen. Es gilt die Devise, wer zuerst kommt, mahlt zuerst.

Ein anderes Thema ist die Vielzahl an Körpergeräuschen, mit denen man ständig konfrontiert wird. Körpergeräusche, die den Menschen in unserem Kulturkreis (mich vielleicht ausgenommen) nur dann entweichen, wenn man sich allein und unbeobachtet fühlt. Eine Busfahrt ist da ein sehr anschauliches Lehrbeispiel. Hier stört sich keiner daran, dass geschmatzt und gerülpst wird, was das Zeug hält. Auch das lautstarke Säubern der Atemwege ist völlig normal und wird von Männern und Frauen gleichermaßen zelebriert. Wenn dann noch der ein oder andere seinen Schleim aus dem tiefsten Inneren hervorröchelt und einfach auf den Boden spuckt – was soll's, ist doch genug Platz. Anlässlich der Olympischen Spiele im eigenen Land ist die Regierung sehr darum bemüht, ein positives Bild nach außen abzugeben. So wurden spezielle Ethik-Komitees gegründet, um der Bevölkerung das häufige Rotzen und Rülpsen in der Öffentlichkeit endlich abzugewöhnen. Auch das bereits erwähnte notorische Vordrängeln versucht man von staatlicher Seite aus einzudämmen. So wird an jedem Elften eines Monats im großen Stil trainiert, wie man richtig Schlange steht. In U-Bahnen, an Bushaltestellen und an allen anderen öffentlichen Orten, wo sonst schnell das Chaos ausbricht, werden orangefarbig uniformierte Aufpasser eingesetzt, die über das korrekte Verhalten wachen. Bislang alles nur mit mäßigem Erfolg.

Unsere erste Nacht in China bricht herein. Kilometer um Kilometer nähern wir uns der Hauptstadt des Landes. Die Strapazen des Tages haben sehr geschlaucht, und ich bin hundemüde. An Schlaf ist jedoch leider nicht zu denken, da der Sensenmann persönlich auf dem Fahrersessel sitzt. Jedes Mal, wenn der Bus sich in die Kurve legt, halte ich die Luft an, und die Hände sämtlicher Fahrgäste krallen sich mit der Synchronität einer Galeerenmannschaft an den Betten fest.

Gut vier, fünf Stunden nach der Abfahrt machen wir endlich unseren ersten Halt. Scheinbar bin ich nicht der Einzige, der sehnsüchtig auf diese Pause gewartet hat. Als sich die Türen öffnen, ist keiner mehr zu halten. Als sei es ein altes Ritual, spurten die Männer gezielt zum Straßenrand, um sich unter lautem Seufzen Erleichterung zu verschaffen. Die Frauen haben es nicht ganz so einfach und müssen im Laufschritt hinter einer Hausecke verschwinden. Auch von dort sind die Signale einer gewissen Befreiung deutlich zu vernehmen.

Wenn mich meine bisherigen Busreisen durch Süd- und Mittelamerika eines gelehrt haben, dann ist es die Erkenntnis, dass Busfahrer eigentlich nie eine Rast einlegen, nur weil sie müde sind. In den meisten Fällen steckt noch mehr dahinter. In dieser Hinsicht habe ich wirklich schon einiges erlebt. In Mexiko hielt einmal der Fahrer vor dem Haus seiner Geliebten, und 60 Reisende mussten warten, bis der Herzensbrecher endlich zum Höhepunkt gekommen war. Ein anderes Mal wurde eine Panne vorgetäuscht, nachdem wir ohne Klimaanlage einen der trockensten Teile Chiles ohne Pause durchquert hatten. Aus dem Nichts tauchte ‚zufällig' ein Getränkeverkäufer auf, dessen Ware zu exorbitanten Preisen reißenden Absatz fand. Doch in diesem Fall scheint keine tiefere Absicht dahinter zu stecken. Einen Block weiter betreten ein paar der Fahrgäste eine kleine Garküche, in der Platz für etwa zehn Personen ist. Der Duft von gebratenem Fleisch und unbekannten Gewürzen, der hinaus auf die Straße getragen wird, lockt verführerisch zum spontanen Snack. Da auch kein Hundegebell aus dem Hinterhof nach vorne dringt und die Küche einen sauberen Eindruck macht, bin auch ich geneigt, mir den Wanst vollzuschlagen. Doch obwohl mein Magen laut nach Nahrung schreit, verzichte ich auf eine Bestellung. Der Gedanke an einen schlimmen Dünnschiss in einem Bus ohne Klo ist alles andere als schön und für mich definitiv der beste Appetitzügler, den man sich vorstellen kann. Mit knurrendem Magen geht es weiter, wobei ich die Minuten bis zur Ankunft zähle.

Es ist noch dunkel, als wir in den frühen Morgenstunden die Hauptstadt erreichen. Nach einer etwa zweistündigen Fahrt durch die Vorstädte hat die Tortur endlich ein Ende. An einem eher unbedeutenden Busbahnhof im nördlichen Stadtzentrum halten wir an. So unterhaltsam die vergangenen 36 Stunden auch waren, ich mache drei Kreuze, endlich angekommen zu sein. Für uns gibt es jetzt nur noch eines – bloß schnell ins Hotel und ausschlafen.

Um fünf Uhr morgens ist die Stadt bereits hellwach. Nirgends habe ich zu dieser Uhrzeit je so viele Menschen gesehen. Tausende hasten mit ihrem obligatorischen Mitnehm-Becher Tee in der Hand in die U-Bahnschächte, und Händler manövrieren auf überbeladenen Ziehkarren ihre Waren im Laufschritt durch die Straßen. Viele der Baufahrzeuge, die auf dem Weg zu den unzähligen Baustellen sind, husten bleierne Verbrennungsgase in die Häuserschluchten. Sie tragen einen nicht unwesentlichen Beitrag dazu bei, dass Peking im Ranking der dreckigsten Städte der Welt die Spitzenposition einnimmt. Abgerundet wird die Atmosphäre durch die Sirenen der Einsatzfahrzeuge, die sich harmonisch in das Konzert aus Hupen und Fahrradklingeln einfügen. Wir halten ein Taxi an und haben erneut große Schwierigkeiten, das sprachliche Hindernis zu überwinden, weil wir kein Chinesisch sprechen und der Fahrer kein Wort Englisch versteht. Die Adresse des Hotels, auf das ich in einem Forum für Chinareisende aufmerksam geworden bin, habe ich mir zusätzlich auf einem Zettel notiert. Als ich diesen vorzeige, wird mir allerdings klar, dass der Taxifahrer mit Sicherheit nichts mit dem Namen „Beijing Xin Ming Ji Hotel“ anfangen kann, da die Buchstaben in unserem Alphabet geschrieben sind. Nach einigen Anläufen gelingt es mir jedoch, den Namen so auszusprechen, dass dem Taxifahrer ein Licht aufgeht und er aufs Gaspedal drückt.

Entgegen aller Lobeshymnen stellt sich unser Hotel als ein absoluter Fehlgriff heraus. So schnell werde ich mich nicht mehr auf irgendwelche Hotelbewertungen im Internet verlassen. Gemeinschaftstoilette am Gang, Zimmer ohne Fenster und das Ganze durch eine flackernde Neonröhre beleuchtet, vermittelt das Gefühl, in Isolationshaft zu sitzen. Da wir aber froh sind, überhaupt ein Zimmer zu haben und wir nicht mehr weiterfahren und suchen wollen, bleiben wir. Nachdem wir das Gepäck durch das schmale Treppenhaus bis in den dritten Stock geschleppt haben, fallen wir todmüde ins Bett. Endlich schlafen. Denkste! Just in dem Moment, als unsere Augen zugefallen sind und der Körper mit den ersten Zuckungen den Entspannungsprozess einleitet, bricht in den Hinterhöfen der benachbarten Garküchen ein Wettstreit der Hähne aus. Mit einem Schlag sind wir hellwach.

Mithilfe eines Stadtplans nehmen wir den fünf Kilometer langen Weg ins Zentrum in Angriff. Wir wollen so nah wie möglich am Geschehen sein, also gehen wir zu Fuß. Die Flut an neuen Eindrücken, die auf uns niederprasseln, ist gigantisch. Man könnte Stunden an nur einer Stelle verweilen und würde trotzdem ständig etwas Neues entdecken. Besonders der Anblick der überwiegend älteren Leute, die die Morgenstunde nutzen, um ihre Thai-Chi Übungen zu zelebrieren, rechtfertigt es, früh aufzustehen. Teilweise stehen mehr als 100 Menschen auf Grünstreifen und Parkplätzen, um zu Musik vom Band zu meditieren. Kaum eine Ecke der Stadt wird nicht dazu genutzt, um sich zu versammeln, um Körper und Geist in Einklang zu bringen. Andere nehmen sich einfach die Zeit, um mitten in der Stadt ihre Papier-Drachen steigen zu lassen. So schafft es die Stadt trotz des Lärms und der Hektik, eine gewisse Ruhe auszustrahlen.

Besonders aufschlussreich ist für mich die Erkenntnis, dass für Chinesen Arbeit mehr nur als ein Job ist, der einem acht Stunden des Tages raubt. So versammelt sich beispielsweise das Personal von Supermärkten morgens vor Schichtbeginn vor dem Eingang, um gemeinsam die Hymne zu singen und im Gleichschritt zur Arbeit zu marschieren. Alles mit einer Hingabe, als gelte es, die Ehre des Landes mit der Waffe zu verteidigen.

Kein Fortbewegungsmittel ist in China derart populär wie das Fahrrad. Obwohl Alain der Ansicht ist, dass deren Zahl seit seinem letzten

Besuch vor knapp zehn Jahren deutlich gesunken ist, kommt mir die Flut an Drahteseln überwältigend vor. In keiner anderen Stadt der Welt hauen täglich so viele Menschen in die Pedale. Jede größere Straße verfügt über eigene Fahrradspuren, um mit den täglichen Massen klarzukommen. Seit wenigen Jahren schickt das Automobil sich jedoch an, das Fahrrad als Hauptverkehrsmittel abzulösen. Allein in Peking kommen täglich über 1200 neue Pkw hinzu. Die Absatzzahlen namenhafter Automobilkonzerne sind gigantisch. Tendenz steigend. Auch wenn schon heute viele der großen Metropolen des Landes am Smog zu ersticken drohen, hat sich die chinesische Zentralregierung ein hohes Ziel gesteckt: Im Jahr 2020 soll das Reich der Mitte über das größte Straßennetz der Welt verfügen. Wer gesehen hat, mit welchem Antrieb die Bauvorhaben im Land vorangetrieben werden, wird keinen Zweifel daran haben, dass dieses hochgesteckte Ziel auch realisiert werden wird. Allein die Tatsache, dass sich in China derzeit 32 neue Atomkraftwerke im Bau befinden, spricht Bände.

Meiner Meinung nach ist es in Peking gar nicht nötig, den überlaufenen Sehenswürdigkeiten einen Besuch abzustatten. Die größte Attraktion ist schlichtweg das alltägliche Leben. Auf Schritt und Tritt begegnet es einem in all seinen Facetten. Überall gibt es so viel Neues und Fremdes zu entdecken, dass man fast keine Zeit hat, die Eindrücke sacken zu lassen. Weil wir aber nicht als Kulturbanausen dastehen möchten, steht die Verbotene Stadt, die Hauptattraktion für Besucher, auch auf unserer Liste. Schnell müssen wir feststellen, dass wir nicht die Einzigen sind, die von diesem Publikumsmagneten angezogen wurden. Hunderte, nein Tausende von Touristen warten bereits darauf, dass sich die Tore öffnen. Nachdem wir uns geduldig angestellt haben, lassen wir uns für ein paar Stunden von alter chinesischer Geschichte zum Anfassen faszinieren.

Die Verbotene Stadt muss man sich als eine Stadt in einer Stadt vorstellen. Über ein halbes Jahrtausend war der Zutritt der Anlage für Normalsterbliche strengstens untersagt. Wenn man die durch Wassergräben und hohe Mauern geschützten Anlage am Platz des Himmlischen Friedens umschreiten möchte, so muss man mehr als vier Kilometer zurücklegen. Als leidenschaftlicher Museengänger sollte man gleich zwei Tage einplanen, nur um das Nötigste zu sehen – uns genügen drei Stunden.

Unweit der Verbotenen Stadt laufen die Vorbereitungen auf die Olympische Spiele im Jahr 2008 auf Hochtouren. Die Chinesen sehen das globale Großereignis als Chance, einem Milliardenpublikum zu zeigen, was das Land zu bieten hat. Soweit das Auge reicht, werden Sportstätten von futuristischen Ausmaßen errichtet. Am auffälligsten ist das neue Olympiastadion, auch Vogelnest genannt, dessen miteinander verwobene Stahlträger weithin sichtbar das neue Stadtbild dominieren. Die Schattenseiten dieser Maßnahmen zum Aufpolieren der Fassade werden dabei stets ausgeblendet. Gutes Beispiel sind die Hutongs, die charakteristischen Wohnviertel des alten Peking, wo den Besucher ein China wie aus dem Bilderbuch erwartet. Hölzerne Wohnhäuser, Garküchen und kleine Werkstätten in einem System aus engen und verwinkelten Gassen. Dem Staat sind sie ein Dorn im Auge, weshalb sie bis zum Beginn des Sportspektakels der Abrissbirne weichen müssen. Eine Schande sondergleichen. Genau in einem dieser Hutongs erleben wir das herausragendste kulinarische Erlebnis der gesamten Reise. Wenn man mich fragen würde, wo ich unterwegs das beste Essen verspeist habe, so würde ich ohne zu zögern antworten: im „Quianmen-Quanjude-Roast-Duck-Restaurant“. Etwa 300 Meter südlich vom Platz des himmlischen Friedens gelegen, reiht sich der auffällig bunte Laden in eine endlose Häuserzeile der Altstadt ein. Beim Betreten wird einem schnell klar, dass es sich nicht um ein x-beliebiges Restaurant handelt. Der komplette Eingangsbereich ist mit Fotos geschmückt, auf denen politische Hochkaräter wie Fidel Castro, Jassir Arafat, George Bush, die englische Queen und Helmut Kohl dabei abgelichtet wurden, wie sie sich über die Spezialität des Hauses hermachen – die Peking-Ente. Dieser Laden ist es, der dem bekannten Gericht seinen Namen gab. Nicht jeder Ente ist es am Ende ihres Lebens vergönnt, hier auf dem Teller zu landen. Nur eine besondere Züchtung, die mit erlesenem Futter auf das ideale Verzehrgewicht gebracht wird, ist für die internationalen Feinschmecker gut genug. Die Zubereitung ist äußerst aufwändig. Nach dem Rupfen wird die Haut mit Honig und Malz bestrichen und anschließend getrocknet. Durch einen kleinen Schnitt am Hals wird die Ente nun aufgeblasen wie ein Luftballon, bis sich die Haut komplett vom Körper löst. Erst dann wird der Vogel ausgenommen, die Füße abgehackt, und mit einer Drahtschlinge um den Hals wandert die Ente nun auf ihre letzte Reise in einen riesigen, mit Obstbaumholz befeuerten Ofen. Nach mehreren Stunden, wenn die typische rotbraune Färbung erreicht ist, beginnt die eigentliche Zeremonie. Etliche Gefäße mit den unterschiedlichsten Soßen und Beilagen stehen bereit. Dann wird die berühmteste aller Enten serviert. Ein nobel gekleideter Koch in fleckfreiem Weiß fährt einen Servierwagen vor und beginnt direkt vor den Augen des Gastes damit, das Tier fachgerecht in die schmackhaftesten Einzelteile zu zerlegen. Ein wahres Meisterwerk chinesischer Kochkunst.

Ansonsten bedienen wir uns während unseres Aufenthaltes bei der Auswahl der Speisen immer des Zufallsprinzips. Einzig der Preis deutet in den Speisekarten darauf hin, ob es sich um eine Beilage oder ein Hauptgericht handelt. So kann es passieren, dass auch schon mal ein paar eklige Dinge auf dem Teller landen, die wir nur durch das Imitieren verschiedenster Tierstimmen zuordnen können. Bestellt wird nicht nur eine einzige Speise. Wenn der Chinese schon essen geht, dann wird gleich eine Vielzahl an Gerichten aufgetischt, die man auch gemeinsam verzehrt.

Drei Tage, an denen wir uns einfach treiben lassen, gehen schnell vorbei. Das letzte Ausflugsziel, das natürlich bei keiner Chinareise fehlen darf, steht als Letztes auf unserem Programm – die Chinesische Mauer. Da wir nicht die kaffeefahrtähnliche Touristenvariante buchen möchten, zu der täglich Abertausende von Urlaubern gekarrt werden, studieren wir die Angebote der vielen Touranbieter. „Entdecken Sie einen völlig unentdeckten Abschnitt der Mauer abseits des Touristenstroms“, verspricht eines der besonders günstigen Angebote. Zwar ist es schwer vorstellbar, dass tatsächlich noch ein Stück der Mauer existiert, das der Öffentlichkeit bislang vorenthalten blieb, trotzdem oder genau deshalb buchen wir gemeinsam mit unseren englischen Freunden diese Variante – leider. Denn das Stück Mauer bleibt, wie vielen Menschen zuvor, auch uns verborgen. Stattdessen irren wir zusammen mit den Engländern und einer großen Gruppe Backpacker sieben Stunden durch die malerische Berglandschaft nördlich von Peking. Für die anderen Touristen, die sich bislang nur die smogverseuchte Stadt ansehen konnten, sicher eine willkommene Abwechslung. Da es uns eigentlich nur darum ging, die Mauer zu sehen und wir in den letzten Wochen reichlich Natur genossen haben, ist der Ausflug eine Enttäuschung auf der ganzen Linie und beschert uns zudem noch Blasen an den Füßen.

Da die englischen Rallye-Piloten bereits morgen Abend schon den Heimflug antreten werden, fassen wir den Beschluss, es am Abend ordentlich krachen zu lassen. Wer würde sich nicht besser für einen feuchtfröhlichen Umtrunk eignen als eine Horde ungehobelter Briten. Nachdem wir uns umgezogen und die Fußsohlen verarztet haben, treffen wir uns im „Leo Hostel“, wo die Briten untergekommen sind. Ein perfekter Ausgangspunkt, um die Metropole näher zu erkunden. Als wir dort ankommen, sind die meisten von ihnen bereits böse angetrunken. Ihr Verhalten ist so, wie es sich für englische Touristen gehört. Der peinlich berührte Rest der Hotelgäste wird mit Trinkspielen unterhalten, bei denen es darum geht, große Mengen Bier zu trinken und den Genitalbereich zu entblößen. Man ist sichtlich erleichtert, als wir den Raum verlassen, um in eine Bar zu wechseln. Endlich können sich die restlichen Hotelgäste wieder in aller Ruhe den illegal gebrannten DVDs zuwenden.

Mit vier Fahrradrikschas machen wir uns auf den Weg in die Stadt. Wir schaffen es, die chinesischen Fahrer zu überreden, hinten Platz zu nehmen und veranstalten ein spontanes Rikscha-Rennen durch die engen Gassen. Laut lachend kommen wir kurz darauf vor dem auserwählten Nachtclub an, bis zu unserem Eintreffen ein relativ friedlicher Laden. Aufgefallen ist er uns dadurch, dass der Eintrittspreis nur drei Euro beträgt und sämtliche alkoholischen Kaltgetränke im Preis mit inbegriffen sind. Bei dieser Kalkulation wurde sicherlich nicht berücksichtigt, dass einmal Zechbrüder wie wir auftauchen würden.

Schnell sind die ersten Gäste vergrault. Von den völlig durchgeknallten Europäern, die unter lauten Anfeuerungsrufen riesige Bierhumpen mit einem Zug austrinken können, wird vermutlich noch so mancher Chinese entsetzt seinen Enkeln erzählen. Auch Alain, der sich hemmungslos an der Tabledance-Stange zu schaffen macht, wird wohl noch lange für Gesprächsstoff sorgen. Doch so peinlich wir an diesem Abend auch auf die anderen wirken mögen, es ist uns völlig wurscht, und wir genießen den letzten gemeinsamen Abend unseres Abenteuers in vollen Zügen.

Ich kann nicht viel darüber sagen, in welche Bars wir noch alle gestolpert sind und noch weniger darüber, wie wir wieder nach Hause gefunden haben. Als ich am nächsten Tag wach werde, habe ich auf jeden Fall noch meine Schuhe an und liege neben dem Bett. Ein sicheres Indiz dafür, dass wir alles gegeben haben.

Unsere letzte Etappe steht bevor. Ein letztes Mal müssen wir uns darum bemühen, die Weiterreise zu organisieren und begeben uns zum

Hauptbahnhof. Schon die U-Bahn-Fahrt dorthin ist nichts für zarte Gemüter. Schlimmer noch als beim Sommerschlussverkauf stürzen sich die Menschenmassen beim Öffnen der Türen in die Wagen. Dabei wird weder auf die aussteigenden Passagiere noch auf ältere Menschen oder Kinder Rücksicht genommen. Jeder ist nur darauf fixiert, einen Sitzplatz zu ergattern – koste es, was es wolle. Damit auch alle in die rollenden Blechkisten hineinpassen, stemmt sich das übereifrige Bahnsteigpersonal mit aller Kraft gegen noch heraus quellende Leiber, damit die Türen sich nach Minuten auch wieder schließen lassen. Dass in derselben Zeit locker drei Bahnen fahren könnten, darauf scheint noch keiner gekommen zu sein.

Wieder haben wir uns für den Zug und die Reise über Nacht entschieden. So können wir uns eine weitere Übernachtung im Hotel ersparen und kommen schnell voran. Es ist schon sehr blauäugig, in diesem Land zu glauben, einfach zum Bahnhof gehen zu können, um dort mal eben ein Ticket zu lösen. In welcher Sprache auch immer, so denken wir, man wird uns schon irgendwie weiterhelfen können. Den Hauptbahnhof von Peking kann man jedoch nicht mit dem einer deutschen Großstadt vergleichen. Hier gibt es keine Restaurants, Kioske oder gar einen Service Point. Man ist sich selbst überlassen, und alles dreht sich nur darum, so viele Menschen wie möglich abzufertigen. Wer wie wir davon ausgeht, an einem der undurchsichtigsten Verkehrspunkte im einwohnerstärksten Land der Erde ohne auch nur ein einziges Wort der Landessprache weiterzukommen, wird schnell auf den Boden der Tatsachen zurückgeholt. Selbst in einer fernen Galaxie könnte meiner Meinung nach der Erwerb eines Fahrscheins kaum mit größeren Schwierigkeiten verbunden sein. Es gibt keinen einzigen Fahrplan, der in Englisch verfasst ist, und zu allem Übel weigern sich alle Bediensteten hartnäckig, ausländischen Touristen in ihrer Hilflosigkeit zur Seite zu stehen. So wird man mit einer Vielzahl von Anzeigetafeln und Plänen konfrontiert und ist sich noch nicht einmal sicher, ob diese überhaupt den Zugverkehr betreffen oder nicht doch nur die Ergebnisse eines Bingo-Turniers dokumentieren. Um in der rätselhaften Informationsflut nicht völlig unterzugehen, nehmen wir die Hilfe einer Reiseagentur in Anspruch, die sich auf ratlose Touristen wie uns spezialisiert hat. Etwa 100 Meter vom Bahnhof entfernt, bekommt man gegen einen geringen Aufpreis von mehrsprachigem Personal das gewünschte Ticket gebucht. Das Geschäft brummt, und wir sind nicht die Einzigen, die diesen Dienst in Anspruch nehmen.

Der gebuchte Nachtzug nach Shanghai ist für mich die unumstritten komfortabelste Art überhaupt, um auf der Schiene zu reisen. Die Abteile des windschnittigen Zuges sind am ehesten mit einem Hotelzimmer vergleichbar und bieten Platz satt. Keine nervigen Mitreisenden und zugesauten Toiletten, sondern Sauberkeit, Ruhe und Gemütlichkeit. Man bekommt sogar ein warmes Abendessen serviert, kann Filme auf vernünftigen Fernsehern schauen und, was am allerwichtigsten ist, in ausreichend großen Betten schlafen.

Am Ziel der Reise

Shanghai, die Metropole der Superlative, im Mündungsdelta des Jangtsekiang, erwartet uns. Kaum eine andere Stadt, die ich bisher gesehen habe, explodiert derart stark vor Energie und Lebensfreude. Der wirtschaftliche Geburtsort des modernen China präsentiert sich im krassen Gegensatz zu den ländlichen Regionen des Landes mit einer vorgestrigen Infrastruktur. Wir sind überwältigt, als wir in den frühen Morgenstunden aus dem Bahnhofsgebäude treten. Diesmal sind wir besser vorbereitet als beim letzten Mal und haben einen Werbe-Flyer unserer Unterkunft dabei. Dieser lotst den Taxifahrer schnell zur richtigen Adresse. Die Fahrt in das Hostel führt durch tiefe Hochhausschluchten, vorbei an bunten Einkaufsstraßen und über Autobahnen, die in fünf Ebenen übereinander verlaufen. Der Bauboom in Peking verblasst, wenn man sieht, mit welch atemberaubender Geschwindigkeit die Wolkenkratzer in dieser 17-Millionen-Stadt aus dem Boden geschossen kommen. In dem Stadtteil Pudong, wo vor weniger als 20 Jahren nur Gemüse angebaut wurde und die Menschen in Bambushütten lebten, ist die Zentrale der am schnellsten wachsenden Wirtschaftsmacht der Welt entstanden. Hunderte von Wolkenkratzern, die allabendlich Tausende von Touristen und Einheimischen mit einem Multifarbenspektakel in ihren Bann ziehen. So wird neben dem bislang vierthöchsten Gebäude der Welt, dem Jin-Mao-Tower, der sich 421 Meter weit hoch in den Himmel reckt, an einem weiteren Goliath gebaut – dem Shanghai World Financial Center, das einmal eine Höhe von 492 Meter erreichen soll.

Ein Geruch der großen weiten Welt fegt durch die Straßen und vermischt sich mit dem appetitanregenden Geruch der Imbissstände, als wir aus dem Taxi steigen. An der Rezeption angekommen, müssen wir enttäuscht zur Kenntnis nehmen, dass alle Zimmer des „Mingtown Hiker Youth Hostel" bereits ausgebucht sind. Lediglich eine Handvoll Betten in den Dorms, den Schlafsälen, scheint noch frei zu sein. Doch wir haben beide überhaupt keine Lust darauf, uns einen vollgefurzten Raum mit 20 anderen Reisenden zu teilen. Selbst wenn es richtig teuer werden sollte – für ein eigenes Klo und einen gewissen Luxus bin ich gerne bereit, tief in die Tasche zu greifen. Schließlich haben wir uns für die letzten Tage das Wort Dekadenz ganz fett auf unsere Fahnen geschrieben. Gerade als wir auf den Hacken kehrtmachen wollen, um ein weiteres Hotel in der Nähe in Augenschein zu nehmen, betritt ein italienisches Paar den Raum. Mit nur einem Ohr bekomme ich mit, dass sie auschecken möchten. Ich wittere unsere Chance und frage genauer nach. Quietschvergnügt berichten sie uns, dass sie auf Hochzeitsreise sind und die Unterkunft der absolute Kracher sei. Ungesehen buchen wir das Zimmer. Ein Volltreffer – unglaublich, was für einen Luxus man für schlappe 30 Dollar die Nacht geboten bekommt. Ein riesiges Zimmer mit dunklem Parkettboden, Kronleuchter, Klimaanlage, Ankleideraum und Kühlschrank mit Eiswürfelspender sprechen für sich. Doch die Krönung ist das Bad, das mit lilafarbenen Glasfliesen und schwarzem Schieferboden ausgestattet ist und mit einem Lokus aufwarten kann, der mittels einer Fernbedienung gesteuert wird – ein Musterbeispiel aus der Kategorie „Schöner Wohnen".

Wir buchen das Zimmer für vier Nächte.

Der Abschluss der Reise „Cologne – Shanghai" steht im Zeichen absoluter Entspannung und der Völlerei. Gleich zwei Mal täglich buche ich mich für je eine Stunde im Massagestudio ein und lasse mich von geschulten Händen verwöhnen. Morgens direkt nach dem Aufstehen geht es zur einstündigen Rückenmassage und abends, vorm Schlafen, sind die Füße dran. Die Zeit dazwischen nutzen wir zum Shopping und machen Bootsrundfahrten auf dem Huangpu-Fluss, mit den gigantischen Skylines an beiden Ufern. Ein Anblick, der zum Staunen einlädt. Auf östlicher Seite gigantische Wolkenkratzer und auf der anderen der goldgelb beleuchtete Bund Distrikt, das im Kolonialstil gebaute Stadtzentrum aus den 20er und 30er Jahren des 19. Jahrhunderts.

Wir besuchen einige gute Restaurants, knabbern an köstlichen Krustentieren und trinken Shanghai-Cocktails in den teuren Bars der Wolkenkratzer. Sogar ein Konzert im Untergrund der Punkrockszene können wir besuchen. Kurz gesagt: Wir haben eine verdammt gute Zeit!

Doch obwohl China ein so faszinierendes Land ist, in das ich jederzeit wieder reisen würde, gibt es Dinge, die mich gewaltig stören. Damit ist nicht das Spucken oder Rülpsen gemeint, auch das notorische Drängeln der Menschen stört mich nicht – zumindest nicht immer. Diese Angewohnheiten machen die Menschen auf ihre ganz eigene Weise sympathisch. Nein, es ist der frische Wind, der von ganz oben über das Land fegt und uralte Traditionen einfach wegzuwehen droht. Seit Jahrtausenden wird nun gerotzt und gerülpst, doch anlässlich der mir mittlerweile auf den Nerv gehenden Olympischen Spiele, werden sogar dem einfachsten Bauern Benimmkurse ‚angeboten'. Selbst die Pekinger

Taxifahrer müssen sich Aufkleber aufs Armaturenbrett kleben, die sie daran erinnern, täglich die Zähne zu putzen und die Kleidung zu wechseln. Ganz zu schweigen davon, dass ganze Stadtviertel dem Erdboden gleichgemacht werden, nur um zu beweisen, wie fortschrittlich man doch ist.

Die Fahrt mit dem Transrapid zum internationalen Pudong-Airport markiert das letzte aufregende Highlight unserer Reise. Was in Deutschland seit Jahren auf dem Zeichenbrett dahinrottet, wurde hier innerhalb kürzester Zeit zuwege gebracht. Mit 430 Stundenkilometern Spitzengeschwindigkeit werden wir in wenigen Minuten zum 30 Kilometer weit entfernten Pudong-Flughafen katapultiert.

Ende

„Aeroflot Flight SU 119 from Shanghai to Moscow is now ready for boarding!" tönt eine Stimme aus den blechern krächzenden Lautsprechern im Abflugbereich. Die Durchsage ist kaum verklungen, als auch hier alle auf den soeben geöffneten Schalter zustürzen. Wenn der Flieger einer russischen Airline auf einem chinesischen Flughafen bestiegen wird, kann das nur eines zur Folge haben – das absolute Chaos. Mit einem künstlichen Lächeln macht sich die hübsche Stewardess auf den Ansturm gefasst und reißt die perforierten Schnipsel der Bordkarten ab. Ich stoße einen leisen Seufzer aus und stehe aus meinem himmlisch bequemen Sessel auf. „Schon komisch", sage ich zu Alain, „während der letzten Monate hab ich nicht ein Mal so gut gesessen."

Eine Reise wie ein Rausch ist somit nun leider vorbei. Die letzen Wochen waren rückblickend gesehen die aufregendsten meines Lebens. Ein Wechselbad der Gefühle zwischen tiefer Betrübnis, derben Rückschlägen, Hoffen und Bangen, Glück und Glückseligkeit und wahren Adrenalinfeuerwerken. Im Handstreich haben mich all die bereisten Länder in ihren Bann gezogen und werden mich so schnell auch nicht mehr loslassen. Während der gesamten Zeit habe ich mich und meine Umwelt intensiver als je zuvor wahrgenommen und bin dabei so manches Mal an meine Grenzen gestoßen. Obwohl es noch nicht einmal elf Wochen waren, kommt es mir so vor, als sei ich schon eine halbe Ewigkeit unterwegs. Zum ersten Mal hatte ich auf Reisen nicht wie sonst das Gefühl, die Zeit würde mir wie Sand durch die Finger rinnen. Jetzt, wo wir am Flughafen auf unseren billigen Flieger warten, kann ich es jedoch kaum erwarten, zurück nach Köln in die Arme meiner Freundin zu kommen. Jeden Tag habe ich sie aufs Neue vermisst. Am Telefon habe ich ihr erzählt, die Reise hätte mir optisch arg zugesetzt und ich sähe aus wie ein Strolch. Ha, ein Bluff! Stattdessen bin ich frisch rasiert, habe sichtlich abgenommen, meine Haut ist von der Sonne gebräunt, und ich trage einen Anzug, den ich mir noch schnell in der Stadt habe maßschneidern lassen.

Boarding. Endlich. Das Chaos bei der Erstürmung der Maschine kommt mir irgendwie vertraut vor, und die empörte Reaktion einiger deutscher Fluggäste entlockt mir nach all dem Erlebten lediglich ein gelöstes Grinsen. Nach einer quälend langen Wartezeit haben wir Startfreigabe. Wie immer beim Start ist die Kabinenbeleuchtung ausgeschaltet, und ich kann die magisch funkelnde Lichterwelt Shanghais noch einmal von oben erleben. Ein wahnsinnig schöner Anblick.

Müde, wie ich bin, versuche ich Schlaf zu finden, um den Flug schnell hinter mich zu bringen. Nach zwei hastig hinuntergekippten Wodka-Martini und zwei Dosen Bier gelingt mir dies, und ich entspanne mich vollends. Die Positionsleuchten des Fliegers sind das Letzte, worauf sich mein Blick in der Dunkelheit konzentriert. Dann fallen mir die Augen zu, und im Schnelldurchlauf lachen mich noch einmal all die verschiedenen Gesichter derer an, die mir unterwegs begegnet sind. Während wir uns mit etwa 900 Kilometern pro Stunde Europa wieder nähern, bin ich mir einer Sache ganz gewiss: Die nächste Reise kommt bestimmt ...

Tipps und Ausrüstung

Eines vorweg: Der allerwichtigste Tipp, den ich jedem, der eine solche oder ähnliche Reise plant, mit auf den Weg geben kann, ist, so wenig Gepäck wie möglich mitzunehmen. Ein Motorrad hat nun mal keinen Kofferraum und deshalb sollte nach einer durchdachten Erstellung der Packliste noch einmal die Hälfte aller Dinge, die einem zuvor als wichtig erschienen, gestrichen werden. Jedes überflüssige Kilo wird sich früher oder später bitter rächen.

Mein Motorrad

Yamaha XTZ 660 Ténéré, Baujahr 1993 – für 1432 Euro bei eBay ersteigert. Sicher gibt es bessere Motorräder. Im Hinblick auf das Preis-Leistungsverhältnis schien mir dieses Modell jedoch die optimale Wahl zu sein. Nicht zuletzt weil wir geplant hatten, die Motorräder am Ziel der Reise zu verkaufen. Neben einem auswaschbaren K&N Luftfilter, einer 12-Volt-Steckdose und einem in einer Schlosserei gefertigten Kofferträger nebst stabilen Aluminium-Koffern, ist das Motorrad weitestgehend im Originalzustand geblieben. Ich habe jedoch alle wichtigen Schraubverbindungen mit hochfestem Schraubenkleber gesichert und die Betriebsflüssigkeiten vor der Abfahrt erneuert. Rückblickend kann ich sagen, dass ich mit diesem Motorrad jederzeit wieder auf Tour gehen würde. Es ist zuverlässig, stabil, ohne Diagnosegeräte leicht zu reparieren, und es hat uns in den wirklich wichtigen Situationen nie im Stich gelassen. Die Pannen, die wir hatten, waren auf eigene Dummheit und Nachlässigkeit im Vorfeld zurückzuführen. Die einzige Schwachstelle, die ich auf der extrem harten Tour feststellen konnte, sind die am hinteren Rahmen angeschweißten Muttern, die zur Befestigung des Kofferträgers dienen. Hier würde ich eine Verstärkung anschweißen, um zu verhindern, dass der Träger auf den gnadenlosen Wellblechpisten den Geist aufgibt.

Reifen

Nach dieser Reise schwärme ich geradezu von dem Modell Anakee von Michelin. Dieser Reifen kommt sowohl im Gelände als auch auf asphaltierten Straßen sehr gut klar und hat eine unschlagbare Laufleistung zu bieten. Ich glaube sogar, dass er uns im Ernstfall noch bis nach Köln zurück gebracht hätte. Der TKC 80 von Continental, den ich in Deutschland immer vorgezogen habe, hat uns aufgrund des hohen Verschleißes ziemlich enttäuscht. Wichtig ist es überdies, Flickzeug, ein paar Schläuche, ein Luftdruckmesser, eine Luftpumpe und Reifenmontiereisen mitzunehmen. Ach ja, den Hauptständer nicht vergessen.

Tanken
Inklusive unserer 10-Liter-Reservekanister für Notfälle betrug die Reichweite unserer Motorräder rund 500 km. Da man in einigen asiatischen Ländern den Sprit aus Eimern oder Gießkannen direkt in den Tank gegossen bekommt, ist es unbedingt zu empfehlen, ein spezielles Sieb mitzunehmen, das man in die Tanköffnung steckt, um grobe Verunreinigungen zu vermeiden. Die Qualität des Kraftstoffs ist mitunter trotzdem miserabel (72 Oktan, anstatt 95-98 Oktan, wie in Deutschland üblich. Hier beschleunigt das Motorrad selbst bei Vollgas kaum auf Geschwindigkeiten über 90km/h). Dafür beträgt der Preis in Kasachstan und den anderen asiatischen Staaten nur etwa 40 Cent pro Liter.

Geld
Ich war positiv überrascht, wie gut man mit der guten, alten Maestro-Card durchkommt. Wichtigstes Zahlungsmittel ist jedoch Bargeld. Wir hatten unsere Bestände zu gleichen Teilen in Euro, Dollar und Rubel aufgesplittet und sind damit prima zurechtgekommen. Geldautomaten gibt es in jeder größeren Stadt. Travellerschecks sind nirgendwo zu gebrauchen. Selbst die gängigen Kreditkarten wie Master-Card und Visa wurden vielerorts nicht akzeptiert.

Polizei
Ein leidiges, mitunter aber sehr amüsantes Thema. Bis auf die EU-Staaten, die Mongolei (dort vermutlich aus Personalmangel) und China hat die Ordnungsmacht kaum eine Situation ungenutzt gelassen, um die Hand aufzuhalten. Wenn man sich aber überfreundlich und saudumm zugleich stellt, sind die meisten Uniformierten als eher harmlos einzustufen. Tipp: Kopien der Papiere vorzeigen und irgendwelche wertlosen Scheine griffbereit halten, die man noch aus dem Urlaub übrig hat. Niemals vorschnell die geforderte Summe zahlen. Dadurch macht man nachfolgenden Reisenden unnötig das Leben schwer.

Internet
In beinahe jeder Stadt findet sich ein Internetcafé, das mit so genannten „Highspeed-Verbindungen“ für sich wirbt. Das Öffnen einer E-Mail kann in vielen Fällen jedoch zur Geduldsprobe werden. Um von unterwegs Fotos ins Netz stellen zu können, musste ich die Dateigröße der Bilder erheblich reduzieren. Ich habe dazu das Programm Paint von Microsoft benutzt, da dieses nahezu auf jedem Rechner zur Verfügung steht. Die Arbeitsschritte, die nötig sind, um Bilder zu verkleinern, habe ich auswendig gelernt, weil

die Menüführung meist in kyrillisch oder anderen für mich nicht lesbaren Sprachen verfasst ist.

Klima

Die Temperaturen reichten in der Zeit, in der wir unterwegs waren, von über 40° C bis unter 0° C. Die optimale Reisezeit ist von Mai bis September. Davor und danach kann das Wetter mit bösen Überraschungen aufwarten.

Handy

Zur Kontaktaufnahme in Notfällen ist ein Handy empfehlenswert. In ganz Europa gibt es nahezu flächendeckenden Empfang. In Asien zumindest im Umkreis aller größeren Städte. So stellt es eine günstige Alternative zu einem kostspieligen Satellitentelefon dar.

Verständigung

Wer will und kann, sollte sich zumindest ein paar Worte Russisch aneignen. Erstaunlich wie weit man kommt, wenn man Land und Leuten auf diese Art seine Wertschätzung entgegenbringt. In vielen Fällen ist Deutsch sogar verbreiteter als Englisch.

Übernachten

Übernachten sollte man überwiegend im Zelt. Dies ist Kosten sparend und an fast allen Orten völlig unproblematisch. Hotels in Großstädten sind unverschämt teuer.

Carnet de Passage

Die Zollbescheinigung ist in keinem der von uns bereisten Länder vorgeschrieben.

Meine Packliste

Papierkram

Reisepass mit den verschiedenen Visa (Russland, Kasachstan, Kirgistan, Mongolei und China), Ersatzreisepass (was viele nicht wissen: Man kann sich beim Einwohnermeldeamt mehrere Reisepässe ausstellen lassen), internationaler Führer- und Fahrzeugschein, EC-Karte, Kreditkarten, ADAC-Karte (unbedingt Plusmitgliedschaft, da einem auch am Arsch der Welt unbürokratisch geholfen wird), Impfpass, Auslandskrankenversicherung (bei der UKV kosten die ersten 45 Tage etwa zehn Euro, für jeden Folgetag werden 1,50 Euro pro Tag berechnet – muss bei der Beantragung des Russland-Visums vorgelegt werden), Bargeld 1000 Euro in mehreren Währungen, Heft mit Kontaktadressen, Internetadressen und Passwörtern, laminierte Kopien der wichtigsten Dokumente (alle wichtigen Daten und Kopien habe ich mir zuvor per E-Mail an mich selbst geschickt, um im Verlustfall darauf zurückgreifen zu können. Außerdem Reiseführer (Ukraine, Russland, Central Asia, Mongolia, China), Landkarten (Europa, Zentralasien, Mongolei, China und Kasachstan von Reise Know How), Geldbörse, Brustbeutel, kleines Fotoalbum mit Privatfotos (kommt immer gut an, wenn man zeigen kann, wie man selbst in Deutschland lebt).

Camping-Ausrüstung

MSR-Kocher mit 1-Liter-Brennstoffflasche, Windschutz, Ersatzpumpe und Ersatzteile für den Kocher, Essbesteck, Küchenschwamm, Trockentuch, Kartoffelpüreepulver, Linsensuppe, Teebeutel, Kaffeepulver, Gewürze, Süßstoff, Olivenöl, Kaffeekanne zum Drücken, Tasse, Plastikteller, Reisewecker, MSR Mini-Works Wasserfilter, zwei 1,5-Liter-PET-Flaschen (sind billiger und stabiler als die teuren Alu-Flaschen), Aluminium Kochtopf, Teflon-Pfanne, Sparschäler, Feuerzeuge, Box mit persönlichen Dingen, Leatherman Multitool, Zelt Tatonka Alaska 2, Plastikplane als Zeltunterlage, Tarp mit zwei Teleskopstangen, Reparaturhülsen fürs Zeltgestänge, Zeltwandreparaturset und Nahtdichter, Isomatte (Thermarest Pro lite), Mini-Kopfkissen, Schlafsäcke (Yeti ultraleicht Daune und einen leichten Kunstfaserschlafsack Ajungilak Compact Summer), Weltempfänger, kleines Fernglas, Moskitonetz, Nähzeug, Kulturbeutel, Erste-Hilfe-Set, Medikamententasche (Schmerzmittel, Breitbandantibiotikum, Erkältungsmittel, etc.), Korkenzieher, Messer, Minirucksack, Taschenbücher, Pack- und Müllsäcke, Universal-Reisestecker, Stirnlampe, Zeltlampe, Sonnenbrille, MP3-Player, Handy mit Ladegerät, Kartenspiele, Würfel, Kniffelblock, Kompass, GPS Gerät Garmin 60CX plus 12Volt-Kabel, Speicherkarten mit Worldmap und zuvor gespeicherten Waypoints.

Kameraausrüstung

Spiegelreflexkamera Minolta Dynax 7D, Objektive: 60-300mm, 28-70mm, Filter: Graufilter, UV-Filter, Nahlinse, Pol-Filter, Stativ, Akku-Ladegerät für Kamera, 3 Ersatz-Akkus, USB-Kabel, 6 Speicherkarten je 2 GB, digitale Kleinbildkamera für spontane Schnappschüsse (immer in der Brusttasche), 2 SD-Speicherkarten mit 512 MB.

Ersatzteile und Werkzeug

Regler, Ersatzkette mit Kettenblatt und Ritzel, Ölfilter, 3 Liter Reserveöl, Zündkerzen, Reparaturanleitung und Schaltplan XTZ, Batterie, Spannungsprüfer, Kabel, Zündkabel, Zündkerzenstecker, Bremsbeläge, Sicherungen, Benzinleitung, Kupplungsscheiben (hatten wir leider nicht dabei), Schrauben- und Muttersortiment, Schraubenkleber, Panzerband, Kabelbinder, Ersatzbirnen, Kettenspray, Miniluftpumpe, Reifenmontierhebel, Flickzeug, Eisensägeblatt, kleine Feile, Kettennietgerät, Schleifpapier, Kupferpaste, 2-Komponentenkleber, Ring- und Maulschlüssel, Schraubendreher, Zündkerzenschlüssel, ein Satz Speichen (hatten wir leider auch nicht dabei), Gipserbeil (von einer Seite geschliffen als Hammer und Axt-Ersatz), Luftdruckmesser, Silikon, Seilschloss und Ersatzschlüssel für särntliche Schlösser.

Klamotten

Unterwäsche, T-Shirts, Softshell-Hose, Jeanshose, Badehose, kurze Hose, lange Unterhose, Teva Sandalen, Outdoorschuhe, Handtücher, Fleece-Pulli, Windstopper und Regenjacke, Kapuzenpulli, Halstuch, Mütze, dünne und dicke Socken.

Motorradbekleidung

Ein wichtiger Punkt, dem man große Aufmerksamkeit schenken sollte. Mich haben die Protektoren bei Stürzen vor schweren Verletzungen, und somit vor dem sicheren Aus bewahrt. Wer sich in der Mongolei die Knochen bricht, wird viel Zeit haben, um über vernünftige Ausrüstung nachzudenken. Komplette Ausrüstung von Polo-Motorradbekleidung. Helm: Nexo Circuit, Stiefel: Oxtar TCX Pro, Hose: FLM Air Mesh (bei den heißen Temperaturen ideal und in Verbindung mit einer Regenhose auch bei Kälte noch bequem), Jacke: Pharao Enduro, Handschuhe: A-Star Sommerhandschuhe, Brille: ProGrip Cross, Nierengurt.

Folgenden Personen gilt mein tiefer Dank

Meiner Freundin Heike, der tollsten Frau der Welt. Danke, Danke und nochmals Danke für alles!!! Du bist Liebe, Inspiration und Hoffnung in einer Person. Ohne Dich wäre dieses Buch sicherlich nie zustande gekommen.

Panni und Schaui. Euch sei an dieser Stelle für das geduldige Lektorat, die wertvollen Ratschläge bei der Umsetzung in Buchform und die Unterstützung vor, während und nach der Reise gedankt. Es ist ein gutes Gefühl, Freunde wie euch zu haben.

Meiner Schwester Julia. Ich habe aus deinen Randbemerkungen viel gelernt und auch Fehler entdeckt, auf die ich wohl selbst nach dem einmillionsten Mal nicht aufmerksam geworden wäre.

Natürlich meinem Reisepartner Alain, oder Alänng, wie der Kölner sagt, für diese wundervolle Reise mit all den Höhen und Tiefen.

Im Übrigen geht mein Dank und Gruß an Carsten Jung, Ralph Schira, Martina Rose, Sylke Riechmann, meine Eltern, die gelben Engel vom ADAC, an die Firma Reissdorf Kölsch für die inspirierenden Wirkstoffe ihres Gebräus und natürlich auch an die vielen Besucher meiner Homepage (www.cologne-shanghai.de), die mir schon wenige Tage nach Reiseantritt den Impuls gegeben haben, meine Erlebnisse zu Papier zu bringen.

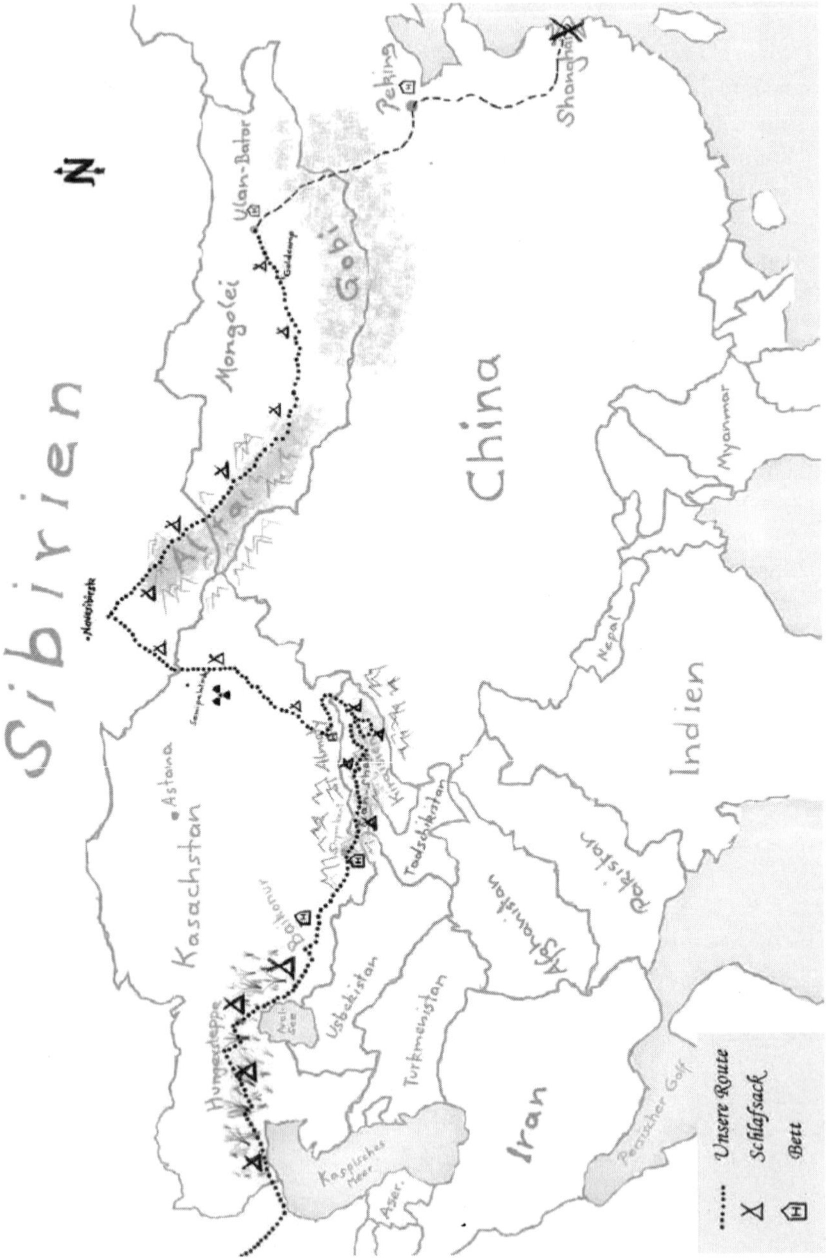

Sibirien
Kasachstan
Astana
Mongolei
Ulan-Bator
Gobi
Peking
Shanghai
China
Altai
Almaty
Baikonur
Hungersteppe
Aral-See
Usbekistan
Turkmenistan
Tadschikistan
Afghanistan
Pakistan
Indien
Nepal
Myanmar
Iran
Kaspisches Meer
Aser.
Persischer Golf
Unsere Route
Schlafsack
Bett